Mit der Maus auf Rheinreise

2000 Jahre Geschichte von Düsseldorf bis Mainz

Danksagung
Für unermüdliche Anregung, Geduld und Hilfestellung danke ich meinem Mann Bernd Schaumann.

Der J. P. Bachem Verlag dankt Herrn Dr. Horst Johannes Tümmers herzlich für die Durchsicht des Manuskripts und dem WDR für die konstruktive Zusammenarbeit bei dem Begleitbuch zum Rheinischen Sagenweg.

Elisabeth Mick

Mit der Maus auf Rheinreise

2000 Jahre Geschichte von Düsseldorf bis Mainz

Mit Gutscheinen für einmal freien Eintritt für ein Kind in 29 Museen und Burgen (S. 238 f.)!

J.P. Bachem Verlag

Elisabeth Mick

1947 in Köln geboren, ist Lehrerin und seit 20 Jahren in der Museumsschule beim Museumsdienst Köln tätig. Neben der Unterrichtung von Schulklassen im Kölnischen Stadtmuseum, Museum Schnütgen und Wallraf-Richartz-Museum entwickelt sie neue museumspädagogische Projekte und erstellt Unterrichtsmaterial zur Kölner Stadtgeschichte für Schüler.

Bibliografische Information Der Deutschen Bibliothek
Die Deutsche Bibliothek verzeichnet diese Publikation in der Deutschen Nationalbibliografie; detaillierte bibliografische Daten sind im Internet über http://dnb.ddb.de abrufbar.

1. Auflage 2007
© J. P. Bachem Verlag, Köln 2007
Idee: Klaus-Peter Hausberg
Konzept: Elisabeth Mick
Lektorat: Martina Dammrat, Köln
Die Maus: © I. Schmitt-Menzel. WDR mediagroup licensing GmbH.
Die Sendung mit der Maus © WDR. Lizenz: Bavaria Sonor
Kartografie: www.cartomedia-karlsruhe.de
Reproduktion/Gestaltung/Einband: Reprowerkstatt Wargalla, Köln/
Eva Kraskes, Köln
Druck: Grafisches Centrum Cuno, Calbe
Printed in Germany
ISBN 978-3-7616-2069-4

www.bachem.de

Inhalt

Willkommen am „sagenumwobenen" Rhein, willkommen auf dem Rheinischen Sagenweg! 11

Das Treffen der Spezialisten
Mercur, Teufel, Heinzel Mann und Emma Elf 14
Vater Rhein – der Mann aus dem Fluss 17

Reise zum Niederrhein
Zons lag einst am Rhein 22
Ein Besuch in Neuss 27
    Wie die Neusser durch Kanonenkugeln gerettet wurden 30
    Der heilige Quirinus, Stadtpatron von Neuss 32
    Der Fetzer – ein rheinischer Räuberhauptmann 33

Teufel, Mercur und Vater Rhein besuchen Düsseldorf
Wie Düsseldorf eine Stadt wurde 35
Berühmt in aller Welt: der Dichter Heinrich Heine 36
Vater Rhein und sein Denkmal 39
Jan Wellem – Kurfürst und Kunstsammler 42
    Die weiße Frau im Schlossturm 43
Geheimnisvolle Flaschenpost 45

Emma Elf und Heinzel Mann in Köln

Blick von oben – der Dom und andere Sehenswürdigkeiten 46
Brücken über den Rhein 48
   Die Legende der heiligen Ursula 51
Geheimnisvolles Wunderwasser 53
Das Martinsviertel 54
   Die Geschichte von den Heinzelmännchen zu Köln 57

Eine Rheinfahrt nach Bonn

Das Römerlager Castra Bonnensia 60
Die Residenz der Kurfürsten 64
Ludwig van Beethoven – ein Kind aus Bonn 68
Eine Kirche für die Bonner Stadtpatrone 71
   Die römischen Soldaten Cassius und Florentius 72

Mit der „Wappen von Köln" nach Königswinter

Vorbei am ehemaligen Regierungsviertel 75
Das sagenumwobene Siebengebirge 77
   Wie das Siebengebirge entstanden ist 78
   Der Stein vom Drachenfels 80
Aufstieg zum Gipfel 80
   Siegfrieds Kampf mit dem Drachen 85
   Die Sage vom Drachen auf dem Drachenfels 88
   Noch eine Sage vom Drachen auf dem Drachenfels 89
Leben im Rhein – was schwimmt denn da? 93
   Der Rolandsbogen und die Sage vom Ritter Roland 97
Wandern am Rhein 98

Vom Siebengebirge nach Koblenz

Mit dem Rhein-Erft-Express nach Koblenz 102
Die Grenze des römischen Weltreichs bei
   Bad Hönningen und Bad Breisig 104
Der Teufel in Andernach 106
   Die Andernacher Bäckerjungen 109
Treffpunkt Deutsches Eck in Koblenz 110
Koblenzer Originale 115
   Der Augenroller 117
Die Festung Ehrenbreitstein 121

Einmalig auf der Welt – die Rheinlandschaft von Koblenz bis Bingen

Das Weltkulturerbe „Oberes Mittelrheintal" 126
Auf Filzpantoffeln durch Schloss Stolzenfels 128
Die Marksburg – alles was eine Burg braucht 132
Vater Rhein erzählt von den Burgen 136
   Der Raubritter von Burg Reichenstein 137
   Die Sage von Dietrich von Hohenfels 138

Auf dem Weg zur Loreley

Der Königsstuhl zu Rhens 139
Boppard – ein römisches Kastell am Rhein 140
Die Stadt gegenüber dem berühmtesten Felsen
   der Welt: St. Goar 143

Der Rhein und die Rheinromantik

Ein weltberühmter Felsen im Rhein: Loreley 146
Mit Bleistift, Pinsel und Papier – Maler auf Rheinreise 152
Die reisenden Engländer 155
Romantische Dichter 156

Weiter geht's nach Bacharach

Ein Schiff aus Stein: die Burg Pfalzgrafenstein 162
Hochzeit auf Burg Stahleck 164
Das mittelalterliche Städtchen Bacharach 165
Die Wernerlegende 168
Burg Stahleck – eine unter vielen 169

Mit dem Schiff nach Bingen und Rüdesheim

Romantisches Wahrzeichen: der Binger Mäuseturm 175
Die Sage vom Binger Mäuseturm 175
Das Museum am Strom – Hildegard von Bingen 177
Ausflug zum Niederwalddenkmal 179
Die Einweihung des Niederwalddenkmals 182

Die Schifffahrt auf dem Rhein

Schon die Römer treidelten: Schiffe an der langen Leine 184
Holländerflöße – schwimmende Inseln im Rhein 188
Eine neue Erfindung: das Dampfschiff 192

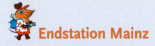 **Endstation Mainz**

Der Dom St. Martin 198
   Wie das Mainzer Stadtwappen entstanden ist 204
Der Mann des Jahrtausends: Johannes Gutenberg 205

Mit dem Zug auf Heimreise
Das Ende der Rheinreise 209

Was du noch wissen solltest – zum Nachschlagen
Mit der Maus zu den Nebenflüssen des Rheins sowie in
   den Westerwald und in den Rheingau 212
Glossar – ein Mittel gegen unverständliche Begriffe 220
Wichtige Adressen – alle einen Besuch wert! 223
Ortsregister – für Ausflüge unentbehrlich 234

Die Reisemaus begleitet euch auf der Reise entlang des Rheins. Sie sieht wie ein richtiger Tourist aus und trägt Rucksack, Kamera, Käppi und eine Sonnenbrille. Doch wenn von den vielen Burgen am Rhein berichtet wird, verkleidet sich die Maus passend als Burgfräulein. Wenn der Vater Rhein von Malern und Dichtern der „Rheinromantik" erzählt, trägt die Maus ein zartes Kleid, einen Hut und einen Blumenstrauß, sie ist dann ein romantisches Mädchen. Die Kapitänsmaus ist für die Schifffahrt auf dem Rhein zuständig, ihr findet sie in dem Kapitel wieder.

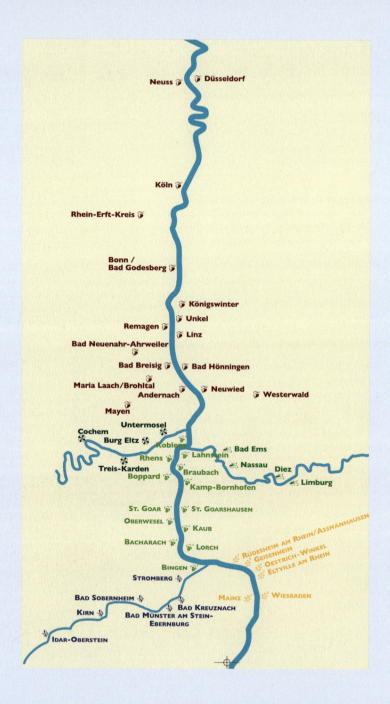

Willkommen am „sagenumwobenen" Rhein, willkommen auf dem Rheinischen Sagenweg!

Liebe kleine und große Leserinnen und Leser,

dieses Buch erzählt euch vom Rhein, genauer von der Region zwischen Neuss am Niederrhein und Mainz, dem Tor zum Oberrhein. Von Koblenz bis Bingen reicht das Obere Mittelrheintal, das 2002 von der UNESCO wegen seiner Schönheit der Landschaft und seiner spannenden und weit zurückreichenden Geschichte als Weltkulturerbe ausgezeichnet wurde. Denn der Fluss war für die Menschen als Transportweg jahrhundertelang wichtig: nicht nur für den Warenaustausch, sondern auch für die Verbreitung von neuen Ideen und lebendiger Kultur. Mal war der Rhein Grenze, mal Brücke zwischen den Völkern des Südens und des Nordostens.

Vielfältige Zeugnisse dieses Reichtums sehen wir heute noch, wenn wir das Rheintal auf Ausflügen besuchen oder mit dem Schiff oder der Eisenbahn durchfahren. Der Rhein ist Deutschlands wichtigste Wasserstraße, allein über 70 000 Schiffe jährlich passieren die Strecke zwischen Bingen und Koblenz. Außerdem ist es im Tal trockener und wärmer als im übrigen Deutschland. Daher leben hier besondere

Der Sage nach soll die Loreley oben auf dem Felsen ihr goldenes Haar gekämmt haben.

Mit der Familie auf dem Rheinischen Sagenweg.

Tiere und Pflanzen und der Wein, den die Römer vom Mittelmeer mitbrachten, gedeihen auf steilen, der Sonne zugewandten Hängen. Auf den Felsvorsprüngen stehen stolze Burgen, manche von ihnen wurden nie erobert, andere wurden im 19. Jahrhundert auf den Ruinen ihrer Vorgänger „neu erfunden". Das geschah in einer Zeit, als Maler, Baumeister, Komponisten, Dichter und Erzähler an den Rhein kamen. Was sie sahen und hörten, haben sie gesammelt, jeder auf seine Weise natürlich, und dann mit ihrer Fantasie noch weiter ausgemalt. Denn die einzigartige Landschaft, die mit den Felsen verwachsenen Ruinen und die alten Orte mit ihren Kirchen und Stadtmauern haben sie so beeindruckt, dass sie ihre Gefühle, die sie beim Anblick des Rheintals hatten, malen, vertonen, reimen oder erzählen mussten. Diese Menschen nennen wir die Romantiker. Und deswegen sprechen die Erwachsenen gerne vom „romantischen" Rheintal, denn alles ist schön und stimmungsvoll dort und tut der Seele gut.

Bald reisten viele romantische Dichter an den Rhein und beschrieben die Landschaft in gefühlvollen und schwärmerischen Gedichten und Berichten. Sie waren besonders angetan von den Sagen und Legenden, die sie von den Menschen, die hier lebten, erfuhren. Achim von Arnim und Clemens Brentano trugen die alten Volkslieder vom Rhein zusammen und nannten ihre Sammlung „Des Knaben Wunderhorn". Die Brüder Grimm ließen sich die alten Märchen erzählen und schrieben sie auf. Clemens Brentano erdichtete die „Rheinmärchen" und schrieb die Sage von der schönen, blonden und immer traurigen Nixe Loreley, über die auch Heinrich Heine ein Gedicht verfasste. So wurden die Sagen und Legenden vom Rhein sehr bekannt. Dabei sind viele dieser Geschichten viel älter, sie wurden schon im Mittelalter erzählt und überliefern noch weiter zurückliegende historische Ereignisse. Die Heinzelmännchen zu Köln, Siegfrieds Kampf mit dem Drachen im Siebengebirge, der Rolandsbogen bei Remagen, die Andernacher Bäckerjungen, die „Sieben Jungfrauen" von Oberwesel, der Mäuseturm bei Bingen … unzählig sind die Sagen und Geschichten, die am Rhein und seinen Nebenflüssen beheimatet sind.

So ist der Rhein ein „sagenumwobener" Fluss und man kann stundenlang Geschichten erzählen und sich vorstellen, wo und wie sich das alles zugetragen hat. Ein kluger Mensch hat sich gedacht, dass es schön wäre, wenn man einen Ausflug an den Rhein macht und weiß, welche Sage, Legende oder spannende Geschichte sich in dem Ort oder auf der Burg oder in dem Kloster zugetragen hat. Er hat dann Folgendes getan: Er hat den „Rheinischen Sagenweg" erfunden. Das ist eine deutsche Ferienstraße, die zu mehr als hundert Sehenswürdigkeiten zwischen Düsseldorf und Mainz führt, die Schauplätze der schönsten und bekanntesten Sagen und Geschichten sind. Und er hat die Geschichten aufgeschrieben und mit allen wichtigen Informationen versehen, die ihr braucht, um einen Ausflug zu einem der achtundvierzig Städte und Orte entlang des Rheins sowie seiner Nebenflüsse Mosel, Lahn und Nahe zu unternehmen. So könnt ihr euch auf die Spuren der Vergangenheit mit ihren aufregenden Sagen und Legenden begeben und die Schauplätze kennen lernen. Doch nicht nur das! Ihr könnt auf den Spuren von Mercur, Teufel, Heinzel Mann, Emma Elf und Vater Rhein eigene Abenteuer erleben.

Macht euch auf den Weg und nehmt eure Freunde und Geschwister mit! Hinterher könnt ihr dann viele tolle eigene Geschichten erzählen! Bei der Planung helfen eure Eltern, ein Blick auf die Internetseite www.rheinischersagenweg.de und in das Begleitbuch „Rheinische Sagen und Geschichten" von Klaus-Peter Hausberg. Das ist nämlich der Erfinder des Rheinischen Sagenwegs – aber das ist eine andere Geschichte.

Das Treffen der Spezialisten

Mercur, Teufel, Heinzel Mann und Emma Elf

Emma Elf stand auf der Domplatte in Köln. Es war früh am Morgen. Plötzlich wurde die Ruhe unterbrochen. „Gu–gu–guten–einen schönen guten Tag, Emma", hörte sie eine Stimme neben sich. Sie blickte zur Seite und sah zuerst die kleinen Flügel an jedem Schuh. Dann sah sie den wehenden Umhang und erkannte Mercur. War er es wirklich oder war es ein Trugbild? Sie rieb sich die Augen, aber es war keine Augentäuschung. Er war es! Es war Mercur, der römische Götterbote und der Gott der Reisenden. Vor allem aber war er der Fachmann für die Römerzeit.

„Hast du den Teufel mal wieder gesehen?", fragte er Emma. Sie schüttelte den Kopf.

„Nein", sagte sie. „Er ist mir nicht wieder begegnet." Aber im gleichen Moment war ihr, als hätte sie zwei Hörner und einen langen Schwanz gesehen.

„Schade", sagte Mercur. „Ich würde ihn gerne mal wiedersehen, den Klugscheißer und Teufelsbraten und …"

„Hier bin ich, der Klugscheißer, Teufelsbraten und Fachmann für das Mittelalter. So schnell hast du wohl nicht mit mir gerechnet – oder?", zischte der Teufel.

Mercur war sprachlos. Und während er noch verdutzt dastand, nahm der Teufel seinen Schwanz in die Hand, ließ ihn kreisen und zog Mercur damit eins über.

„Schöne Begrüßung", sagte Mercur streng und ließ sich nicht anmerken, dass ihn der Schlag mit der Schwanzquaste sehr erschrocken und ihm auch etwas weh getan hatte.

„Und? Wo ist der Heinzel Mann, dieser Kackfurz, dieser Weiß-alles-Heini für die Neuzeit?"

„Benimm dich, sonst kannst du gleich wieder verschwinden", mischte sich Emma ärgerlich ein. In diesem Moment rollte der rote Heinzel-

hut über die Domplatte und blieb vor ihnen liegen. Dann war ein Stimmchen zu hören.

„Hallo, ihr Lieben. Ich hab lange nichts von euch gehört. Schön euch zu treffen." Der Hut erhob sich und wie von Zauberhand stand der Heinzel Mann vor ihnen.

„Na, jetzt sind wir wieder komplett", rief der Heinzel erfreut. „Mit Emma, unserer Spezialistin für die Moderne. Hast du Fragen zu heutigen Zeit, stell sie nur Emma, die weiß Bescheid", reimte er fröhlich und Mercur und der Teufel nickten zustimmend.

Nun schlenderten sie über die Domplatte in Richtung Rhein.

„Wir gehen Schiffchen gucken", schlug der Heinzel Mann vor und alle waren einverstanden. Sie setzten sich im Rheingarten auf die Wiese und sahen auf die weißen Ausflugsschiffe, die noch am Ufer lagen. Auf dem Rhein war schon viel Betrieb. Ein Schubschiff nach dem anderen schob seine schweren Lasten rheinabwärts oder rheinaufwärts vor sich her.

„Das Containerschiff hat bestimmt über fünfzig große Behälter geladen", stellte Emma plötzlich fest.

„Das sind mehr als fünfzig!", mischte sich der Teufel ein.

„Hab' ich ja gesagt."

„Das sind hundert oder fünfhundert oder tausend Container."

„Von mir aus!", sagte Emma gereizt.

„Wo die wohl hinfahren?", murmelte Mercur nachdenklich.

Vom Rheingarten aus gesehen: die Hohenzollernbrücke.

„Rheinabwärts nach Holland und rheinaufwärts in die Schweiz. Das weiß doch jeder Dödel, dass der Rhein in der Schweiz entspringt und in Holland in die Nordsee mündet", erwiderte der Teufel.

„Sei doch mal nett und freundlich zu uns. Wir haben dir doch nichts getan", empörte sich Emma.

Nun war der Teufel beleidigt und sagte nichts mehr. Er spuckte in der Gegend herum, kratzte sich am Bauch und pulte an seinem Pferdefuß und an seiner Schwanzquaste herum.

Der Heinzel lag flach im Gras. Er war eingeschlafen und schnarchte ziemlich laut.

„Ahhh! Wenn ich an meine Zeit denke ...", begann Mercur. „Wenn ich daran denke, dass die Kulturgeschichte des Rheins mit der Eroberung Galliens durch den großen Julius Caesar in den Jahren 58 bis 50 vor Christi Geburt beginnt – mit dem Gallischen Krieg. Die Legionen Caesars waren zum Rhein vorgestoßen, zu diesem Urwaldstrom in einem

Der Rheinfall bei Schaffhausen. Mit ungeheurer Wucht stürzen die Wassermassen aus 23 Metern Höhe über die Felsen.

dunklen Land mit rauen Wäldern und grässlichen Sümpfen, in dem es unaufhörlich regnete und niemals die Sonne schien. Mit dem Erscheinen der Römer am Rhein war endlich die Vorgeschichte beendet! Wir Römer haben die Ereignisse aufgeschrieben – und erst jetzt kann man von der Geschichte des Rheins sprechen. Unser großer Julius Caesar machte das ganze Gebiet des heutigen Frankreich und das von Belgien bis zum Rhein hin zur römischen Provinz. Das Gebiet auf der linken Rheinseite wurde in Niedergermanien und Obergermanien aufgeteilt, während auf der rechten Rheinseite die Germanen hausten. Wir Römer haben den Rhein in die Reihe unserer Flussgötter aufgenommen und ihm den Namen *Rhenus bicornis* gegeben, der mit den zwei Hörnern. Seine gewaltigen Wassermassen, sein reißender Lauf mit Strudeln und Untiefen und seine eiskalten Wogen waren schaurig und grauenerregend."

„Hä?", ließ sich der Heinzel vernehmen. Er gähnte ausgiebig und blinzelte zu Mercur. „Wovon erzählst du?"

„Vom *Rhenus bicornis* und *Rhenus gelidis*, vom eiskalten gefrorenen Strom", antwortete Mercur, „von *Germania inferior* und *Germania superior* – Niedergermanien und Obergermanien."

„Ach so", sagte er und machte die Augen wieder zu.

Vater Rhein – der Mann aus dem Fluss

„Bist du fertig mit deinen Erklärungen?", wollte Emma Elf wissen. Aber nun war Mercur beleidigt.

„Guck mal, guck mal, Mercur", rief Emma plötzlich aufgeregt, „da schwimmt was auf dem Wasser."

„Wo?", fragte Mercur.

„Da, in der Mitte. Oh! Jetzt ist ein Motorschiff davor."

„Das ist eine Mistgabel", sagte Mercur, als das Schiff vorbeigefahren war.

„Quatsch, Mistgabeln können nicht schwimmen. Die sind zu schwer, die gehen unter. Außerdem haben die vier Zacken und das Ding da hat nur drei", meldete sich der Heinzel, der plötzlich ganz frisch und mopsfidel war.

„Und was ist es dann?", fragte Emma patzig.

„Das ist ein Dreizack. Eine Teufelsgabel!", bemerkte der Teufel. Er hatte seinen Schwanz fallen gelassen und stierte regungslos auf die Mitte des Rheins.

„Aber der Dreizack geht doch auch unter. Der schwimmt doch auch nicht", beharrte der Heinzel.

„Das Ding da, der Dreizack, der schwimmt ans Ufer. Jetzt ist schon wieder ein Schiff davor. Ich seh' nichts. – Seht mal, da ist 'ne Hand dran. An dem Holzstiel vom Dreizack ist 'ne Hand!", rief Emma Elf aufgeregt und rannte ans Ufer. Mercur und Heinzel folgten ihr neugierig. Nur der Teufel blieb teilnahmslos im Gras sitzen und beschäftigte sich wieder mit sich selbst.

„Schaut mal, jetzt ist auch noch ein Arm zu sehen. Ob das ein Taucher ist?"

Der Dreizack mit der Hand und dem Arm daran war jetzt schon kurz vor der Kaimauer, als ein Kopf mit wirren Haaren aus den Fluten auftauchte. Im faltigen Gesicht spross ein langer Bart. Dann tauchte die ganze Gestalt mit dem Dreizack in der Hand aus dem Wasser auf und kletterte die Stufen zur Kaimauer hinauf.

„Der kommt ans Ufer, genau auf uns zu", rief Emma Elf aufgeregt.

„Tatsächlich. Wie der aussieht! Wie eine Gestalt aus uralten Zeiten", erwiderte der Heinzel.

„Und das lange Tuch um die Hüften. Dass er das im Wasser nicht verloren hat!", bemerkte Mercur.

Der Rhein

Der Name „Rhein" als Bezeichnung des Flusses stammt von den Kelten, die einst die Rheingegend besiedelten. Die Menschen der Frühgeschichte nannten ihn *Renos*. In ihrer Sprache bedeutete es „fließendes Wasser".

Das Flussbett des Rheins hat sich vor etwa 70 Millionen Jahren herausgebildet. Vor ungefähr zwei Millionen Jahren hat der Stromverlauf in etwa seine heutige Gestalt angenommen. Der Rhein liegt, gemessen an seiner Länge, an vierter Stelle der großen europäischen Ströme:

Wolga   3 688 Kilometer,   Donau   2 850 Kilometer,
Don   1 967 Kilometer,   Rhein   1 237 Kilometer.
Rhein und Donau sind die Flüsse mit dem meisten Wasser.

Von Rheinfelden bei Basel in der Schweiz bis Rotterdam in Holland können Schiffe auf dem Rhein fahren, insgesamt auf 857 Kilometern. Der Rheinlauf wird in vier Abschnitte eingeteilt:

Hochrhein   zwischen Stein und Basel
Oberrhein   zwischen Basel und Bingen
Mittelrhein   zwischen Bingen/Rüdesheim und Bonn
Niederrhein   ab Bonn bis zur Mündung.

Am Hochrhein. Plötzlich machte Emma Elf einen Schritt auf die große und kräftige Gestalt zu und fragte unvermittelt: „Wer bist du?"
Die Gestalt schüttelte das Wasser aus den Haaren und strich sich mit der Hand durch den langen und dichten Bart. Vom Tuch tropfte es auf den Boden und eine Pfütze bildete sich zu seinen Füßen.
„Ich bin der Vater Rhein", ließ sich die sagenhafte Gestalt vernehmen. Dann war Stille. Der Vater Rhein sagte nichts mehr.
Mittlerweile war auch der Teufel näher gekommen und glotzte den Vater Rhein unverhohlen an.
„Bist du unser *Rhenus bicornis*? Der Zweigehörnte? Unser Flussgott?", fragte Mercur schließlich nach einer Weile.
„So kannst du es sehen", antwortete Vater Rhein mit einer tiefen, gewaltigen Stimme.
„Wir Römer haben dich in die Reihe der Flussgötter aufgenommen und dir bei Festen gehuldigt, obwohl du kein richtiger Gott bist. Du bist kein Verwandter von mir. Du bist keiner aus der weit verzweigten Sippschaft des römischen Götterhimmels", ereiferte sich Mercur.

Vater Rhein rollte seine Augen und kniff den Mund zusammen. Nach einer Weile sagte er langsam: „Ich bin ein Mythos. Ich gehöre zu den Sagengestalten, zu den Geschichten von Göttern, Helden und Heroen aus vorgeschichtlicher Zeit, als die Menschen an das Wirken göttlicher Wesen glaubten."

Alle schwiegen, während Vater Rhein sprach. Als er nichts mehr sagte, brach der Heinzel das Schweigen. „Ich habe schon mal Bilder von dir gesehen, darauf hast du keinen Dreizack gehalten, sondern ein Ruder."

Vater Rhein räusperte sich. Dann sagte er: „Ja, manchmal habe ich auch ein Ruder bei mir. Aber der Dreizack ist mir lieber. Er macht mehr her. Mit dem Dreizack stehe ich besser da, das sieht eindrucksvoller aus. Schließlich trägt Neptun, der Gott der Meere, auch den Dreizack bei sich."

„Verstehe", sagte der Heinzel kurz.

„Zeig mal den Dreizack", sagte der Teufel und nahm ihn Vater Rhein aus der Hand.

„Kennst du dich mit dem Rhein aus? Ich meine, bist du ein Fachmann für Rheinfragen?", wandte sich Mercur an den Vater Rhein. „Ich würde mich nämlich mal gerne ausführlich mit dir über den Rhein unterhalten."

Vater Rhein nickte und bald waren die beiden so in ein Gespräch vertieft, dass sie alles um sich vergaßen.

„Was sollen wir jetzt machen?", fragte Emma Elf, die sich langweilte. Aber die beiden anderen wussten auch nichts. Der Heinzel schlief auf der Stelle wieder ein und der Teufel prüfte den Dreizack und piekste sich mit ihm in den Bauch und in die Beine. Plötzlich sprang er wie ein Blitz auf und rammte den Dreizack mit aller Wucht zwischen Mercur und Vater Rhein in die Erde, als hätte ein Blitz eingeschlagen.

„Schluss jetzt mit dem Gequatsche. Wir wollen was machen, uns ist langweilig."

„Bist du verrückt? Du hättest mich beinahe aufgespießt", fuhr Vater Rhein den Teufel wütend an.

Ein Flussgott mit zwei Hörnern

Die Römer haben sich den Vater Rhein als Flussgott mit zwei Hörnern vorgestellt. Das Relief aus Kalkstein stammt aus dem 2. Jahrhundert n. Chr. und wurde 1911 am Rheinufer bei Bonn in der Erde entdeckt. Es zeigt einen Männerkopf mit Bart und reicher Lockenpracht um das Gesicht. Aus der Stirn wachsen zwei Hörner. Deshalb wird er als *Rhenus bicornis*, der „zweihörnige Rhein" bezeichnet. Heute ist das Relief im Rheinischen Landesmuseum in Bonn ausgestellt.

Auch Mercur war außer sich.

„Ich will was machen. Emma auch. Und der Heinzel auch."

In diesem Moment wachte der Heinzel auf, gab einen erschrockenen Schnarchlaut von sich und riss die Augen auf.

„Macht doch, was ihr wollt. So was ist mir noch nie passiert, so eine Gesellschaft wie euch habe ich noch nie getroffen. Ich gehe jetzt." Vater Rhein war sehr aufgebracht, packte seinen Dreizack und hielt ihn wie eine Waffe in der rechten Hand. Dann sagte er: „Ich wollte sowieso weiter nach Norden. Ich bin hier nur auf der Durchreise. Ich muss nach Zons, nach Neuss und nach Düsseldorf."

„Ich komme mit", sagte Mercur, „ich will auch da hin. Das ist die Gegend meiner Vorfahren. Das ist römisches Gebiet. Da kenne ich mich aus."

„Quatsch, Düsseldorf ist nicht dein Gebiet. Da waren keine Römer", fuhr der Teufel Mercur an.

„Stimmt!", gab Mercur kleinlaut zu.

„Ich komme auch mit", sagte der Teufel. „Das sind nämlich auch meine Gebiete. Das sind Städte aus dem Mittelalter."

„Hol dich der Teufel, du Satansbraten! Mit dir kann man doch keine Rheinreise machen. Wer weiß, was dir noch alles in den Sinn kommt. Du bist ja unberechenbar, du bist teuflischer als Teufel", entgegnete Vater Rhein.

„Ich bin nun mal ein Teufel und kein Engel. Und ab und an benehme ich mich auch so. Komm, lass mich mit euch auf Reisen gehen!"

Der Teufel schmeichelte sich so bei Vater Rhein ein, dass er schließlich einwilligte.

„Nö", sagte der Heinzel, „ich habe keine Lust."

„Und du, Emma?", fragte der Teufel.

„Och nö. Ich bleibe auch hier. Niederrhein gefällt mir auch nicht. Kein Berg und keine Burg – total uncool", erwiderte sie.

„Wie ihr wollt. Ich zwinge niemanden. Wir sehen uns wieder. Hier im Rheingarten! Und wir treffen uns in Zons", sagte Vater Rhein zu Mercur und dem Teufel und ging davon.

„Und wo?", rief Mercur ihm nach. „Schließlich müssen wir doch einen Treffpunkt ausmachen."

„Wir treffen uns am Rheintor gleich beim Alten Zollhaus in Zons. Das war schon immer der Haupteingang der Stadt."

„Meinetwegen. Mir ist das egal", sagte Mercur.

Eine über 100 Jahre alte Postkarte zeigt Vater Rhein, das Stadtwappen, die Ansicht von Köln und den „Alten Posthof" mit der Pferdebahn.

„Mir ist das noch lange nicht egal. Ich möchte mich lieber woanders treffen", meckerte der Teufel.

„Und wo?", fragte Vater Rhein geduldig und holte tief Luft.

„Weiß ich nicht genau, an einem anderen Tor. Die Festung Zons hat doch noch andere Tore. Ich möchte mich am Feldtor an der Westmauer treffen", beharrte der Teufel, wedelte mit seinem Schwanz und spuckte um sich.

„Das Feldtor existiert nicht mehr. Es wurde abgerissen. Das ist schon mehr als hundertfünfzig Jahre her. Also können wir uns da auch nicht mehr treffen. Aber wir können uns meinetwegen am Schweinebrunnen vor dem einstigen Feldtor treffen."

„Willst du mich beleidigen? Meinst du, ich passe gut zu Schweinen? Oder hältst du mich für ein Schwein? Am Schweinetor! Tsss...", schrie der Teufel aufgebracht und fuchtelte mit seinen Armen herum.

Vater Rhein sah erstaunt auf und sagte dann: „Nein. Aber jetzt diskutiere ich nicht mehr mit dir. Entweder du kommst da hin oder du lässt es", sagte er entschlossen, drehte sich um und stieg in die Fluten des Rheins. Auch Mercur hatte sich mit seinen Flügelschuhen schon auf den Weg gemacht.

Reise zum Niederrhein
Zons lag einst am Rhein

Als der Teufel am Schweinebrunnen vor der Stadtmauer der Festung Zons angekommen war, sah er den Vater Rhein breitbeinig auf einem Schwein sitzen. Den Dreizack hatte er neben sich in die Erde gerammt. Das Schwein sah sehr lebendig aus. Aber es bewegte sich nicht und gab auch keinen Laut von sich. Es war auch nicht rosa, sondern golden. Als er näher kam, sah er, dass es aus Bronze war. Auch Mercur saß auf einem der fünf Schweine, die um den Brunnen herum standen wie eine lebendige Schweineherde.

„Was hat diese Schweinerei hier zu bedeuten?", fauchte der Teufel den Vater Rhein an und spuckte wieder aus. „Kannst du mir das mal erklären."

„Gerne. Aber wenn ich dir noch mehr erklären und erzählen soll, dann musst du in einem anderen Ton mit mir sprechen und etwas freundlicher sein. Wenn du willst, kannst du dich jetzt auf ein Schwein setzen und zuhören. Ich erzähle euch was."

Die Zonser Schweinefehde

Kurfürst Dietrich von Moers brauchte immer viel Geld, weil er prunkvoller Hof hielt als ein König und immer für Kriegszüge zu haben war. Deshalb machte er hohe Schulden, die er nicht zurückzahlen konnte. Nun verpfändete er das Recht, Zoll auf die Waren zu erheben, die durch sein Gebiet auf dem Rhein transportiert wurden.
Nach mehr als 100 Jahren behauptete Salentin von Isenburg, der ein Nachfolger von Dietrich war, die Schulden wären längst abgezahlt und er wolle nun selbst wieder den Zoll abkassieren. Es kam zum Streit. Um deutlich zu machen, dass er Recht hatte, ließ Salentin eine große Herde Schweine seines Gegners, die in den Wiesen um die Festung Zons weideten, forttreiben. Nun wurde der Streit noch heftiger und er nahm erst ein Ende, als Salentin andere Gedanken im Kopf hatte – er wollte heiraten.

Der Schweinebrunnen in Zons.

„Wie viele Schweine waren das denn?", fragte der Teufel.

„Fünfzig Stück", antwortete Vater Rhein.

„Und? Hat der Besitzer sie zurückbekommen?", fragte Mercur.

„Nein. Der Streit dauerte zwei Jahre. Und dann wurden die Schweine bezahlt", antwortete Vater Rhein.

„In der Zwischenzeit wurden die Schweine bestimmt zu Schinken, Wurst und Speck verarbeitet", überlegte der Teufel und fuhr sich mit seiner langen glutroten Zunge über die Lippen. Beim Gedanken an Wurst und Speck war ihm das Wasser im Munde zusammengelaufen.

„Los, weiter!", befahl der Teufel bestimmt.

Vater Rhein war sprachlos und bewegte sich keinen Schritt vorwärts. Mercur ging auf den Teufel zu und flüsterte ihm ins Ohr: „Wenn du dich weiter so schlecht benimmst, macht der gar nichts mehr."

„Tut mir leid", sagte der Teufel schließlich nach einer Weile zu Vater Rhein. „Soll nicht wieder vorkommen."

Sie gingen ein Stück an der Stadtmauer entlang bis zum Windmühlenturm, wo sie die Stufen zum Wehrgang hinaufstiegen. Sie gelangten in den Mehlboden der alten Windmühle. Dort begann der steile Aufstieg zum Steinboden und zum Radboden bis zur Kappe. Die knarzenden

Die Zonser Windmühle an der Stadtmauer.

Holzstufen wurden immer steiler. Unterwegs sahen sie das vollständig erhaltene Mahlwerk von 1694 mit allen Mahlgängen, Spindeln und Spindelrädern, Winden und Rollenlager, bis sie oben in der Kappe der Mühle bei der mächtigen Flügelwelle standen. Sie war mit den Windmühlenflügeln verbunden und setzte alles in Gang. Hier oben hielt der Teufel sich krampfhaft an einem alten Balken fest. Er war leichenblass und zitterte am ganzen Körper.

„Ich kann nicht mehr. Ich habe Angst. Ich habe Höhenangst", wisperte er kläglich mit zittriger Stimme.

Mercur war schon oben am Ausguck und blickte auf den ganzen Ort. Er sah die Burg Friedestrom, die Freilichtbühne Zons, den Juddeturm, die Kirche St. Martin, den Eisbrecherturm, den Pfefferturm, die Stadtmauer im Norden mit dem Krötschenturm an der einen und dem Zollturm an der anderen Ecke. Er hatte gar nicht mitbekommen, was mit dem Teufel los war.

„Komm, wir gehen runter. Ist ja nicht so schlimm", sagte Vater Rhein beruhigend zum Teufel, der plötzlich laut heulte und jammerte.

„Neiiiin! Ich geh' nicht da runter. Ich geh' nicht da runter. Ich habe Angst. Diese steilen Stufen. Ich stürze mich zu Tode. Neiiiin! Ich geh nie wieder da runter."

Vater Rhein blickte sich hilflos um. Mercur trat von seinem Ausguck zurück und war verwirrt und ratlos. Der Teufel zitterte bis in die Schwanzspitze und klapperte mit den Zähnen. Nun versuchten beide, ihn zu beruhigen und ihn zum Abstieg zu bewegen.

„Du musst rückwärtsgehen", sagte Mercur. Aber es war nichts zu machen. Der Teufel klammerte sich mit aller Kraft an den Balken.

„Warum bist du überhaupt mit nach oben gestiegen? Du hättest doch unten bleiben können", sagte Mercur ärgerlich.

„Weil ich Angst hatte, bin ich immer weiter gegangen. Nur aus Angst! Ich glaube, ich bin der einzige Teufel mit Höhenangst", schluchzte der Teufel.

„Damit ist wohl unser Rundgang durch Zons beendet", sagte Vater Rhein. „Ich wollte euch noch so viele interessante Sachen zeigen, die Kanonen und die fünfzig Kilogramm schweren Steinkugeln, die eingemauerten Kanonenkugeln, das zugemauerte Schlupftor und die großen Eisenringe, an denen früher die Schiffe festgemacht wurden ... und ..."

„Hör auf!", sagte Mercur. „Jetzt müssen wir erst mal sehen, wie wir diesen Elendshaufen hier herunterbekommen." Dann schnappte er sich blitzschnell den Teufel, klemmte ihn unter seinem Arm fest und schwebte mit dem zappelnden und jammernden Bündel knapp über den steilen Holzstiegen hinab zum Ausgang. Dann ging er den Wehrgang auf der Mauer entlang und als sie wieder auf festem Boden standen, setzte er den Teufel ab. Der hechelte ein wenig, wischte sich den Schweiß von der Stirn und als auch Vater Rhein unten angekommen war, ging es dem Teufel schon viel besser und er tat so, als ob nichts geschehen sei.

„Wo fließt eigentlich hier der Rhein?", fragte Mercur.

„Der ist weg. Der ist da hinten irgendwo, einen halben Kilometer entfernt, hinter den Wiesen. Der ist da, wo die Weiden stehen, hinter dem Deich, auf dem die Radfahrer unterwegs sind."

„Der Rhein floss doch zu meiner Zeit direkt an Zons vorbei. Die haben doch im Mittelalter eine Zollstation hier eingerichtet, um den Zoll für die Waren in den Schiffen abzukassieren", beharrte Mercur.

Die Stadtmauer im Süden mit dem Mühlenturm und der Windmühle.

Zons hat eine lange Geschichte

Im Jahr 1372 beschloss der Erzbischof von Köln, Friedrich III. von Saarwerden (1348–1414), seine Zollstation am Rhein von Neuss nach Zons zu verlegen. Von nun an wollte er dort die Abgaben kassieren, wenn Waren auf dem Rhein durch sein Gebiet befördert wurden. Friedrich erhob das Dorf ein Jahr später zur Stadt, baute sie zu einer Festung mit wehrhaften Mauern aus schweren Basalt- und Ziegelsteinen aus und nannte seine Burg „Friedestrom".

Durch Hochwasserkatastrophen und Überschwemmungen hatte der Rhein schon mehrfach seinen Lauf geändert. Auch kurz nach der Stadterhebung suchte der Rhein sich ein neues Bett. Nun floss er nicht mehr direkt an der Ostseite der Festung Zons vorüber, sondern einige hundert Meter weiter. Die Burg lag nun nicht mehr am Ufer, daher richtete man im Eckturm der Stadt die Zollstation ein.

Nie ist es Feinden gelungen, die Stadtmauer von Zons aus schweren schwarzen Basaltquadern und roten Ziegelsteinen zu überwinden.

Zollturm und Rheintor mit Kapelle.

Von mächtigen Fürsten am Niederrhein wurden immer wieder Kriege um die kleine Festungsstadt geführt. Im Dreißigjährigen Krieg, der tatsächlich so lange dauerte und in ganz Europa wütete, leisteten die Zonser erbitterten Widerstand. Die Angreifer bombadierten die Zonser und schossen Hunderte von Kanonenkugeln ab, trotzdem gaben die Zonser nicht auf. Schließlich flüchteten die Frauen auf den großen viereckigen Rheinturm und bewarfen die Angreifer mit brennenden Holzscheiten und Steinen so lange, bis diese die Flucht ergriffen.

Vor mehr als 400 Jahren hat ein Brand die Stadt bis auf wenige Häuser völlig zerstört. 1975 wurde Zons nach Dormagen eingemeindet und ist mehr als 600 Jahre nach der Stadterhebung durch den Erzbischof keine selbstständige Stadt mehr.

Die größte Hochwasserkatastrophe in der Geschichte von Zons ereignete sich 1784. Das Wasser stand 13,55 Meter hoch. Der normale Wasserstand beträgt etwa 3,50 Meter. Heute kann man die Hochwassermarke an einem Wachturm in der Rheinstraße ablesen.

Eines der vier Häuser in der Rheinstraße, die beim großen Brand im Jahr 1620 nicht zerstört wurden.

„Ja. Früher! Aber die Zeiten ändern sich eben. Zu meiner Zeit, kurz nachdem der Herr Friedrich von Saarwerden seine Zollstelle hier eingerichtet hatte, verlegte der Rhein sein Bett und nun fließt er im Osten", erklärte der Teufel.

„Kannst du mir vielleicht mal sagen, was das bedeuten soll, der Bett hat sein Rhein verlegt, äh, äh, Entschuldigung. Ich meine, der Rhein hat sein Bett verlegt. Wie soll ich mir das denn vorstellen?"

„Na ja", antwortete Vater Rhein, „der Rhein schlängelte sich in römischer Zeit ziemlich wild durch die Landschaft. Er machte viel mehr Schleifen und Schlingen und Biegungen als heute. Aber durch Hochwasser und Eisgang veränderte er seinen Lauf. So änderte sich auch die Landschaft im Laufe der Jahre und Jahrhunderte. Manchmal haben auch die Menschen den Lauf des Rheins geändert. Damit er in seinem Bett blieb, haben sie hohe Deiche gebaut. So wie hier in Zons. Aber ich bin jetzt mal weg. Wir treffen uns in Neuss. ‚Em schwatte Päd'."

„Schwatte Päd, Schwatte Päd", murmelte der Teufel vor sich hin. „Wie soll ich denn zum ‚Schwatte Päd' kommen?"

„Das ist dein Problem", sagte Mercur, erhob sich und schwebte davon.

Ein Besuch in Neuss

Die werden sich wundern, wenn sie merken, dass der Rhein gar nicht mehr direkt an Neuss vorbeifließt, dachte Vater Rhein, als er mit großen Schritten durch die Wiesen auf den Deich zuging. Ich muss vom Rhein aus wenigstens zwei Kilometer laufen, ehe ich in der Innenstadt von Neuss beim „Schwatten Päd" bin. Dann stieg er in den Fluss, hielt seinen Dreizack in die Höhe und tauchte in die Fluten ein.

Mercur war zuerst in der Altstadt von Neuss bei der Gaststätte „Em schwatte Päd", schaute sich um und schüttelte den Kopf. Warum hat uns Vater Rhein hierher bestellt? Wir hätten uns doch besser woanders getroffen, da wo früher das römische Legionslager der Römer gestanden hat. Schließlich war Neuss oder besser gesagt das römische *Novaesium* der Standort einer Garnison, ich meine einer Truppe.

Neuss – das römische Novaesium

Neuss, Xanten, Bonn, Koblenz, Andernach und Boppard waren die wichtigsten Lager- und Kastellorte der Römer auf der linken Rheinseite.
Das Lager wurde *Novaesium* genannt, von dem lateinischen *novio* für „neu". Übersetzt könnte es vielleicht „Neulager" bedeuten. Es stand im Gebiet der heutigen Stadt, an der Mündung der Erft in den Rhein. Man schätzt, dass etwa 9000 Menschen darin untergebracht waren. Hinzu kamen noch etwa 1200 Bewohner der Lagervorstadt und der umliegenden Bauernhöfe. *Novaesium* war ein Legionsstandort, der für die Sicherheit und Verwaltung der 548 Kilometer langen Grenzbefestigung auf der linken Rheinseite zuständig war.
Das Lager bestand aus großzügigen Steingebäuden und war einzigartig in der Provinz Niedergermanien. Seine Entdeckung im Jahr 1877 war eine Sensation. Alle Reste wurden ausgegraben, vermessen und aufgezeichnet. Bis heute hat man kein anderes Lager in dieser Größe und Vollständigkeit entdeckt. Heute ist das Ausgrabungsgelände vollständig bebaut.
Neuss lag bis etwa zum Jahr 1200 direkt am Rhein und die Erft mündete vor den Toren der Stadt in den Fluss. Heute liegt der mittelalterliche Stadtkern von Neuss etwa zwei Kilometer vom Rhein entfernt.

Als er Vater Rhein kommen sah und gleich hinter ihm den Teufel, ging er auf die beiden zu und machte seinem Unmut Luft.

„Wir hätten uns besser da getroffen, wo das römische Legionslager stand. An der Erftmündung. Genau da, wo die Erft in den Rhein fließt. Schließlich sind da die Reste des römischen Legionslagers entdeckt worden."

„Na und?", sagte der Teufel und schob die Schulter hoch.

Mercur wurde rot vor Wut und platzte heraus: „Das Neusser Legionslager war das bedeutendste Lager überhaupt. Es wurde schon vor eurer Zeitrechnung errichtet."

„Was soll das heißen ... vor eurer Zeitrechnung?", unterbrach ihn der Teufel.

„Vor Christi Geburt meine ich damit. Zur Zeit von Kaiser Augustus, der von 27 vor Christus bis 14 nach Christus regiert hat."

„So genau wollte ich das nun auch nicht wissen. Diese ätzende römische Geschichte. Das behält doch kein Mensch und auch kein Teufel."

„Ich will dir was sagen, mein lieber Teufel. Man muss von der römischen Geschichte etwas wissen, sonst versteht man von der späteren Geschichte in Europa auch nichts, gar nichts, überhaupt nichts", eiferte sich Mercur.

„Tsss...", machte der Teufel und spuckte zur Seite. Fast hätte er Mercurs Flügelschuhe getroffen ...

Vater Rhein hatte bisher geschwiegen. Aber jetzt erhob er seine gewaltige Stimme: „Wir reden jetzt vom Haus ‚Em schwatte Päd'. Solche Häuser sind eine Seltenheit in Neuss."

„Du hast gesagt, das Haus heißt ‚Em schwatte Päd', aber da oben steht die Inschrift ZYM SCHVATTEN ROSZ ANNO 1604." Der Teufel schaute Vater Rhein vorwurfsvoll an.

„Gut", entgegnete Vater Rhein beschwichtigend. „Wenn du es genau nimmst, hast du recht. Aber ob Ross oder Pferd, es ist das gleiche Tier damit gemeint."

„Ja, aber du hast uns was Falsches gesagt", ließ der Teufel nicht locker.

„Ja, Teufel. Du hast recht. Aber du nervst."

Der Teufel war beleidigt und ging. Dann drehte er sich um und rief Vater Rhein und Mercur zu:

„Ich hätte euch jetzt was Tolles erzählen können. Von der Belagerung von Neuss von 1474 bis 1475. Also noch bevor dieses blöde Haus zum Ross oder Pferd überhaupt in Neuss gestanden hat. Das wäre mal eine echte Geschichte aus dem Mittelalter gewesen. Ihr hättet endlich verstanden, wie das mit Neuss und mit dem Rhein war. Und wie das alles zusammenhängt. Aber das erzähle ich jetzt nicht. Da habe ich keine Lust zu. Ihr interessiert euch ja doch nicht dafür. Ich geh' jetzt. Ich geh' jetzt zum Obertor. Dahin, wo die Belagerung auch stattgefunden hat."

Der Teufel ging auf der Oberstraße entlang zum Büchel und dann auf der Niederstraße schnurstracks zum Obertor. Dann setzte er sich genau in die Mitte der Tordurchfahrt auf den Boden.

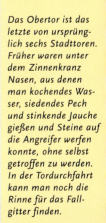

Das Haus „Em schwatte Päd" wurde 1604 von einem reichen Neusser Ratsherren erbaut. Es ist eines der letzten Häuser in diesem Stil: aus Backsteinen gemauert, mit Stufengiebel und vielen Fenstern.

Das Obertor ist das letzte von ursprünglich sechs Stadttoren. Früher waren unter dem Zinnenkranz Nasen, aus denen man kochendes Wasser, siedendes Pech und stinkende Jauche gießen und Steine auf die Angreifer werfen konnte, ohne selbst getroffen zu werden. In der Tordurchfahrt kann man noch die Rinne für das Fallgitter finden.

Wie die Neusser durch Kanonenkugeln gerettet wurden

Im Jahr 1474 wollte der Herzog Karl der Kühne von Burgund die Stadt Neuss erobern. Er rückte mit mehr als zehntausend Männern an und belagerte die Stadt. Die Neusser hatten sich gut darauf vorbereitet. Die Stadtbefestigung war auf dem neuesten Stand, Kanonen und Munition waren in Stellung gebracht, die Vorratslager gefüllt. Es waren auch mehr als fünftausend Mann Verstärkung eingetroffen. Nun schickte Karl der Kühne einen Herold in die Stadt. Er sollte die Neusser dazu bewegen, sofort kampflos aufzugeben. Aber sie dachten nicht daran. Sie waren fest entschlossen, die Belagerung durchzustehen. Wochenlang beschossen nun Karls Truppen die Stadt, dann gingen sie zum Sturmangriff über. Sie zerschossen das Niedertor und das Rheintor. Aber den Neussern gelang es mit allen Kräften, die Breschen wieder zu schließen. Alle halfen dabei,

auch die Neusser Frauen und Mädchen. Sie schleppten Steine und schlugen die Feinde mit brennendem Kalk, heißem Wasser und siedendem Pech in die Flucht. Die Neusser wehrten nicht nur Angriffe ab, sondern zerstörten auch Belagerungsmaschinen, erbeuteten Geschütze und anderes Kriegsmaterial und schleppten Gefangene hinter ihre Mauern. Als die Belagerer brennende Pfeile in die Stadt schossen, brach an allen Ecken und Ende der Stadt Feuer aus. Aber auch davon ließen die Neusser sich nicht bezwingen. Nach drei Monaten Belagerung war Karl von Burgund seinem Ziel noch keinen Schritt näher gekommen. Es waren schon siebentausend Männer gefallen und immer noch war kein Ende abzusehen. Die schwerste Zeit stand den Neussern aber noch bevor. Das Schießpulver ging langsam aus und viele Männer waren schon im Kampf gefallen. Sie waren verzweifelt und verbittert. Wenn nicht bald Hilfe kam, waren sie verloren. Während die Feinde von den Düsseldorfern mit Proviant versorgt wurden, mussten sie Gras, Kräuter und Schnecken sammeln und aus alten Lederriemen Suppe kochen. Als sie sich nicht mehr zu helfen wussten und beim Obertor die heilige Maria um Hilfe anflehten, flog plötzlich eine Bleikugel vor ihre Füße. Sie stellten fest, dass sich die Kugel öffnen ließ und ein Brief in ihr versteckt war. Darin stand, dass bald Hilfe aus Köln käme. Tatsächlich rückten aus Richtung Köln zwanzigtausend Mann Verstärkung heran. Karl der Kühne wurde nun gezwungen, die Angriffe einzustellen, die Belagerung aufzugeben und Frieden zu schließen. Elf Monate hatte Neuss die Belagerung durchgehalten. Viele tausend Männer waren gefallen und Hunderte von Häusern zerstört. Die Kosten waren enorm und stürzten Neuss und auch Köln in schwere Schulden. Aber die Neusser hatten eine große Heldentat vollbracht, die der Kaiser mit besonderen Rechten und Freiheiten belohnte. Zum ewigen Gedächtnis an den Widerstand verlieh der Kaiser der Stadt ein Wappen und das Recht, ein eigenes Siegel zu führen.

Der Teufel saß inmitten des Tores, hatte die Ellenbogen auf seine Knie gestützt, rieb sich die Hörner und brummte missmutig vor sich hin.

„Kannst du mir sagen, was die Kugeln in dem Mauerwerk bedeuten sollen?"

Der Teufel blickte auf und sah Mercur vor sich stehen.

„Die erinnern an die Kanonenkugeln, in denen die Briefe verschickt wurden", sagte er kurz und knapp.

„Aha. Das ist aber ungewöhnlich, Briefe in Kugeln zu verschicken", stellte Mercur fest. „Bei uns machten das die Boten."

„Aber es kam doch kein Bote in die Stadt! Hast du das immer noch nicht begriffen?", erwiderte der Teufel ärgerlich und fuhr fort:

„Die Neusser waren schon monatelang belagert. Sie brauchten dringend Hilfe. In den Kugelbriefen stand drin: ‚Haltet durch! Ihr schafft das.' Oder: ‚Bald ist alles vorbei. Wir kommen und helfen euch!' Da waren die Neusser froh, denn sie dachten, sie wären ganz verlassen und verloren. Sie haben dann auch Kugelbriefe zurückgeschossen. Aber die sind im Rhein versunken oder den Feinden in die Hände gefallen."

„Sag mal, Teufel, was steht da übrigens für eine Figur auf der Kuppel des mächtigen Kirchturms?"

„Das ist der heilige Quirin."

„Erzählst du mir was von dem?", fragte Mercur.

„Nein", sagte der Teufel barsch. „Nach dem kannst du den Vater Rhein fragen. Ich gebe keine Auskunft zu Heiligen und zu Kirchen. Wo käme ich da hin. Schließlich bin ich der Teufel. Was denkst du dir eigentlich? Wie kommst du dazu, mich so was zu fragen?"

„Entschuldigung. Aber der sieht so römisch aus. Der trägt doch eine römische Rüstung. Ich glaube, ich weiß, wer das ist. Das kann nur der Märtyrer Quirin sein, der zu der Zeit gelebt hat, als wir Römer die Christen verfolgten."

Die Belagerung von Neuss ist im Clemens-Sels-Museum in vielen Modellen dargestellt.

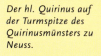

Der hl. Quirinus auf der Turmspitze des Quirinusmünsters zu Neuss.

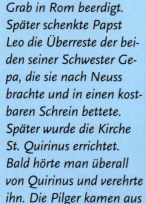

Der heilige Quirinus, Stadtpatron von Neuss

Die Legende erzählt, dass Quirinus unter dem römischen Kaiser Hadrian die Christen im Gefängnis bewachen sollte. Unter den Gefangenen war auch der Papst Alexander. Nun hatte die Tochter von Quirinus, die kleine Balbina, eine schwere, schmerzhafte Krankheit im Hals. Papst Alexander heilte sie davon und auch von ihrem Kropf am Hals. Quirinus war überglücklich, dass seine kleine Balbina gesund war und bekehrte sich aus Dankbarkeit zum Christentum. Beide ließen sich taufen. Nun wurden sie auch als Christen verfolgt und nach grausamem Martyrium enthauptet. Vater und Tochter wurden in einem unterirdischen Grab in Rom beerdigt.

Am Gedenktag des hl. Quirinus trägt man den Schrein in einer feierlichen Prozession um das Münster.

Später schenkte Papst Leo die Überreste der beiden seiner Schwester Gepa, die sie nach Neuss brachte und in einen kostbaren Schrein bettete. Später wurde die Kirche St. Quirinus errichtet. Bald hörte man überall von Quirinus und verehrte ihn. Die Pilger kamen aus ganz Europa nach Neuss und tranken das Wasser des Quirinusbrunnens. Quirinus galt als Helfer bei Halskrankheiten, Knochenfraß, Eitergeschwüren, Hautausschlag, Pest, Ohrenschmerzen und vielen anderen Krankheiten. Auch heute noch pilgern die Menschen zum Quirinusschrein nach Neuss und erhoffen sich seine Hilfe und Fürsprache bei Gott. Am 30. März wird sein Fest gefeiert.

Zum Fetzer gibt es auch einen Jugendroman von Tilman Röhrig, den man als Taschenbuch kaufen oder in der Stadtbibliothek ausleihen kann.

„Habt ihr schon vom Fetzer erzählt? Vom Räuberhauptmann der Neusser Räuberbande, die vor mehr als zweihundert Jahren hier in verrufenen Spelunken und im Gasthaus zum Bären gleich neben dem Rathaus verkehrte und Angst und Schrecken verbreitete?", fragte Vater Rhein, nachdem die Quirinusgeschichte zu Ende war. „Nein? Nichts gehört von ihren verwegenen Untaten, von ihren Beutezügen, von Einbrüchen, Raub, Mord und Totschlag?"

Der Fetzer – ein rheinischer Räuberhauptmann

Der Fetzer hieß mit richtigem Namen Mathias Weber. Er war ein kleines, mageres Männchen mit dünnen Haaren und kleinen schwarzen Augen. Sein Beiname „Fetzer" bedeutet im Rotwelschen, der Sprache der Gauner und Vaganten, so viel wie: einer, der nicht lange fackelt, der furchtbar zuschlagen kann, der seinen Gegner in der Luft zerfetzt. Mathias war aber kein großer gewalttätiger Räuber mit Bärenkräften. Seine Räuberlaufbahn begann damit, dass er mit anderen Kameraden von einem vorbeifahrenden Postwagen einen Koffer abschnitt oder „abfetzte", in dem Geld und Juwelen von unendlichem Wert waren. Die Bande teilte sich das Geld. Aber mit den Juwelen wussten sie nichts anzufangen. Sie warfen sie ins Feuer. Von da an begingen sie einen Raub nach dem anderen. Einmal brach die Bande in das Rathaus von Neuss ein. Sie hebelten mit ihren Brecheisen Schlösser und Riegel auf und stahlen Geld und Silberzeug. Noch in der Nacht wollten sie Neuss verlassen, doch das Stadttor war verschlossen. Trotzdem ist es ihnen gelungen, aus der Stadt zu fliehen. Dem Fetzer gelang meistens die Flucht. Auch als er mit seinem Kumpel Michel von Deutz in Neuss im ausbruchsicheren Gefängnis des Windmühlenturms saß. Es gab eigentlich keine Fluchtmöglichkeit. Die Fenster waren vergittert und das Gefängnis lag hoch im Turm. Doch der Fetzer kam auf die Idee, ein Loch durch die Holzdecke zu brechen. Es gelang ihm, sich in das obere Stockwerk zu zwängen. Dann zog er den Michel zu sich hinauf. Aber sie waren noch lange nicht am Ziel. Das Zimmer, in dem sie sich nun befanden, hatte zwar ein Fenster, aber es war mit Eisenstäben vergittert. Es blieb ihnen nichts übrig, als bis in die Spitze des Mühlenturms zu klettern, um zu sehen, ob es dort eine Möglichkeit gab um auszubrechen. Aber wie sollte man von dieser schwindelerregenden Höhe in die Tiefe kommen? Der Fetzer wusste Rat. Er riss ein Tuch, das an einen Windmühlenflügel gespannt war, ab und sie ließen sich daran auf die Galerie des Turmes herunter. Ein anderes Tuch befestigten sie am Gitter und ließen sich daran hinunter. Dann sprangen sie mehr als sieben Meter in die Tiefe und stürzten auf die Erde. Durch das Getöse wurden die Wachen alarmiert. Obwohl ihnen alle Knochen und Rippen vom Sprung weh taten, liefen sie davon. Jetzt mussten sie noch durch die Erft schwimmen, wenn sie ihren Verfolgern nicht in die Hände fallen wollten. Sie stürzten sich ins Wasser, gelangten ans andere Ufer und waren in Freiheit.

„Mathias Weber, genannt der Fetzer. Anführer einer Räuberbande, welcher 25 Jahre alt, und 181 gewaltsame gelungene, 121 mißlungene Diebstähle begangen hat." Er wurde zum Tode verurteilt und starb in Köln auf dem Schafott unter dem Fallbeil.

„Das wusste ich alles nicht", sagte der Teufel, nachdem Vater Rhein mit seinem Bericht fertig war.

„Ich habe auch nur von einem Räuber erzählt. Dabei gab es viele Räuberbanden im rheinischen Gebiet. Sie konnten ihr Unwesen treiben und entkommen, weil es viele kleine Staaten gab, in die sie flüchten konnten. Wenn es die Polizei einmal schaffte, einen Räuber zu fangen und einzusperren, gelang ihm meistens die Flucht." Mercur hatte aufmerksam zugehört und geschwiegen. Plötzlich sagte er:

„Das wäre bei uns Römern nicht möglich gewesen. Das schwöre ich. Von römischen Räuberbanden habe ich mein Lebtag noch nichts gehört."

„Gib doch nicht so an", fiel ihm der Teufel ins Wort, „als ob es bei den Römern nicht auch Diebe und Halunken, Verbrecher und Mörder gegeben hat."

„Ja schon. Aber eben nicht solche Räuberbanden mit Räuberhauptmännern."

Der Plan von Braun und Hogenberg zeigt Neuss im Jahr 1590. Die Stadt ist von einem Mauerring mit Graben umgeben. Noch heute sind sie im Straßenbild zu erkennen. Vor der Stadt fließt die Erft im alten Bett des Rheins.

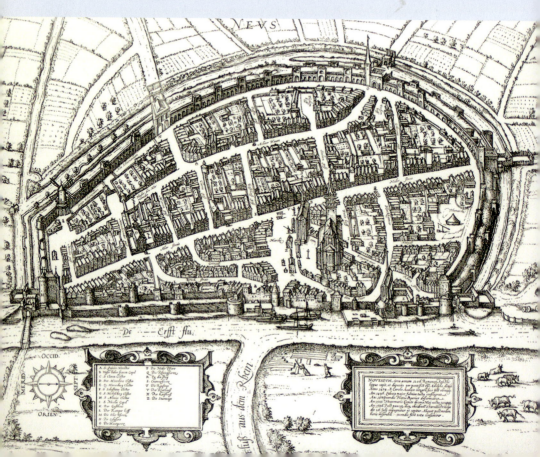

Teufel, Mercur und Vater Rhein besuchen Düsseldorf

Wie Düsseldorf eine Stadt wurde

„Ich will nicht mehr weiter am Niederrhein entlang. Bis Neuss reicht mir", sagte der Teufel.

„Ich habe doch gesagt, ich muss bis nach Düsseldorf", antwortete Vater Rhein streng. „Aber du kannst ja alleine zurück nach Köln. Du bist ja alt genug."

„Tsss... alt genug. Klar bin ich alt genug. Sehr alt sogar. Dieses Dorf an der Düssel interessiert mich nicht. Man weiß ja noch nicht einmal genau, wie alt dieses Kaff überhaupt ist. Wisst ihr, die Anfänge von Thusseldorp liegen doch völlig im Dunkeln. Als es auf der linken Rheinseite schon große Städte gab, zum Beispiel Köln, war das Stadtgebiet von Düsseldorf noch mit dichten Wäldern und großen Sümpfen bedeckt. Da lebten nur ein paar Fischer und Bauern in dem Dorf, wo der Bach Düssel in den Rhein mündet. Der entspringt übrigens vierzig Kilometer entfernt im Bergischen Land."

„Stimmt", sagte Mercur. „Zu meiner Zeit war der Rhein die Grenze. Wir Römer hatten Germanien nur bis zur linken Rheinseite erobert. Auf der rechten Seite siedelten die germanischen Stämme. Also ist in Düsseldorf auch nichts von den Römern zu finden."

„Na und? Es muss doch nicht immer alles mit den Römern anfangen", fiel der Teufel Mercur ins Wort. „An Düsseldorf kann man doch sehen, dass eine Stadt auch später groß und berühmt werden kann. Ich muss natürlich zugeben, dass Düsseldorf erst im Jahr 1288 die Stadtrechte verliehen bekam. Da war Köln schon mehr als tausendzweihundert Jahre eine Stadt. Und Köln war zu dieser Zeit vierhundertein Hektar groß und Düsseldorf gerade mal knapp vier Hektar. Also Düsseldorf war zu dieser Zeit etwa hundert Mal kleiner als Köln, oder anders herum gesagt: Köln war hundert Mal größer."

Düsseldorf bekommt die Stadtrechte verliehen

In der Schlacht bei Worringen, nahe Köln, standen sich am 5. Juni des Jahres 1288 die Heere von Siegfried von Westerburg, dem Erzbischof von Köln, und seiner Verbündeten und der Herzog Jan von Brabant mit den Truppen der Grafen von Berg und Jülich, bergische Bauern und Kölner Bürger gegenüber. Die Parteien zankten sich um das Herzogtum Limburg, das westlich und südlich von Aachen lag. Als Sieger gingen der Herzog von Brabant und seine Verbündeten aus der Schlacht hervor. Siegfried von Westerburg geriet in die Gefangenschaft des Grafen von Berg und wurde nach Schloss Burg (an der Wupper) gebracht. Weil die Bauern aus dem Herzogtum Berg, zu dem das Dorf an der Düssel gehörte, mit ihm gekämpft und gesiegt hatten, bekam Düsseldorf zwei Monate später zur Belohnung von Graf Adolf V. und seiner Gemahlin Elisabeth die Stadtrechte verliehen. Seit jener Zeit ist Düsseldorf nun eine Stadt.

Das Stadterhebungsdenkmal des Künstlers Bert Gerresheim zeigt das Ende der blutigen Schlacht bei Worringen, die für viele Menschen und Tiere Elend und Tod brachte.

Berühmt in aller Welt: der Dichter Heinrich Heine

„Jetzt willst du mich doch nach Düsseldorf locken. Aber ich will nicht dahin", meckerte der Teufel.

„Komm doch mit. Ich verspreche dir, Düsseldorf ist eine sehr interessante Stadt, eine moderne Stadt, eine elegante Stadt, eine Medienstadt, eine Bürostadt, eine Einkaufsstadt, eine Messestadt, eine Karnevalsstadt, eine Regierungsstadt. Düsseldorf ist die Landeshauptstadt von Nordrhein-Westfalen."

„Das ist mir alles egal. Ich will nicht", beharrte der Teufel.
Aber Vater Rhein ließ nicht locker. „Ich mache dich mit einem interessanten Menschen bekannt. Den wirst du mögen. Ich stelle dir SY FREUDHOLD RIESENHARF vor. Er war ein Dichter, ein kritischer Mensch. Er hat sich für Freiheit, Demokratie und Gerechtigkeit eingesetzt und auch schöne Gedichte geschrieben. Zum Beispiel ein Gedicht an den Vater Rhein. Also ein Gedicht für mich", und er hob an:

*„Und als ich an die Rheinbrück kam,
Wohl an die Hafenschanze,
Da sah ich fließen den Vater Rhein
Im stillen Mondenglanze.*

*Sei mir gegrüßt, mein Vater Rhein,
Wie ist es Dir ergangen?
Ich habe oft an dich gedacht
Mit Sehnsucht und Verlangen."*

„Das ist ein schönes Gedicht. Wie hieß der Dichter noch?", fragte der Teufel.

„Heinrich Heine", antwortete Vater Rhein.

„Aber du hast doch eben einen anderen Namen genannt."

„Stimmt. Aber der Dichter heißt Heinrich Heine und den anderen Namen hat er sich als Decknamen ausgedacht, als er noch jung war. Er hat dazu die Buchstaben seines Namens zu einem neuen Namen zusammengesetzt."

„Also noch mal: SY FREUDHOLD RIESENHARF soll aus den Buchstaben des Namens Heinrich Heine zusammengesetzt sein? Das stimmt doch nicht. Der Name besteht doch aus einundzwanzig Buchstaben und Heinrich Heine nur aus dreizehn. Und ein y und zwei f kommen in dem Namen Heinrich Heine gar nicht vor", mischte sich Mercur ein, der den Namen behalten hatte.

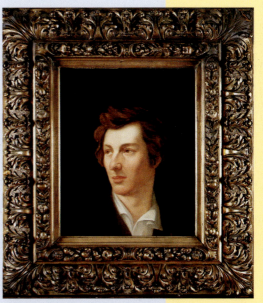

Der Dichter Heinrich Heine (1797–1856).

„Entschuldigung. Ich habe vergessen zu sagen, dass er früher Harry hieß und hinter seinen Namen hat er noch seinen Geburtsort Düsseldorf gesetzt."

„Aha! Aber dann wurde Düsseldorf damals mit zwei f geschrieben, und ü-Striche kannten die wohl auch noch nicht!"

„So wird es gewesen sein", entgegnete Vater Rhein. „Jedenfalls hatte er mächtig Heimweh nach Düsseldorf, als er später nach Paris ge-

Heute ist in der Bilker Straße 12–14 das Heinrich-Heine-Institut untergebracht. Es ist zugleich ein Museum und eine Gedenk- und Forschungsstätte. Hier werden Handschriften von Heinrich Heine und viele andere Dokumente, die aus seinem Leben zeugen, aufbewahrt und ausgestellt. Tel. 0211/89-41 95

gangen war. Man hatte ihn in Deutschland nicht geachtet und wollte ihn sogar verhaften. Über Düsseldorf schrieb er 1826: ‚Die Stadt Düsseldorf ist sehr schön, und wenn man in der Ferne an sie denkt und zufällig hier geboren ist, wird einem ganz wunderlich zumute. Ich bin dort geboren und es ist mir, als müsste ich gleich nach Hause gehen.' – Heinrich wurde in der Altstadt von Düsseldorf groß. In der Bilker Straße spielte er auf der Straße. Er stöberte auf dem Dachboden im Haus seines Onkels im staubigen Gerümpel herum und schmökerte dort und anderswo in alten Büchern. Er kletterte auch auf dem Jan-Wellem-Denkmal auf dem Marktplatz beim Rathaus herum. Aber das Schicksal der Herzogin Jacobe von Baden machte ihn traurig. Er stellte sich vor, wie sie des Nachts in den Schlossruinen herumspukte.

Heinrich Heine hat viele Gedichte geschrieben. Ein Gedicht von ihm ist in der ganzen Welt berühmt. Es ist in alle Sprachen übersetzt worden. Der Komponist Friedrich Silcher hat das Gedicht vertont. Deshalb können viele das Gedicht eher singen als aufsagen. Möchtet ihr es hören? Auf Englisch, oder auf Französisch? Oder lieber auf Japanisch?"

„Hör den Quatsch auf. Wir wollen das natürlich auf Deutsch hören. Los, mach schon. Ich will wissen, ob ich das nicht vielleicht kenne", polterte der Teufel los.

„Das kennst du nicht. Wetten?", spannte Vater Rhein den Teufel auf die Folter.

„Los jetzt", drohte der Teufel und schwenkte mit seiner Schwanzquaste vor der Nase von Vater Rhein herum.

„Gut! Also, es beginnt so:

Loreley
Ich weiß nicht, was soll es bedeuten,
Dass ich so traurig bin.
Ein Märchen aus uralten Zeiten,
Das geht mir nicht aus dem Sinn."

„Das Gedicht kenne ich nicht. Nie was davon gehört", gab der Teufel zu.

„Wo ist eigentlich Mercur abgeblieben? Ich hab' gar nicht gemerkt, dass er nicht mehr da ist", rief Vater Rhein plötzlich ganz aufgebracht.

„Der kommt schon wieder", beruhigte ihn der Teufel. Tatsächlich stand er plötzlich da, als wäre er nie fort gewesen.

Aus dem Leben von Heinrich Heine

Heinrich Heine wurde 1797 in Düsseldorf geboren. Er studierte Rechtswissenschaft und wollte als Jurist im Staatsdienst arbeiten. Obwohl er den Doktortitel erworben hatte, fand er keine Stelle. Er war fest davon überzeugt, dass es mit seiner jüdischen Religion zu tun hatte, denn zu dieser Zeit wurden Juden gesellschaftlich zurückgesetzt. Schließlich trat er zum protestantischen Glauben über, aber auch als Protestant fand er keine Anstellung. Nun verdiente er seinen Lebensunterhalt als Schriftsteller. Er schrieb Gedichte und machte sich Gedanken über politische und gesellschaftliche Fragen und schrieb darüber in der Zeitung. Er kritisierte die politischen Verhältnisse und kämpfte für Freiheit, Demokratie und Gerechtigkeit. Er forderte gleiches Recht für alle Menschen. Er griff auch die Kirche an und warf ihr vor, nicht genug für die Not leidenden Menschen zu tun. Er wurde von vielen bewundert, aber auch gefürchtet und wegen seiner Ansichten angefeindet. Schließlich wurden seine Schriften von der Obrigkeit zensiert und danach verboten. Weil man ihn sogar verhaften wollte, siedelte er im Jahr 1831 nach Paris über. Dort heiratete er Mathilde, eine junge Französin. Heinrich Heine war glücklich mit ihr und genoss das Leben. Aber mit fünfunddreißig Jahren wurde er sehr krank, sein Körper wurde immer mehr gelähmt. Jahrelang lag er mit großen Schmerzen bewegungslos im Bett, in seiner „Matratzengruft", wie er es nannte. Trotz seiner Krankheit schrieb er weiter und kämpfte für eine gesellschaftliche Veränderung. Nach acht qualvollen Jahren im Krankenbett starb Heinrich Heine am 17. Februar 1856 in Paris. Er wurde auf dem berühmten Friedhof Montmartre in Paris beerdigt. Heinrich Heine und sein Werk waren sehr umstritten. Auch nach seinem Tode änderte sich das nicht. Mehr als ein Jahrhundert verging, bis die Stadt Düsseldorf ihm ein Denkmal setzte und der Universität den Namen Heinrich-Heine-Universität gab.

Auf dem Schwanenmarkt ist zum Gedenken an Heinrich Heine ein Monument vom Künstler Bert Gerresheim errichtet worden. Der Ausschnitt zeigt das Bildnis von Heinrich Heine, ein Buch und eine Schere. Damit ist gemeint, dass Werke von ihm zensiert wurden. Was den Herrschenden damals nicht passte, wurde aus Büchern, Zeitungen und Flugblättern herausgestrichen oder herausgeschnitten.

Im Alten Hafen liegt ein Aalschokker. Er erinnert an die Zeit, als die Fischer im Rhein noch Aale fangen konnten.

Vater Rhein und sein Denkmal

„Ich war in Düsseldorf, während ihr nur geschwätzt habt."

„Und? Was hast du gesehen?", fragte der Teufel neugierig.

„Das Jan-Wellem-Denkmal beim Rathaus, den Burgplatz und den Alten Hafen. Da ist viel los. Auf den Straßen und in den Geschäften der Altstadt wimmelt es von eleganten Düsseldorfern."

„Hab' ich doch gesagt", bemerkte Vater Rhein.

„Los, da will ich auch hin", rief der Teufel, stampfte mit seinem Pferdefuß auf, schlug sich auf die Brust und rannte los.

„Halt! Wir treffen uns am Schwanenspiegel. Am Kaiserteich vor dem Ständehaus. Da steht mein Denkmal. Da muss ich hin. Ich will mich noch mal sehen", entgegnete Vater Rhein.

„Meinetwegen. Kaiserteich, Ständehaus. Kaiserteich, Ständehaus. Kaiserteich Ständehaus", murmelte der Teufel unentwegt, als er sich davonmachte. Mercur war schon nicht mehr zu sehen und auch Vater Rhein machte sich auf den Weg.

Das Vater-Rhein-Denkmal vor dem Ständehaus am Schwanenspiegel.

Mercur war zuerst am Denkmal. Er schaute bedächtig alle Einzelheiten an und war sehr beeindruckt. Er kannte sich aus, denn zu seiner Zeit ließen die römischen Herrscher in jeder Stadt Standbilder von sich aufstellen. Das ist beachtlich, dachte er. Ein solches Standbild aus Bronze. Fantastisch, wie der Vater Rhein dort oben in triumphierender Haltung dargestellt ist. Diese Kraft, die er ausstrahlt. Dieser muskulöse Körper! Diese Herrschergeste mit dem Arm. Dieses elegant über die Schulter und den Schniedel geworfene Tuch! Und sein Ruder! Es scheint, als wäre es ein Zepter. Eine wahre Herrschergestalt!

Mercur war sehr versunken und hatte gar nicht bemerkt, dass der Teufel breitbeinig und mit dem Kopf im Nacken hinter ihm stand. Dann kam auch Vater Rhein angehechelt.

„Wie findet ihr mich?", fragte er.

„Fantastisch. Du imponierst mir. Du bist nicht nur ein Vater. Du bist ein Herrschervater. Unübersehbar, mächtig und stolz!"

„Ja! Ich stehe auch für die ganze Rheinprovinz", sagte Vater Rhein bescheiden.

„Wo sind denn deine Töchter und Söhne?", wollte der Teufel aufgeregt wissen.

Sie umschritten das Denkmal und fanden nur seine vier großen, schiffbaren Töchter Ruhr, Ahr, Mosel und Lahn zu seinen Füßen sitzen und emporschauen.

„Und wo sind deine Söhne?", fragte der Teufel erneut.

Das Rheingold

Im Nibelungenlied, einer alten germanischen Sage, wird erzählt, dass der sagenhafte Goldschatz der Nibelungen im Rhein versenkt wurde. Bis heute wird gerätselt, wo dieser Schatz zu finden sein könnte. Beim Binger Loch? Bei Worms? Existierte der Schatz wirklich, oder hat ihn der Dichter des Nibelungenliedes nur erfunden? Mehr dazu liest du auf Seite 157.

„Der Neckar und der Main? Doch die fließen nicht durch Nordrhein-Westfalen. Deshalb sind sie auch nicht auf dem Denkmal. Dieses Haus, vor dem mein Denkmal steht, ist das Ständehaus. Es war früher der Sitz des Landtages von Nordrhein-Westfalen. Heute ist es ein Museum für moderne Kunst mit dem Namen K21."

„Ich finde dein Denkmal auch wirklich großartig", begann der Teufel. „Aber sag mal, was ist denn da um deine Füße? Ist das ein Drache? Und eine Krone und ein Schwert und ein Morgenstern? Und eine Schatulle, aus der Gold und Edelsteine hervorquellen und noch andere Kostbarkeiten?"

„Das ist das Rheingold", sagte Vater Rhein kurz und knapp. „Ich erzähle euch später davon."

„Nein", schrie der Teufel. „Ich will jetzt wissen, was das ist. Los! Erzähl! Sofort!"

„Gar nichts erzähle ich jetzt. Ich erzähle das erst, wenn auch Heinzel Mann und Emma Elf dabei sind. Und damit Schluss. Wir gehen jetzt zum Denkmal von Jan Wellem." Damit drehte sich Vater Rhein um und ging. Mercur folgte ihm und der Teufel trottete hinterher.

Jan Wellem – Kurfürst und Kunstsammler

„Wie ist der kleine Harry Heine denn auf das Pferd von Jan Wellems Denkmal gekommen? Kannst du mir das mal sagen!? Der Sockel ist doch viel zu hoch für ein Kind", ereiferte sich der Teufel, als die drei am Denkmal angekommen waren.

Das Denkmal des Kurfürsten Jan Wellem vor dem Düsseldorfer Rathaus.

„Früher stand der nicht so hoch oben", antwortete Vater Rhein und zeigte auf das Haupt von Jan Wellem.

„Guckt euch mal den Hut an, den Jan Wellem trägt. Das ist ein Kurhut."

„Äh?", sagte der Teufel und hielt sich die Hand vor die Stirn, weil die Sonne ihn blendete.

„Der Kurhut ist eine purpurrote Kappe mit weißem Hermelinpelz am Rand, der nur den höchsten Würdenträgern zustand. Einen Kurhut durfte nur ein Kurfürst tragen. Im ganzen Deutschen Reich gab es nur sieben Kurfürsten. Und diese sieben Kurfürsten durften den König wählen. Und einer der sieben war Jan Wellem, der Pfalzgraf bei Rhein. Jan Wellem war ein guter Herrscher. Er hat von 1679 bis 1716 regiert. Außerdem liebte er die Kunst und war ein leidenschaftlicher Sammler."

„Kommt, wir gehen weiter. Ich habe genug von Denkmälern und Herrschern", drängelte der Teufel. „Ich will jetzt zum Burgplatz. Los, Mercur. Du kennst dich doch aus. Du weißt doch, wo das ist. Also mach schon." Er gab Mercur so einen kräftigen Stoß, dass dieser gegen Vater Rhein stolperte und beide fast zu Boden gestürzt wären.

„Was fällt dir ein!", schrie Mercur erbost, packte den Arm vom Teufel mit beiden Händen, drückte zu und drehte die Haut zwischen seinen Händen. „Brennnessel nennen wir Römer das. Das tut gut. Das fördert die Durchblutung."

Der Teufel wimmerte und jammerte und bettelte: „Aufhören, Mercur. Bitte aufhören. Bitte, Mercur, lass meinen Arm los. Es tut so weh. Ich mache es nicht mehr. Ich ... Aua, aua, aua Arm."

Mercur erbarmte sich und ging mit dem Teufel zum Radschlägerbrunnen, damit er sich den schmerzenden Arm kühlen konnte. Nachdem das Brennen nachgelassen hatte, war der Teufel wieder munter.

„Radschlagen kann ich auch", sagte er und stellte das rechte Bein vor, hob beide Arme, nahm Schwung und schlug das Rad.

„Perfekt", schrien Mercur und Vater Rhein und klatschten laut Beifall. Der Teufel schlug das Rad immer wieder auf dem großen Platz vor dem Rheinufer, bis ihm ganz schwindelig wurde und er sich auf die Stufen des Schlossturms fallen ließ.

„In diesem Schlossturm spukt der Geist von Jacobe herum", sagte Vater Rhein.

„Was? Wie? Wo? Spuken? Eine Frau? Frauen können nicht spuken. Spuken ist Männersache. Und wenn das überhaupt einer macht, dann bin ich das!"

Vater Rhein musste viel Geduld mit dem Teufel haben und auch noch die Fragen von Mercur nach dem Düsseldorfer Schloss beantworten, bevor er von der weißen Frau im Schlossturm erzählen konnte. Das Schloss war 1871 niedergebrannt und nur der Turm hatte den Brand überstanden.

„Da ist ein Museum drin. Da steht es: SchifffahrtMuseum im Schlossturm."

Früher schlugen die Düsseldorfer Jungen auf der Straße das Rad. Für ihr Kunststück wurden sie von den Passanten mit etwas Geld belohnt. Die Düsseldorfer Radschläger waren bekannt für ihre sportliche Leistung. Heute gibt es einmal im Jahr einen Radschlägerwettkampf.

Die weiße Frau im Schlossturm

Vor langer Zeit heirateten der junge Johann Wilhelm und die schöne Jacobe von Baden. Das Hochzeitsfest wurde im Düsseldorfer Schloss mit Feuerwerk, Turnierkämpfen und Theateraufführungen gefeiert und auf dem Rhein kreuzten festlich beleuchtete Schiffe. So etwas hatten die Düsseldorfer noch nie gesehen. Nach einer Woche war das Fest zu Ende und alle waren begeistert. Doch das Glück der beiden Frischvermählten dauerte nicht lange. Johann Wilhelm wurde schwermütig und im Wahn glaubte er, dass er verfolgt würde. Bald konnte er sein Land nicht mehr regieren. Das machte sich der Marschall von Waldenburg zunutze, um seine eigenen Interessen zu verfolgen. Dabei war ihm Jacobe im Weg. Auch Sybille, die Schwester von Johann Wilhelm, war nicht gut auf ihre Schwägerin zu sprechen. Sie war neidisch auf sie, weil sie so schön und beliebt war. Aus Missgunst erzählte sie überall, Jacobe wäre ihrem Gatten untreu geworden und eine böse Gesetzesbrecherin. Schließlich verbündeten sich der Marschall von Waldenburg und Sybille miteinander und ließen Jacobe verhaften. Die junge Herzogin durfte ihr Zimmer im Schlossturm von nun an nicht mehr verlassen.

Dann stellten sie die Anklageschrift zusammen, mit der ihr der Prozess gemacht werden sollte. Aber Jacobe hatte auch Freunde, die ire Unschuld beweisen wollten. Doch bevor der Prozess abgeschlossen war, wurde sie tot in ihrem Zimmer aufgefunden. Es wurde gesagt, dass sie an einem Schlaganfall gestorben war, und man begrub sie schnell.

Doch das Volk war aufgebracht und glaubte nicht an den Schlaganfall der jungen Herzogin, schließlich hatte man Würgemale an ihrem Hals entdeckt. Für das Volk war klar, dass sie ermordet worden war. Der Mörder sei der Marschall von Waldenburg gewesen – das glaubten alle, weil sie ihm bei seinen Plänen im Weg gewesen war. Seit dieser Zeit irrt Jacobe im Schloss umher. Um Mitternacht erscheint sie als verschleierte Gestalt im weißen Gewand mit Würgemalen am Hals hinter den Fenstern des Schlossturmes und weint und jammert. Jacobe ist verdammt, im Turm zu spuken, bis ihr Mörder gefunden ist.

Vom Düsseldorfer Schloss ist nur der Schlossturm erhalten geblieben. Dahinter ist der Kirchturm von St. Lambertus zu sehen, der ältesten Düsseldorfer Kirche.

Nachdem Vater Rhein die Geschichte von der armen Jacobe erzählt hatte, gingen sie zum Rheinufer.

„Hier ist aber ein Gedrängel. Das stört mich", sagte der Teufel, nahm seine Schwanz in die Hand und schlug mit der Quaste nach den Spaziergängern, die ihm im Wege waren.

„Lass das sein", sagte Vater Rhein ärgerlich. „Hör auf damit. Das gibt Ärger."

„Ist mir egal", schnauzte der Teufel.

„Lass es sein!"

Vater Rhein ging mit zügigem Schritt voran. Bald waren sie aus dem Gedränge heraus und gingen weiter über die Rheinuferpromenade auf die Rheinkniebrücke zu.

„Hinter der Brücke ist der neue Landtag. Und dahinter der Fernmeldeturm und dahinter der Westdeutsche Rundfunk. Und dahinter ist der Neue Zollhof und dahinter die Medienmeile im ehemaligen Hafen mit dem Medienzentrum", zählte Vater Rhein auf.

von links nach rechts: Die Rheinpromenade, der Landtag von Nordrhein-Westfalen, Gebäude des WDR und die Medienmeile im ehemaligen Düsseldorfer Hafen.

Geheimnisvolle Flaschenpost

Sie gingen etwas lustlos am Ufer entlang. Sehr interessant war es hier nicht. Plötzlich sah Vater Rhein eine Flasche, die auf den Wellen schaukelte, und blieb stehen.

„Der Rhein ist doch kein Abfallkorb", rief er ärgerlich und zeigte auf die Flasche. „Man wirft doch keine Flaschen in den Rhein."

„Da ist was drin. Ein Zettel oder ein Brief", bemerkte Mercur.

„Das ist 'ne Flaschenpost", schrie der Teufel aufgeregt. „In der Flasche ist 'ne Nachricht. Kommt, die holen wir raus! Mal sehen, was da auf dem Zettel steht. Das ist bestimmt eine ganz wichtige Nachricht."

Der Teufel war äußerst aufgeregt. Vater Rhein machte es nichts aus, in die Fluten zu steigen, und mit der Flasche in der Hand stand er bald wieder am Ufer.

„Mach schon, mach die Flasche auf! Ich bin neugierig!" Während Vater Rhein den Verschluss aufschraubte und mit seinen klobigen Fingern versuchte, den Zettel aus der Flasche zu ziehen, zappelte der Teufel um ihn herum. Schließlich riss er Vater Rhein die Flasche aus der Hand und knallte sie mit solcher Wucht auf den Boden, dass sie in tausend Stücke zersprang. Nun lag der Zettel inmitten der Scherben.

„Na los, heb ihn auf. Lies vor, was drin steht. Und vergiss nicht, die Scherben wegzufegen. Das kannst du gut mit deiner Schwanzquaste machen. Lies vor!", befahl Vater Rhein dem Teufel.

„Öh, mmh, äh, ja, aber", stotterte der Teufel und kratzte sich zuerst am Bauch und dann am Ohr und dann am Kopf. „Öh, äh. Ich weiß nicht ... ich meine ... ich äh ... ich kann ... ich kann gar nicht lesen!"

„Gib her!", sagte Vater Rhein und rollte den Zettel auseinander. Dann bekam er große Augen, öffnete den Mund und sprach kein Wort.

„Was ist? Lies vor", meldete sich nun auch Mercur und Vater Rhein fand seine Sprache wieder.

„An Vater Rhein, Mercur und den Teufel!", las er. „Wann kommt ihr endlich zurück? Es macht keinen Spaß ohne euch. Bitte kommt bald! Viele Grüße von Emma Elf und Heinzel Mann aus Köln."

Emma Elf und Heinzel Mann in Köln

Blick von oben – der Dom und andere Sehenswürdigkeiten

„Das sind ja schöne Aussichten", sagte der Heinzel.

„Wie meinst du das?", fragte Emma zurück.

„Na, wenn die drei nicht wiederkommen. Wenn unsere Flaschenpost nicht angekommen ist. Was machen wir dann?"

„Die ist schon angekommen. Die kommen schon."

„Aber was sollen wir jetzt machen?", quengelte der Heinzel weiter.

„Ich weiß was", begann Emma, „wir steigen auf den Kölner Dom. Da haben wir wirklich schöne Aussichten, einmalige Aussichten."

„Och, Kölner Dom! Da oben war ich doch schon mal. Bei der Wendeltreppe hat mich der Drehwurm gepackt. Ich war froh, als ich endlich in der Glockenstube ankam. Nach fünfhundertneun Stufen – in hundert Metern Höhe! Aber es war ganz schön anstrengend. Lass uns doch lieber auf den KölnTriangel in Deutz gehen. Von der anderen Rheinseite sind die Aussichten noch schöner. Von da kann man auf den Dom gucken, auf den Rhein, auf die Hohenzollernbrücke und auf den Hauptbahnhof und überhaupt über die ganze Altstadt. Der Turm hat auch einen großen Vorteil. Wir müssen keine Stufen hochsteigen. Wir können mit dem Fahrstuhl direkt in die neunundzwanzigste Etage fahren."

Das überzeugte Emma und sie gingen über die Hohenzollernbrücke zum KölnTriangel.

Es dauerte nicht lange und sie standen im Fahrstuhl, der sie blitzschnell nach oben beförderte. Dann standen sie auf der Aussichtsplattform hinter den hohen Glaswänden, die den Wind abhielten.

„Guck mal, wie majestätisch und eindrucksvoll der Dom aussieht."

„Kennst du das Museum Ludwig und die Philharmonie?"

Der KölnTriangel steht auf der rechten Rheinseite in Köln-Deutz. Er ist 103 Meter hoch. Von der Aussichtsplattform auf der 29. Etage kann man rundum über Köln und die Umgebung schauen.

Der Kölner Dom

Nachdem im Jahr 1164 die Gebeine der Heiligen Drei Könige nach Köln gebracht worden waren, schmiedete man Pläne für einen größeren Dom. 1248 war es soweit: Erzbischof Konrad von Hochstaden legte den Grundstein für einen neuen, gotischen Dom. Der erste Dombaumeister war Gerhard, der den gotischen Baustil in Frankreich studiert hatte.
Zuerst musste Platz für den Dombau geschaffen werden, denn der Alte Dom, auch Hildebolddom genannt, stand noch dort, wo der gotische Dom entstehen sollte. Man legte ein Feuer, damit der Ostteil abbrannte und man schnell mit dem Neubau beginnen konnte. Aber das Feuer wurde durch Wind angefacht und sprang auf den gesamten Dom über. Das war eine Aufregung, denn der Dreikönigenschrein, in dem die Gebeine der Heiligen Drei Könige ruhen, musste in Sicherheit gebracht werden. Nach diesem Unglück begannen die Bauarbeiten am Chor. Damit der hohe Chor nicht einstürzte, wurde er von außen durch ein System aus Pfeilern und Bögen gestützt, dem sogenannten Strebewerk. Nach etwa 70 Jahren war der Chor mit sieben Kapellen und einem Chorumgang fertig gestellt.

Nun konnte der Gottesdienst gefeiert und der Dreikönigenschrein in der Achskapelle aufgestellt werden. Hier hatte man bunte Glasfenster eingesetzt, die vom Leben Jesu und Geschichten aus dem Alten Testament erzählen. Überhaupt war der Chor besonders prächtig ausgestattet. Die vielen Pilger aus weit entfernten Ländern betraten den Dom durch das Südportal, schritten den Umgang entlang bis zur Achskapelle, konnten dort am Dreikönigenschrein die Heiligen um Schutz und Hilfe bitten, dann verließen sie den Dom durch das Nordportal.
Nun machten sich die Baumeister und Steinmetze mit ihren vielen Gehilfen an den Südturm. Als sie das zweite Geschoss vollendet hatten, wurden die Glocken mit den Namen Pretiosa und Speziosa in die Glockenstube gehangen. Nachdem etwa 300 Jahre vergangen waren, wurden die Bauarbeiten am Dom eingestellt. Der Baukran auf dem zweiten Geschoss des Südturms bewegte sich von nun an etwa 300 Jahre nicht mehr. Der Dom blieb unvollendet.
Nachdem Köln zu Frankreich gehörte, vertrieben französische Revolutionstruppen die Geistlichen und machten den Dom zum Pferdestall und Futterlager. Sie verschmierten Boden und Wände und in kalten Winternächten verbrannten sie Bänke und andere Möbel. Auch außen hatte der Dom in dieser Zeit gelitten. Viele Ziertürmchen waren abgebrochen und in die Tiefe gestürzt, die Steine waren schwarz geworden. Der Dom ist ein schwarzes Ungetüm aus dem fernen Mittelalter, sagten die Menschen. Niemand interessierte sich mehr für ihn.
In preußischer Zeit änderte sich allerdings die Meinung: Man begeisterte sich wieder für das Mittelalter und den gotischen Dom und wollten ihn vollenden. Im Jahre 1842 war es so weit: Der preußische König Friedrich Wilhelm IV. legte den ersten Stein zum Weiterbau. Für ihn und seine Anhänger galt der Dom als Symbol für die Einigung des Deutschen Reiches unter preußischer Herrschaft. Am 15. Oktober 1880 wurde der letzte Stein in der obersten Spitze des Südturms vermauert. Damit war der Dom nach 632 Jahren vollendet und für kurze Zeit das höchste Bauwerk der Welt. Die Türme ragen 157 Meter in die Höhe – genau gesagt 157,31 Meter der Südturm, 157,38 Meter der Nordturm.

Blick vom KölnTriangel auf den Dom und die Hohenzollernbrücke.

„Nein", sagte der Heinzel.
„Das große Gebäude da drüben, mit den Dächern, die wie Flusswellen angeordnet sind, ist das Museum Ludwig. Dort wird moderne Kunst ausgestellt. Unter diesen Dächern ist auch die Philharmonie. In dem großen Konzertsaal finden rund zweitausend Zuhörer Platz. Da werden auch Kinderkonzerte veranstaltet."

Brücken über den Rhein

„Rate mal, wie viele Menschen jeden Tag den Bahnhof durchreisen?", fragte Emma plötzlich den Heinzel, der ganz versunken an der Glasscheibe gelehnt hatte.
„Öh ..., weiß ich nicht. Öh, vielleicht fünftausend?"
„Quatsch. Viel zu wenig", entgegnete Emma.
„Gut, dann doppelt so viele. Zehntausend Reisende."
„Immer noch viel zu wenig", antwortete Emma.
„Dann eben zwanzigtausend!"
„Zu wenig! Ich sag es dir jetzt. Es sind zweihundertfünfzigtausend Reisende", sagte Emma.
„Das sind ja so viele Menschen, wie in einer mittleren Stadt wohnen", staunte der Heinzel.

Der Hauptbahnhof

An der Nordseite des Kölner Doms liegt seit 1857 der Hauptbahnhof. Vom 1894 eröffneten Neubau ist bis heute das Mittelschiff der Bahnsteighalle erhalten. Die Halle aus Glas und Stahl ist 255 Meter lang, 64 Meter breit und 24 Meter hoch und steht unter Denkmalschutz. Jeden Tag laufen auf den zehn Bahnsteigen etwa 175 Züge ein, eine Viertel Million Reisende steigen ein und aus. Der Kölner Hauptbahnhof ist ein Durchgangsbahnhof, durch den die Züge von Westen nach Osten, Osten nach Westen, von Süden nach Norden und Norden nach Süden fahren.

„Der Kölner Hauptbahnhof ist ja auch ein Durchgangsbahnhof. Ein Knotenpunkt von Westen nach Osten und von Süden nach Norden", erklärte Emma Elf dem verblüfften Heinzel.

„Köln hat sieben Brücken", stellte der Heinzel plötzlich fest. „Ich habe sie gerade gezählt."

„Stimmt", sagte Emma Elf. „Kennst du die Namen?"

„Ein paar", sagte der Heinzel und dann begannen beide, die Namen der Brücken aufzuzählen: „Mülheimer Brücke, Zoobrücke, Hohenzollernbrücke, Deutzer Brücke, Severinsbrücke, Südbrücke und die Rodenkirchener Autobahnbrücke."

In Köln gab es 1859 zwei Brücken: Die Schiffsbrücke links ist ausgefahren, damit das Floß passieren kann. Die Kölner haben der Hohenzollernbrücke (rechts) den Spitznamen „Mausefalle" gegeben.

Brückengeschichte

In Köln wurde schon in römischer Zeit um 310 eine Brücke über den Rhein errichtet. Um die Grenze des römischen Reiches zu sichern, hatte Kaiser Konstantin auf der rechten Rheinseite ein Soldatenlager, das Kastell *Divitia*, errichten lassen. Die 420 Meter lange Brücke führte bis zum Westtor des Deutzer Kastells. Wann die römische Konstantinsbrücke abgebrochen wurde, ist nicht bekannt. Erst 1822 führte wieder eine Brücke über den Rhein. Sie bestand aus dicht nebeneinanderliegenden Schiffen, über die Holzplanken gelegt wurden. Wenn Schiffe den Rhein passieren wollten, wurde sie in der Mitte auseinandergefahren. Fußgänger mussten Brückengeld bezahlen, wenn sie die Brücke benutzen wollten.

Im Jahr 1859 wurde die erste feste Brücke seit der Römerzeit errichtet. Sie bekam von den Kölner sofort den Spitznamen „Mausefalle", auf Kölsch „Muusfall". Die lange Gitterbrücke konnte nämlich mit schweren Eisentoren verschlossen werden und glich so einer Mausefalle.

Heute führen auf der etwa 240 Kilometer langen Strecke von Düsseldorf bis Mainz 30 Brücken über den Rhein: sieben in Düsseldorf, eine in Leverkusen, sieben in Köln, drei in Bonn, eine in Remagen, eine in Neuwied, eine in Urmitz, vier in Koblenz und fünf in Mainz.

Die Seilbahn

Die Kölner Seilbahn ist die einzige in Europa, die einen Fluss überquert. Die 44 Gondeln gleiten fast einen Kilometer über den Rhein, wenn sie von der linken Rheinseite nahe dem Zoo auf die rechte Rheinseite zum Rheinpark hin- und herfahren. Als sie 1957 in Betrieb genommen wurde, war die Zoobrücke, die sie heute quert, noch nicht gebaut. Die Rheinseilbahn ist von März bis November täglich 10–18 Uhr geöffnet. Tel. 0221/547-41 83, www.koelner-seilbahn.de

Der Heinzel hatte gerade einmal drei der sieben Brückennamen aufgezählt, als er an der Glaswand sachte hinunterrutschte, bis er auf dem Boden saß. Die Augen fielen ihm zu und er schlief ein. Und dann begann er zu schnarchen, dass die Wände wackelten und die anderen Besucher des KölnTriangel sich umschauten. Nun stand Emma allein da. Wem sollte sie jetzt etwas von der Seilbahn erzählen? Oder vom Colonius, dem zweihundertsechzig Meter hohen Fernsehturm, dem höchsten Fernsehturm in Nordrhein-Westfalen, der die Rundfunkanlage der Telekom trägt? Oder vom KölnTurm im Mediapark, der fast so hoch wie die Türme des Domes ist. Oder von den Fernsehstudios und dem großen Kinopalast Cinedom im Mediapark.

Emma hockte sich neben den Heinzel und sah nach, ob er wach war. Aber er schnarchte immer noch leise vor sich hin. Sie wanderte langsam im Uhrzeigersinn um den Turm. Nicht weit vom Dom entfernt sah sie die goldene Krone oben auf der Turmspitze der Ursulakirche. Ihr fiel die Legende von Ursula und ihren elftausend Freundinnen ein, deren lange, gefährliche und beschwerliche Rheinreise in Köln geendet hatte: Alle elftausend Frauen wurden der Legende nach in Köln ermordet.

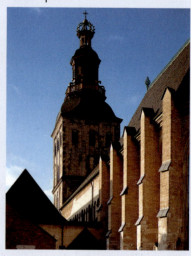

Die Kirche St. Ursula mit der Krone auf der Kirchturmspitze.

Der Kölner Zoo

In der Nähe der Rheinseilbahnstation auf der linken Rheinseite liegt der Kölner Zoo. Er wurde schon 1860 gegründet und ist der drittälteste Deutschlands. Im Kölner Zoo sind mehr als 500 Tierarten aus allen Kontinenten und Weltmeeren zu Hause. Zum Wohl der Tiere, aber auch zur Freude der Besucher lässt man sich immer etwas einfallen: Patenschaften über Tiere, Geburtstagsfeiern oder die ZOOschule für Schulklassen. 2006 und 2007 haben Kölner und Zoofreunde aus aller Welt mit besonderer Spannung verfolgt, als drei Elefantenbabys geboren wurden: Marlar, Ming Jung und Maha Kumari. Sie tummeln sich im Elefantenpark und können dort unter fast natürlichen Lebensbedingungen beobachtet werden.

Die Legende der heiligen Ursula

Ursula war eine Prinzessin und lebte in der Bretagne. Sie wollte nie heiraten, sondern mit anderen Frauen zusammen in einem Kloster leben. Eines Tages erschienen Boten des Königs von England auf dem Schloss und überbrachten einen Brief. „Entweder Hochzeit – oder Krieg", stand darin. Ursula sollte Ätherius, den Prinzen von England, heiraten. Sie war verzweifelt. Was sollte sie tun? In der Nacht, in der sie ihre Antwort überschlafen wollte, erschien ihr ein Engel. Er sagte ihr, dass sie unter drei Bedingungen einwilligen solle: Erstens müsste Ätherius sich taufen lassen, um Christ zu werden, zweitens sollte die Hochzeit erst in drei Jahren stattfinden und drittens sollte Ursula in dieser Zeit ein Pilgerreise nach Rom machen. Die Boten wurden zum König von England geschickt und Ursula wartete ungeduldig auf die Antwort. „Ich bin einverstanden", stand in dem Brief, den die Boten zurückbrachten.

Nun bereitete Ursula die weite Reise vor. Damit sie nicht so alleine war, wollte sie ihre zehn besten Freundinnen mitnehmen. Ursula selbst und jede der Freundinnen wollten sich von tausend Dienerinnen begleiten lassen. So kam eine Reisegesellschaft von elftausend jungen Frauen zusammen. Sie machten sich auf den Weg und hatten miteinander großen Spaß. Sie besuchten eindrucksvolle Städte und fremde Länder. Eines Tages segelten sie mit ihren Schiffen den Rhein hinauf und kamen nach Köln. Hier erschien Ursula in der Nacht wieder ein Engel und befahl ihr, die Reise nach

Ursula kommt in Köln an. Das Schiff wird getreidelt, also von Pferden an einer Leine gegen die Strömung gezogen.

Im Wallraf-Richartz-Museum/Fondation Corboud ist in der Mittelalter-Abteilung eine Folge aus 15 Tafelbildern (um 1450/60) ausgestellt, die die Geschichte der hl. Ursula wie ein mittelalterlicher Comic erzählt. Auch die Kirche St. Ursula besitzt solch einen Bilderzyklus aus dem Mittelalter, er ist aber nicht gut zugänglich.

Rom fortzusetzen. Auf der Rückreise würden sie und ihre Begleiterinnen dann in Köln den Märtyrertod erleiden. Sie taten, was der Engel gesagt hatte, segelten bis nach Basel, verließen die Schiffe und zogen über die Alpen nach Italien bis nach Rom. Dort ließen sie sich vom Papst, den Kardinälen und Bischöfen taufen.

Auf der Rückreise wurden Ursula und ihre Freundinnen vom Papst und von Bischöfen begleitet. In Mainz trafen sie den englischen Prinzen Ätherius, der schon sehnsüchtig auf Ursula gewartet hatte. Nachdem der Papst ihn getauft hatte, traten sie gemeinsam die Heimreise an. Als die Reisegesellschaft nach Köln kam, war die Stadt von den Hunnen belagert. Der Hunnenkönig war so begeistert von Ursula, dass er sie zur Frau begehrte. „Niemals! Lieber sterbe ich", antwortete Ursula ihm entsetzt. Der Hunnenkönig war zutiefst gekränkt. Wutschnaubend schoss er einen Pfeil ab, der Ursula durchbohrte und tötete. Auch alle anderen Begleiterinnen und die gesamte Reisegesellschaft wurden von den Hunnen umgebracht: erdolcht, erschlagen, von Pfeilen und Speeren durchbohrt und geköpft. Niemand überlebte.

Die Leichen sollen vor den Mauern der Stadt begraben worden sein. Später wurde dort eine Kirche gebaut, die der heiligen Ursula geweiht wurde. In noch späterer Zeit wurde auf die Spitze des Kirchturms eine Krone zur Erinnerung an die Königstochter Ursula gesetzt.

Geheimnisvolles Wunderwasser

Von der Ursulakirche sah Emma zur Kunibertskirche hinüber, die rheinabwärts direkt am Fluss liegt. Sie war als letzte der großen romanischen Kirchen in Köln im Jahr 1247 geweiht worden. Ein tiefer Brunnen unten in der Krypta wird von den Kölnern „Kunibertspütz" genannt. Sein Wasser soll wunderbare Kraft gehabt haben. Wenn früher die Frauen vergeblich auf ein Baby warteten, gingen sie mit ihrem Mann in die Kunibertskirche, um „in d'r Pütz ze loore", das heißt in den Brunnen zu schauen und daraus Wasser zu trinken. So sollen die Frauen durch die wunderbaren Kräfte schwanger geworden sein. Den Kindern wurde erzählt, dass man sich die Babys ganz nach Wunsch direkt aus dem Brunnen holen konnte. Sie säßen dort bei der Mutter Maria, die sie mit Brei füttert und mit ihnen spielt. Aber das konnte man wirklich nur sehr kleinen Kindern erzählen.

Nun blickte Emma auf den Rhein, auf dem fast so viel Verkehr war wie auf einer Straße. Unentwegt fuhren die Schiffe mit ihren Ladungen rheinauf und rheinab. Unter ihr lagen das neue und das alte Messegelände, der Bahnhof Deutz und die größte Veranstaltungshalle in Europa, die Kölnarena, von den Kölnern „Henkelmännchen" genannt. Es war gute Sicht, deshalb konnte sie im Süden sogar auf der rechten Rheinseite das Siebengebirge sehen.

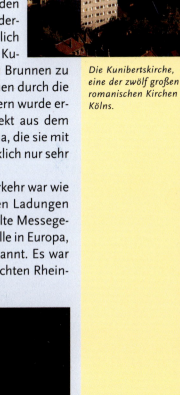

Die Kunibertskirche, eine der zwölf großen romanischen Kirchen Kölns.

Die Kölnarena wird von den Kölnern „Henkelmännchen" genannt.

Das Martinsviertel

Jetzt war sie wieder beim Heinzel angelangt. Plötzlich riss er die Augen auf, holte tief Luft und stellte sich an die Glaswand. Dann schwärmte er: „Ist das nicht ein schöner Blick auf die Altstadt! Wie die schmalen bunten Häuser mit den spitzen Giebeln in der Sonne leuchten. Und die vielen Tische und Stühle unter den Sonnenschirmen. Da möchte ich auch mal sitzen. Der Ratsturm mit den fünf Stockwerken und die alte romanische Kirche Groß St. Martin mit dem dicken Turm in der Mitte und den vier schlanken Türmen rundherum – das sieht doch wirklich schön aus, oder?", fragte der Heinzel und guckte Emma an.

„Stimmt!", sagte Emma.

Die Kirche Groß St. Martin

Das Viertel der Altstadt zwischen dem Kölner Dom und dem Heumarkt ist nach der Kirche Groß St. Martin benannt. Dem Heiligen Martin waren im alten Köln gleich zwei Kirchen geweiht – Groß St. Martin und Klein St. Martin. Er war ein sehr beliebter Heiliger. Deshalb ranken sich auch viele Legenden um sein Leben.

Die Geschichte der Martinskirche reicht bis in die römische Zeit zurück, als das Gebiet zwischen der Hohenzollernbrücke und der Drehbrücke zum Schokoladenmuseum eine etwa 1 000 Meter lange und 180 Meter breite Insel war. Sie war durch einen Rheinarm, den die Römer zu einem Hafen ausgebaut hatten, von der römischen Stadt getrennt. Auf dieser Insel lag wohl eine Sportstätte, denn Archäologen haben unter der Kirche die Reste eines Schwimmbeckens ausgegraben. Später haben die Römer dort vier große Lagerhallen errichtet. Aus einer dieser Lagerhallen ist noch später die Kirche Groß St. Martin entstanden. Das besondere Kennzeichen dieser Kirche ist der riesige Turm, der von vier schlanken Türmen begleitet wird. Bis zur Fertigstellung des Domes und seiner Türme hat er das Stadtpanorama beherrscht. Die Schiffer konnten ihn vom Rhein aus besonders gut sehen. Auch der Chor, das ist der Kirchenraum, in dem der Altar steht, hat eine besondere Form. Aus der Luft betrachtet ist er wie ein Kleeblatt gebaut.

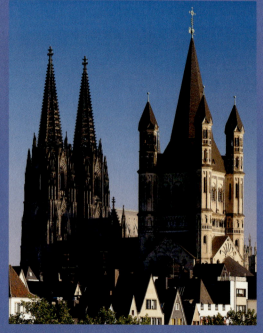

„Komm, lass uns wieder runterfahren. Wir gehen uns die Martinskirche angucken. Vielleicht treffen wir ja auch Mercur, den Teufel und Vater Rhein", sagte der Heinzel. Aber sein Wunsch erfüllte sich nicht. Sie suchten den Eingang der Kirche und kamen zu den Innenhöfen „An Groß St. Martin". Auf einer hohen Marmorsäule stand eine Bronzefigur vom heiligen Martin, der auf einem Pferd sitzt und mit dem Bettler seinen Mantel teilt.

Nicht weit entfernt plätscherte ein Brunnen mit einer dicken Schildkröte in der Mitte. An den Ecken waren die Vertiefungen, durch die das Wasser abfloss, mit einer Eidechse verziert.

„Komm, da hinten stehen Tünnes und Schäl", rief Emma und lief los. Der Heinzel hechelte hinterher.

„Guck mal, wie blank die Nasen sind. Das kommt vom Anfassen. Ich möchte mal wissen, wie viele Touristen dem Tünnes schon an die Nase gepackt haben."

„Hallo Tünnes", sagte der Heinzel und packte ihm an die Nase. „Bring uns Glück!"

Tünnes und Schäl – zwei kölsche Originale

Tünnes und Schäl gehören zu Köln wie der Rhein und der Dom.
Der Tünnes ist klein und dick. Er hat strubbelige Haare und eine dicke Nase. Er ist nicht sehr klug, aber gutmütig. Er gehört zu den einfachen Menschen vom Land, deshalb trägt er auch den blauen Bauernkittel und Holzschuhe. Eigentlich heißt er Anton oder Antonius – auf Kölsch eben Tünnes.

Der Schäl ist lang und schlank. Er ist ein Stadtmensch, deshalb trägt er Anzug und Hut. Vor ihm muss man sich hüten, denn er ist ein Schlaumeier und haut andere gern übers Ohr. Der Schäl ist der „Schieler", der nur auf seinen eigenen Vorteil bedacht ist.

Emma war schon weitergegangen und stand an der viereckigen „Schmitz-Säule". Sie enträtselte die verwaschene Inschrift auf einer Seite und las: DIE STEINE DIESER SÄULE WURDEN 1962 BEIM HAUS HAHNE AM ALTER MARKT AUSGEGRABEN. SIE STAMMEN VON ROEMISCHEN HAFENBAUTEN AUF DER EHEMALIGEN MARTINSINSEL.

Die Ausgrabungen in der neuen Krypta von Groß St. Martin können gegen ein geringes Eintrittsgeld besichtigt werden. Dort werden die Bauphasen seit der Römerzeit auf Schautafeln gezeigt.
Geöffnet Di–Fr 10–12, 15–17 Uhr, Sa 10–12.30, 13.30–17 Uhr,
So 14–16 Uhr,
Tel. 0221/16 42-56 50

Der Heinzel stellte sich vor eine andere Seite. Er erfuhr, dass das Martinsviertel im Altertum eine Rheininsel war, auf der sich Ubiermädchen mit römischen Legionären getroffen haben. Die Kinder, die aus diesen Liebschaften hervorgegangen sind, waren die Urkölner, die sich Schmitz nannten.

„Emma! Komm mal her", rief der Heinzel und fragte sie nach den Ubiermädchen.

„Die Ubier waren ein germanischer Stamm. Sie siedelten auf der rechten Rheinseite. Auf der linken Rheinseite hatten die Römer ihren Standort. Der Rhein war die Grenze. Römer und Ubier waren befreundet und als die Stadt *Colonia Claudia Ara Agrippinensium* gegründet wurde, ist der Stamm der Ubier auf die linke Rheinseite übergesiedelt. Den römischen Soldaten, Händlern und Kaufleuten gefielen die germanischen Ubiermädchen und so gab es bald die ersten Liebespaare, die sich hier auf der Martinsinsel getroffen haben", erzählte Emma dem Heinzel.

„Sieh mal, hier ist eine Hochwassermarke von 1784. Wir hätten hier überhaupt nicht mehr stehen können. Wir wären ganz unter Wasser gewesen", sagte der Heinzel nachdenklich.

„Ja, das Wasser stand hier 13,55 Meter hoch", bemerkte Emma.

„Ich will jetzt zum Rhein. Und wenn du jetzt nicht mitgehst, gehe ich alleine", drohte der Heinzel, drehte sich um und rannte wütend durch die Lintgasse in Richtung Rhein davon. Emma lief hinterher und es gelang ihr, ihn einzuholen. Als sie im Rheingarten angekommen waren, sprang der Heinzel in dem flachen, in Stufen fließenden Wasser des Brunnens von Stein zu Stein.

„Erzähl mir eine Geschichte", sagte Emma Elf nach einer Weile. „Die von den Heinzelmännchen."

„Die Heinzelmännchen von Köln?", fragte der Heinzel und hielt inne. Als Emma nickte, legte er los:

„Wie war es doch in Köln vordem
mit Heinzelmännchen so bequem!
Denn war man faul – man legte sich
hin auf die Bank und pflegte sich:
Da kamen bei Nacht ..."

„Du sollst nicht das Gedicht aufsagen", unterbrach ihn Emma. „Du sollst die Geschichte erzählen." Und der Heinzel begann.

Die Heinzelmännchen zu Köln

Im alten Köln gab es vor langer Zeit eine Gesellschaft fleißiger Zwerge. Die Kölner nannten sie Heinzelmännchen. Es waren winzige Kerlchen, die nicht größer waren als vierjährige Kinder. Sie hatten dicke Köpfe mit runden Augen, knolligen Nasen und langen grauen Bärten. Ihre Gesichter waren sehr verrunzelt und sie sahen uralt aus. Außerdem hatten sie dicke Bäuche und spindeldürre Beinchen. Meistens liefen sie nackt herum oder in einer alten Tracht. Auf dem Kopf trugen sie spitze Hüte, die sie unsichtbar machten. Der Hut war ihre Tarnkappe und wenn er nicht auf dem Kopf saß, waren sie sichtbar. Sie wohnten unter den Kellern der Häuser und rumorten tief unten in der Erde. Wenn sie bei sich die Arbeit getan hatten, schlichen sie nach Mitternacht in die Häuser der Menschen. Sie halfen den Handwerkern, den Metzgern, Schustern, Schreinern, Schmieden, Müllern und Bäckern, aber auch den Hausfrauen: Sie wuschen das Geschirr ab, flickten die Kleider und wischten die Böden. Am Morgen waren die kleinen Wichte verschwunden und die Arbeit getan.

So war es auch beim Schneider und seiner Frau. Die Schneiderin freute sich darüber, doch sie war auch neugierig und wollte die fleißigen Helfer einmal sehen. Aber wie sollte sie das anstellen? Sie waren doch unsichtbar! Sie dachte sich eine List aus und streute am Abend Erbsen auf die Kellertreppe. Dann versteckte sie sich in der Nähe der Treppe. Nach Mitternacht hörte sie das Getrappel und Getrippel zahlreicher Füße die Treppe hinaufhuschen. Die Heinzelmännchen kamen! Doch da verloren sie auf den runden Erbsen den Halt, purzelten und rutschten die Treppe wieder hinunter und rissen andere mit. Den meisten Heinzelmännchen waren beim Sturz die Hüte vom Kopf geflogen – ihre Tarnkappen lagen wild verstreut auf dem Boden. Nun waren sie endlich zu sehen. Eilig leuchtete ihnen die Schneiderin mit einer Laterne ins Gesicht und lachte, als sie die runzeligen Gesichter mit den knolligen Nasen sah. Zornig rappelten die Heinzelmännchen sich vom Boden auf, rieben ihre schmerzenden Glieder, suchten ihre Hüte und flüchteten einer nach dem anderen.

Die Heinzelmännchen helfen dem Schneider und dem Metzger. Relief vom Heinzelmännchenbrunnen in Köln.

Später erzählte ein Nachtwächter, dass er auf seinem Weg durch die nachtdunkle Stadt eine geheimnisvolle Musik vernommen hat. Auch ein Gewirr von tausend quäkenden Stimmchen und die Schritte unzähliger Füße begleiteten ihn auf seinem Weg vom Heumarkt in Richtung Rhein.
Seither sind die Heinzelmännchen wie vom Erdboden verschluckt und alle Kölner müssen ihre Arbeit selber tun.

„Und wohin sind die Heinzelmännchen gegangen?", fragte Emma Elf.

„Sie sind über den Rhein gesetzt. Mit Heinzelkönig und Heinzelkönigin, Pferden und Wagen und mit allen ihren Schätzen. Den Fährmann haben sie mit purem Gold bezahlt."

„Hm... das habe ich noch nie gehört", sagte Emma nachdenklich.

„Ich muss dir was gestehen", begann der Heinzel etwas verlegen. „Ich bin ..., ich meine ..., ich ..... äh ... Also, bei mir ist das anders. Bei mir ist das umgekehrt als bei den Heinzelmännchen. Wenn ich meinen Heinzelhut auf dem Kopf habe, bin ich sichtbar. Und wenn ich ihn nicht auf dem Kopf habe, bin ich unsichtbar. Ich weiß auch nicht, warum das so ist."

„Ist doch kein Problem", sagte Emma. „Hauptsache, ich sehe dich."

Plötzlich flog ein langer Gegenstand durch die Luft und bohrte sich mit ungeheurer Wucht vor Emmas Füßen in die Erde. Sie erschrak fürchterlich. Und als sie aufblickte, sah sie den Teufel.

„Du Miststück", schrie sie. „Du Teufelsbrut, du Höllenhund, du Satansbraten! Bist du von allen guten Geistern verlassen?"

Das Schokoladenmuseum vom Rhein aus gesehen.

Der Teufel stand reumütig mit gesenktem Kopf vor ihr. „Ich wollte dich doch begrüßen. Ich freue mich doch so, dass wir uns wiedersehen."

„Schöne Begrüßung ist das", schrie Emma noch immer empört. „Du hättest mich mit dem Dreizack aufspießen können!"

Mittlerweile waren auch Vater Rhein und Mercur eingetroffen. Vater Rhein war außer sich über die Unverschämtheit des Teufels, der ihm den Dreizack einfach aus der Hand genommen hatte und vorausgerannt war. Wie ein Wunder brachte es der Teufel aber fertig, sich bei Emma und Vater Rhein zu entschuldigen. Und dann freuten sich alle, dass sie wieder zusammen waren.

St. Maria Lyskirchen

Zu den zwölf großen romanischen Kirchen in Köln, die alle im Jahrhundert von 1150 bis 1250 entstanden sind, gehört auch die kleine Kirche St. Maria Lyskirchen am Rheinufer beim Schokoladenmuseum. Der eigenartige Name geht wohl auf den Namen Lisolfiskijken zurück, aus dem später Lyskirchen wurde. Der Herr Lisolfus war wohl sehr reich und besaß in dieser Gegend ein großes Hofgut mit einer privaten Kirche. An dem reich verzierten Portal zeigt eine Hochwassermarke, bis wohin das Wasser bei dem verheerenden Hochwasser mit Eisgang 1784 gestanden hat. Das Besondere an der Kirche sind aber die Malereien in den Gewölben an der Decke, die noch aus dem Mittelalter erhalten sind. Sie zeigen die Lebensgeschichte von Jesus und Begebenheiten aus dem Alten Testament sowie die Legenden der hl. Katharina und des hl. Nikolaus.

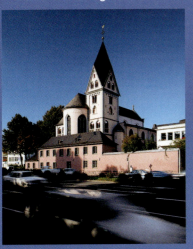 

St. Maria Lyskirchen war besonders bei den Rheinschiffern beliebt, weil früher außen am Chor eine der schönsten Madonnen von Köln angebracht war. Die vorüberfahrenden Schiffer konnten sie grüßen und sie um Schutz und Hilfe bei ihrer gefährlichen Fahrt bitten. Heute steht die Madonna, die vor etwa 600 Jahren in Köln entstanden ist, natürlich nicht mehr bei Wind und Wetter draußen, sondern geschützt im Inneren der Kirche.

Eine Rheinfahrt nach Bonn

Das Römerlager Castra Bonnensia

„Jetzt fahren wir Bötchen!", verkündete der Heinzel. „Zuerst nach Bonn und dann nach Königswinter. Von da aus gehen wir auf den Drachenfels. Und oben auf der Burgruine schauen wir hinab auf den Rhein. Das machen wir alle zusammen."

„Aber das dauert ja drei Stunden, wenn wir mit dem Schiff fahren. Drei Stunden. Das muss sich mal einer vorstellen. In drei Stunden bin ich bis zur Hölle und zurück gefahren", meckerte der Teufel gleich los.

„Ja und? Dann fahr doch zur Hölle! Es ist doch schön, so lange mit dem Schiff zu fahren."

„Außerdem dauert es von Köln nach Bonn nur zwei Stunden. Da steigen wir erst mal aus und gucken uns Bonn an. Soll ja auch ganz interessant da sein", erwiderte Emma.

„Ich will mal etwas Grundsätzliches sagen", meldete Mercur sich zu Wort. „Alle Städte, die von den Römern gegründet wurden, sind auch interessante Städte. Das ist einfach so. Sie haben dann nämlich eine lange und spannende Geschichte. Die Geschichte von Bonn beginnt nämlich vor mehr als zweitausend Jahren, zwischen 13 und 19 vor Christus. Da wurde in Bonn ein Römerlager angelegt, das *Castra Bonnensia*. Überall entlang des Rheins entstanden solche Lager."

„Hör auf, uns mit deinen Geschichten von den alten Römern zu beschwätzen", fuhr der Teufel auf. „Du bist doch ein Angeber. Du glaubst, deine Zeit wäre die beste aller Zeiten gewesen. Alles fing immer mit den Römern an! Ätzend!"

Der Teufel hatte sich in Wut geredet und hörte gar nicht mehr auf. Dazu spuckte er auch noch andauernd auf den Boden.

„Nun gib mal Ruhe, Teufel. Hör auf, hier herumzustänkern und Streit zu suchen", mischte sich Vater Rhein ein. „Wir sollten mal lieber nachfragen, wann das nächste Schiff abfährt."

„Da liegt die ‚Wappen von Köln'", sagte der Heinzel und zeigte auf das weiße Ausflugsschiff. „Wir müssen fragen, wann es abfährt."

Die „Wappen von Köln" hat am Rheinufer angelegt.

Aber sie brauchten gar nicht mehr zu fragen, denn im Moment wurde die Kette an der Anlegestelle geöffnet und die wartenden Passagiere strömten auf das Schiff.

„Wir sehen uns oben auf dem Deck", rief der Heinzel den anderen noch zu, ehe sie sich im Gewühl der Passagiere aus den Augen verloren.

Es dauerte nicht lange und das Schiff legte ab. Sie hatten sich alle oben an Bord wiedergetroffen. Die fünf machten es sich auf den Stühlen und Bänken gemütlich und betrachteten den Rhein und seine Ufer. Sie guckten abwechselnd auf die rechte und dann wieder auf die linke Rheinseite. Auf der rechten Rheinseite sahen sie Köln-Poll, auf der linken Seite das Schokoladenmuseum und das Sport- und Olympiamuseum. Auf der rechten Seite fuhren sie an Porz-Westhoven vorüber und auf der linken lag das ehemalige Fischerdorf Rodenkirchen.

Auf der rechten Rheinseite erschien Porz-Ensen und auf der linken Seite nur Büsche und Wald. Das war der Weißer Rheinbogen. Nun fuhren sie auf der rechten Seite an Zündorf vorüber und auf der linken Seite an Sürth. Auf der rechten Rheinseite tauchte Lülsdorf auf und auf der linken Wesseling. So ging es weiter.

„Sag mal, Vater Rhein, hier ist es aber nicht besonders schön. Hast du Wesseling gesehen? Diese riesigen Fabrikationsanlagen für Kraftstoff. Nee, hier möchte ich nicht wohnen", sagte Emma Elf.

„Na ja. Man sagt, erst beim freundlichen Bonn fängt die schöne Rheingegend an. Wenn die Gipfel des Siebengebirges auftauchen. Warte ab. Es wird immer schöner am Fluss", antwortete Vater Rhein.

Der Teufel war der erste, der keine Lust mehr hatte, immerzu nach rechts und links Ausschau zu halten. Er spazierte auf dem Deck umher, steckte seinen Teufelskopf in alle Ecken und Winkel und ließ sich schließlich auf der Bank am Bug nieder. Dort schrie er „Volle Fahrt voraus" und tat so, als ob er der Kapitän wäre. Aber der echte Kapitän saß hoch über ihm in seiner Kabine am Steuerrad.

Auch der Heinzel hatte aufgegeben und es sich in seinem Sessel bequem gemacht. Er war mal wieder eingeschlafen und schnarchte. Aber durch die lauten Geräusche des Schiffs war das nicht zu hören. Emma hatte ein Heftchen mit dem Fahrplan in der Hand. Daraus las sie den anderen vor: „Die Köln-Düsseldorfer, abgekürzt KD, ist die älteste Schifffahrtsgesellschaft in Deutschland. Keine andere Reederei hat so viele Schiffe gebaut und betrieben wie die KD. Die Eröffnungsfahrt fand 1827 mit einem Dampfer aus Holz statt. Er trug den Namen ‚Concordia'. Mit diesem Schiff begann das Zeitalter der Dampfschifffahrt auf dem Rhein."

„Das waren noch Zeiten", schwärmte Vater Rhein. „Da hat man viel von mir geredet. Da hat man von mir geschwärmt und viele Bilder von mir gemalt."

Die Eröffnungsfahrt der Köln-Düsseldorfer Schifffahrtsgesellschaft mit dem Dampfer „Concordia".

rechte Seite oben: Römischer Keller im Haus der Geschichte. unten: Der „Bärenfänger" im Rheinischen Landesmuseum Bonn.

"Concordia? Das erste Dampfschiff hieß ‚Concordia'?", fragte Mercur aufgeregt. „Die Concordia ist die römische Göttin der Eintracht. Sie hat in der linken Hand ein Füllhorn und in der rechten einen Palmenzweig oder eine Schale."

Bonn – von der Steinzeit bis zur Römerzeit

Die ältesten menschlichen Spuren bei Bonn sind etwa 50 000 Jahre alt. Das beweisen Faustkeile und Werkzeuge aus der Steinzeit, die im Boden gefunden wurden. Eines Tages entdeckte man zufällig in einem Steinbruch in Oberkassel, einem Stadtteil von Bonn, die Skelette eines älteren Mannes und einer jungen Frau.

Als man die Knochen untersuchte, stellte man fest, dass es Knochen von Steinzeitmenschen waren, die um 12000 vor Christus gelebt hatten. Bei den Menschenskeletten fand man auch die Knochen eines Hundes. Das war der Beweis, dass der Hund schon bei den Steinzeitmenschen ein Haustier war. Um 4000 vor Christi Geburt legten die Menschen der Jungsteinzeit einen Festungswall um ihre Siedlung an. In römischer Zeit, von 58 bis 50 vor Christi Geburt, eroberte Julius Caesar Gallien, das Land auf der linken Seite des Rheins. Um das Jahr 38 vor Christus siedelte der römische Statthalter in Gallien, Agrippa, den germanischen Stamm der Ubier in der Gegend von Bonn an. Später wollten die Römer auch das Land „Germania" auf der rechten Seite des Rheins erobern. Deshalb bauten sie in Bonn ein Lager für die Soldaten. Aber den Römern gelang es nicht, die Germanen zu besiegen und Germania zu erobern. Der Rhein blieb die Grenze des römischen Reiches im Norden. Nun sicherte das Lager mit dem Namen *Castra Bonnensia* die Grenze. Niemand weiß bis heute, was der Name Bonn bedeutet. Man weiß nur, dass er von den Kelten stammt.

Über vierhundert Jahre lebten die Römer in Bonn. Durch Grab- und Weihesteine für die Götter weiß man heute über vierhundert Namen von Soldaten, die in der Bonner Legion gedient haben. So hat man von einem Soldaten mit dem Namen Tarquitius Restitutos erfahren. Er war ein Bärenfänger. Die Römer brauchten die Bären für ihre Kampfspiele. In sechs Monaten hatte er in der Eifel fünfzig Bären eingefangen, so steht es auf seinem Grabstein. Das zeigt, dass die Eifel noch sehr wild und unbewohnt war – ein Paradies für Bären.

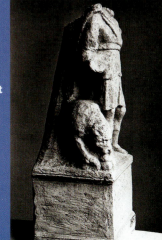

„Jetzt sind wir gleich in Bonn", sagte Vater Rhein. „Ich habe schon die Kennedybrücke gesehen. Da müssen wir noch drunter her und dann legt die ‚Wappen von Köln' an."

Das Bröckemännsche

Am Brückenpfeiler der Kennedybrücke streckt das „Bröckemännsche" den Nachbarn auf der anderen Rheinseite seinen nackten Hintern entgegen. Die kleine Steinfigur erinnert an einen Streit zwischen den Bonnern und den Beuelern auf der anderen Rheinseite. 1898 war die erste Rheinbrücke von Bonn nach Beuel fertig gestellt worden. Aber die Beueler hatten sich geweigert, sich an den Kosten zu beteiligen, obwohl sie Vorteile davon hatten. Die Bonner mussten alles selbst bezahlen. Deshalb schickten sie den freundlichen Gruß mit dem nackten Hintern zu ihren Nachbarn auf der anderen Rheinseite.

Die Residenz der Kurfürsten

„In Bonn liegt alles dicht beieinander. Wir können einen schönen Spaziergang ins Zentrum machen und uns alles ansehen. Also, wir gehen jetzt durch den Stadtgarten zum Hofgarten", schlug der Vater Rhein vor, als sie endlich am Ufer waren. Und dann gingen sie los: Vater Rhein führte die Reihe an, hinter ihm folgte Mercur, danach kam der Teufel, hinter ihm ging Emma Elf und zum Schluss tippelte der Heinzel. Es war eine ungewöhnliche Gesellschaft, die sich in Richtung Bonner Innenstadt über die stark befahrene Adenauerallee bewegte. Bald waren sie am Hofgarten auf der großen Wiese.

„Da drüben ist die Universität. Die Rheinische Friedrich-Wilhelms-Universität", erklärte Vater Rhein. „Und die jungen Leute, die hier auf der Wiese herumliegen, sind Studenten, die an dieser Universität studieren. Sie haben jetzt Pause und müssen sich vom vielen Lernen ausruhen, damit sie den Kopf wieder frei bekommen für neue Sachen."

„Das ist doch keine Universität. Das ist doch ein Schloss. Das sieht doch jeder. Darin muss doch ein König mit seinem Hofstaat wohnen", rief der Heinzel.

Der Hofgarten mit dem Kurfürstlichen Schloss, das heute die Rheinische Friedrich-Wilhelms-Universität beherbergt.

„Hier hat nie ein König gewohnt. Hier haben Kurfürsten gewohnt. Sie haben Schlösser gebaut, als wären sie Könige und unendlich reich. Ein Kurfürst war besonders bauwütig. Er hieß Clemens August und regierte fast vierzig Jahre, von 1723 bis 1761. Er baute nicht nur die Residenz am Hofgarten aus, sondern vollendete auch das Poppelsdorfer Schloss. Aber das war ihm noch nicht genug. In Brühl ließ er noch die Schlösser Augustusburg und das kleine Jagdschloss Falkenlust bauen. Als Fürst und als Erzbischof hätte er eigentlich genug zu tun gehabt. Aber er tat nur das, was ihm Spaß machte: Schlösser bauen, Kunstwerke sammeln, große Feste veranstalten und zur Jagd gehen. Er führte ein verschwenderisches Leben."

Maskenball im kurfürstlichen Schloss.

Alle hatten Vater Rhein aufmerksam zugehört.

„Woher hatten die Kurfürsten das viele Geld, um solche Schlösser zu bauen und ein verschwenderisches Leben zu führen?", wollte Emma wissen.

Die Kölner Erzbischöfe waren Kurfürsten in Bonn

Die Erzbischöfe von Köln waren gleichzeitig auch Kurfürsten. Mit den sechs anderen Kurfürsten hatten sie das Recht, den deutschen König zu wählen. Der König wurde von ihnen „gekürt". Weil die Kölner Erzbischöfe-Kurfürsten oft in Streit mit den Kölner Bürgern und Patriziern lagen, wollten sie dort auch nicht wohnen. Sie machten Bonn zu ihrer Hauptsitz. Sie regierten nun von hier aus und wohnten fast so prachtvoll in ihrer Residenz wie Könige.

„Seine Familie hatte schon seit zweihundert Jahren Reichtümer angesammelt. Außerdem hatte er zusätzliche Einnahmen, weil er auch noch vier andere kirchliche Amtsgebiete als Bischof verwaltete", antwortete Vater Rhein.

„War das denn erlaubt, so viele Ämter auf einen Haufen zu haben?"

„Nein, aber es war eben so. Außerdem hat er sich bei anderen Leuten Geld geliehen und viele Schulden gemacht. Als er gestorben war, musste sein Nachfolger die Schulden bezahlen. Trotzdem war Clemens August beliebt bei seinen Untertanen, vielleicht weil er den Armen gegenüber freigiebig war. Oder gerade deshalb, weil er so prunk- und verschwendungssüchtig war und dadurch auch vielen Menschen Arbeit gegeben hat."

„Wie hieß das andere Schloss noch? Po..., Popp..., Poppel...", begann der Heinzel. „Können wir da hin gehen? Ich liebe Schlösser."

„Können wir machen. Dann müssen wir über den Kaiserplatz zur Poppelsdorfer Allee. Die führt zum Poppelsdorfer Schloss und dem Botanischen Garten, in dem seltene Pflanzen wachsen. Wir brauchen eine halbe Stunde hin und zurück", antwortete Vater Rhein.

„Können wir da reingehen? Ich will das mal von innen sehen."

„Nein. Das gehört auch zur Universität. Da wird geforscht. Da sind Büros mit Schreibtischen und Computern untergebracht."

„Dann will ich da nicht hingehen", beschloss der Heinzel und auch die anderen wollten nicht mehr.

Der Innenhof des Poppelsdorfer Schlosses, in dem naturwissenschaftliche Institute der Bonner Universität untergebracht sind.

„Und? Was machen wir jetzt?", fragte der Teufel, der bisher auffallend ruhig geblieben war. Er hatte nicht herumgemeckert, nicht getobt, geschrien und geflucht. Er hatte auch niemand angerempelt und war nicht wütend geworden. Er hatte sich fast wie ein normaler Mensch benommen.

Vater Rhein machte einen Vorschlag: „Am besten gehen wir jetzt zum Alten Rathaus am Markt. Das ist nicht weit. Das Rathaus ist berühmt und auf der Treppe haben schon viele bedeutende Politiker gestanden, als Bonn noch die Hauptstadt der Bundesrepublik Deutschland war. Außerdem hat Clemens August dieses Rathaus erbauen lassen. Es ist rosa und hellgrau gestrichen."

Emma entdeckte das Gebäude zuerst und winkte die anderen heran.

Bonns Altes Rathaus ließ Kurfürst Clemens August von Hofbaumeister Michael Leveilly 1737 im Rokoko-Stil errichten.

„Das sieht schön aus", schwärmte der Heinzel.

„Rokoko-Stil", bemerkte Vater Rhein. „Diese Bauweise nennt man Rokoko und die Treppe ist eine Freitreppe. In dem verzierten Treppengeländer aus Eisen sind vergoldete Tauben und andere Bilder versteckt."

„Guckt mal, über der Eingangstür ist eine Uhr mit vergoldeten Ziffern und Zeigern", rief Emma und alle blickten nach oben. Dabei entdeckten sie am Giebel das alte Bonner Wappen, das von goldenen Löwen gehalten und vom Kurhut des Kurfürsten behütet wird.

„Wir haben doch schon mal einen Kurhut gesehen – bei Jan Wellem auf dem Reiterdenkmal vor dem Rathaus in Düsseldorf", erinnerte sich Mercur.

Als sie ihre Blicke wieder senkten, stand der Teufel auf der Freitreppe und winkte den anderen zu. Er hatte richtig Haltung angenommen und tat so, als ob er eine wichtige Persönlichkeit wäre. Das gefiel allen und sie klatschten dem Teufel laut Beifall. Was für ein Gegensatz: dieses widerborstige, teuflische Wesen mit Hörnern und verdreckter Schwanzquaste vor dem ebenmäßig gebauten, schmucken Rathaus – letzteres schien dadurch noch schöner. Aber auch der Teufel wurde durch das ansehnliche Gebäude im Rokoko-Baustil veredelt. Besser hätte auch Clemens August persönlich nicht ausgesehen.

Die Schauräume im Bonner Rathaus können an jedem ersten Samstag von Mai bis Oktober von 12 bis 16 Uhr besichtigt werden.

Der Teufel war durch den Applaus sehr geschmeichelt. Er war richtig nett und freundlich. Er fragte den Heinzel, ob es ihm gut gehe. Er fragte Mercur, warum er so schweigsam sei, und machte mit dem Heinzel Witzchen. Emma war ganz verwirrt. Vater Rhein kraulte sich im Bart, während sie über den Markt an den vielen Marktständen vorbeigingen.

Der Brunnen am Markt ist 1777 zu Ehren des Kurfürsten Max Friedrich errichtet worden. Ihn schmückt eine rechteckige, spitz zulaufende Säule, der Obelisk. Ursprünglich wurden Obelisken vor Tempeln in Ägypten aufgestellt.

Ludwig van Beethoven – ein Kind aus Bonn

„Wir gehen zur Bonngasse", sagte Vater Rhein dann. Mehr war nicht aus ihm herauszubekommen. Alle gingen hinter dem schlurfenden Vater Rhein her. Vor der Hausnummer 20 blieb er stehen. Es war ein schönes Haus, rosa angestrichen. Die Fensterläden und Türen waren grün. Es war bestimmt an die dreihundert Jahre alt und im Barock-Stil gebaut.

„Was sollen wir hier?", fragte der Teufel.

„Hier ist Beethoven geboren. Ludwig van Beethoven. Das Haus ist das Beethoven-Haus. Das wollte ich mit euch besuchen", antwortete Vater Rhein.

„Echt? Meinst du den weltberühmten Musiker und Komponisten? Der ist in Bonn geboren?", staunte Emma.

„Kenne ich nicht", stellte Mercur fest. „Ist ja auch nicht meine Zeit, in der er gelebt hat. Aber ich höre zu, wenn ihr mir etwas über ihn erzählt."

„Ich nicht!", fauchte der Teufel. „Ich interessiere mich nicht für eure Musik. Mich interessieren Krach, Radau und Höllenlärm – harte Trommelschläge mit Stöcken, lautes Hupen und grelle Trompetenklänge. Ich habe bei einem Komponisten nichts zu suchen."

„Wir gehen. Bis später", sagte Vater Rhein zum Teufel.

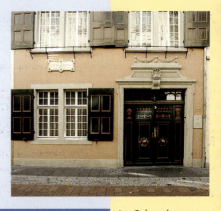

Im Geburtshaus Ludwig van Beethovens ist ein Museum eingerichtet, das jedes Jahr von 100000 Menschen aus aller Welt besucht wird.

LvB – eine Musiklegende

Ludwig van Beethoven wurde im Dezember 1770 in einer Dachkammer im Hinterhaus der Bonngasse 20 in eine Musikerfamilie hineingeboren. Sein Großvater war Hofkapellmeister im Dienst des Kurfürsten und auch sein Vater war Musiker am Hofe. So war der kleine Ludwig schon als Baby von Musik umgeben, denn auch zu Hause wurde musiziert. Seine Eltern entdeckten früh, dass er besonders begabt war. Deshalb erhielt er mit vier Jahren Klavier- und Geigenunterricht. Als er sieben Jahre alt war, gab er sein erstes Konzert in Köln. Neben dem Klavier- und Geigespielen erfand Ludwig auch Melodien und komponierte Musikstücke. Als er zwölf Jahre alt war, wurden seine ersten Werke sogar gedruckt. Kurze Zeit später wurde er Orgelspieler in der Hofkapelle. Mit dem Geld, das er verdiente, unterstützte er seine Familie. Mit 22 Jahren siedelte er nach Wien über und wurde Schüler des berühmten Komponisten Joseph Haydn. Bald wurde er selbst berühmt und seine Kompositionen wurden gedruckt. Doch Ludwig konnte im Laufe der Jahre immer schlechter hören. Zuerst waren es nur die hohen Töne. Aber das Leiden wurde immer schlimmer, bis er schließlich mit 47 Jahren gar nichts mehr hören konnte. Nun musste man ihm in kleinen Heftchen alles aufschreiben. Mit 57 Jahren ist er gestorben. Er war so berühmt und beliebt, dass bei seinem Begräbnis sehr viele Menschen seinem Sarg folgten. Es sollen zwanzigtausend Trauergäste gewesen sein.

Ludwig van Beethoven im Alter von 16 Jahren als Schattenriss.

Nachdem sie den Eingang im Vorderhaus passiert hatten, gingen sie durch den kleinen Garten ins Hinterhaus. Hier knarzten die Holzdielen unter dem Gewicht der vielen Besucher. Die Holzstiege war ausgetreten und die Räume klein und niedrig. Es roch nach Holz und Muff, wie aus einer längst vergangenen Zeit. Sie gingen vom ersten Raum im Erdgeschoss die Stiege hoch und durchwanderten das erste Stockwerk. Sie sahen in einer Vitrine zwei Brillen, einen Geldkasten, eine Schere, einen Wetzstein für das Rasiermesser, einen Siegelstempel, ein Vergrößerungsglas und viele andere persönliche Sachen von Ludwig van Beethoven. In einem anderen Raum waren Bilder von Jugendfreunden ausgestellt und auch ein Schattenriss, den Ludwig im Alter von sechzehn Jahren zeigt. Dann sahen sie eine Sammlung von Hörrohren, durch die er gehofft hatte, besser hören zu können. Aber sie waren keine Hilfe. Auch die kleinen Heftchen waren ausgestellt, mit denen er sich dann verständigt hat. Sie entdeckten sogar einen Liebesbrief. „An die Unsterbliche Geliebte" stand darauf. Sogar das kleine Häubchen war ausgestellt, dass er bei der Taufe als Baby getragen hatte. Im Raum 11 war seine Lebendmaske zu sehen, die Ludwig mit einundvierzig Jahren vom Gesicht abgenommen wurde, und seine Totenmaske, die ihn zwölf Stunden nach seinem Tod zeigt.

Sie waren froh, als sie wieder an der frischen Luft waren, und setzten sich auf die Bank im Gärtchen. Alle waren sehr beeindruckt.

„Bestimmt hat der Vater immer gesagt, dass er Klavier üben muss, und er hatte keine Zeit mehr zum Spielen", überlegte der Heinzel.

„Für ihn war das doch kein langweiliges Üben. Er war doch so begabt. Ich denke, es hat ihm so richtig Spaß gemacht, auf dem Klavier zu spielen und eigene Melodien zu erfinden", befand Emma.

„Ich bin beeindruckt von Beethoven. Jetzt möchte ich gerne seine Musik in dem kleinen Musiksaal hören", sagte Mercur.
Aber dazu kam es nicht, weil der Teufel im Kassenraum des Museums Theater machte. Er betatschte alle Sachen, die man dort kaufen konnte, drehte sie in seinen Teufelspfoten herum und stellte sie achtlos zurück. Die Kassiererin war außer sich über dieses Benehmen. Deshalb verließen sie das Beethoven-Haus, ohne irgendeinen Ton von der Musik des großen Meisters gehört zu haben.

„Damit du wenigstens weißt, wie der weltberühmte Beethoven aussah, gehen wir jetzt zum Münsterplatz. Dort steht ein überlebensgroßes Denkmal von ihm", sagte Vater Rhein zum Teufel.

„Was? Ich weiß, wie der aussieht. Das habe ich doch im Kassenraum gesehen. Ich gehe nicht zum Münsterplatz!", zeterte der Teufel los. „Du meinst wirklich den Platz um das Münster? Weißt du nicht, dass ich mich von christlichen Gotteshäusern fernhalte. In DreiTeufelsNamen! Da gehe ich niemals hin. Wir können uns an der Schiffsanlegestelle wiedertreffen. Ich gehe nicht mehr mit dir." Dann spuckte er noch ein paar Mal auf den Boden.

„Wir gehen", sagte Vater Rhein und sie ließen den Teufel einfach stehen.

„Warum regt der sich so auf?", fragte Vater Rhein.

„Ach, das ist doch immer dasselbe. Der Kampf zwischen Gut und Böse. Der Kampf der Engel gegen die Teufel, der immer wieder in der christlichen Kunst dargestellt wurde. Damit will der nichts zu tun haben", erklärte Emma Elf Vater Rhein. „Am besten lässt man ihn einfach in Ruhe. Ich kenne das von früher, als wir schon mal was zusammen gemacht haben. Da hat er sogar noch viel mehr getobt."

Von weitem sahen sie schon das Beethoven-Denkmal. Aber sie hatten den Ludwig im Haus in der Bonnstraße schon so oft als Büste und auf Bildern gesehen, dass sie sich nicht lange am Denkmal aufhielten.

Denkmal für Ludwig van Beethoven.

Eine Kirche für die Bonner Stadtpatrone

Ein Hund flitzte über den Platz und hob sein Bein an der Marktsäule aus rotem Sandstein, auf der oben eine Kugel lag.

„Der Hund pinkelt an den Pranger", stellte Vater Rhein fest. „Hier auf dem Marktplatz wurde Gericht gehalten. Dafür ist der Löwe im Bonner Wappen das Zeichen. An diesem Schandpfahl, dem Pranger, mussten die Verurteilten für ihre Vergehen büßen. Sie wurden öffentlich zur Schau gestellt und der Verachtung, dem Spott und der Wut der Bonner ausgesetzt."

Der Hund raste nun wie von Sinnen auf die Rückseite der Münsterkirche zum Martinsplatz und die vier gingen automatisch in diese Richtung.

„Was liegen denn da für abgeschnittene Köpfe herum. Das sieht aus, als hätte man zwei Riesen die Köpfe abgeschlagen", ereiferte sich der Heinzel.

„Was hat das zu bedeuten? Wer sind die beiden?", fragte Emma Elf.

„Das sind römische Soldaten: Cassius und Florentius. Denen hat man den Kopf abgeschlagen", antwortete Mercur und als der Heinzel und Emma ihn drängten, begann er zu erzählen.

Die römischen Soldaten Cassius und Florentius

In römischer Zeit glaubten die Menschen an viele unterschiedliche Götter. Sie verehrten sie, brachten ihnen Opfer dar und feierten Feste zu ihren Ehren. Auch der römische Kaiser wurde wie ein Gott verehrt. Dann breitete sich das Christentum aus und damit der Glaube an einen Gottvater und an seinen Sohn Jesus Christus. Deshalb weigerten sich viele, dem Kaiser wie einem Gott zu opfern. Im Jahr 303 erließ der römische Kaiser Diokletian strengere Gesetze gegen die Christen. Wer dem Kaiser nicht opfern wollte, wurde verhaftet, gefoltert oder hingerichtet. Um diese Zeit kämpften im Rheinland die Franken mit den Römern um die Vorherrschaft in Gallien. Mal siegten die Franken und mal die Römer. Es wird erzählt, dass der Kaiser eine Legion Soldaten aus der ägyptischen Stadt Theben an den Rhein schickte, die sogenannte Thebäische Legion. Die Soldaten weigerten sich aber, den Kaiser wie einen Gott zu verehren und die Christen zu verfolgen, weil sie selbst Christen waren. Schließlich kam der Befehl: Jeder Zehnte, der sich weigert, dem Kaiser zu opfern, wird geköpft. Doch die Soldaten blieben standhaft bei ihrem Glauben. Danach wurde wieder jeder Zehnte hingerichtet und so fort, bis fast alle Soldaten der Legion tot waren. Zwei dieser Soldaten waren Cassius und Florentius. Sie wurden dort begraben, wo heute das Münster steht. Weil sie ein Martyrium erlitten hatten, wurden sie als Märtyrer besonders verehrt. Über ihren Gräbern entstand zuerst ein kleiner Gedenkraum, später eine kleine Kirche und noch später die Münsterkirche.

„Dann liegen die Steinköpfe also zum Andenken an Cassius und Florentius auf dem Platz", folgerte der Heinzel und Mercur stimmte ihm zu.

„Können wir mal in die Münsterkirche hineingehen?", fragte Emma.

„Von mir aus", sagte Vater Rhein.

So lernten sie die Münsterkirche kennen und den Schrein in der Krypta, in dem die Gebeine von Florentius und Cassius und ihren Gefähr-

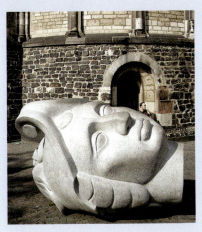

ten ruhen. Alle waren beeindruckt von der Pracht der Innenausstattung, von den Altären, den Mosaiken und den Fenstern. Dann entdeckten sie am Aufgang zum Chor auf der linken Seite einen Engel aus Stein, der mit seinem Fuß einen Dämon niederhält. Er schreibt die braven und achtsamen Chorherren auf. Die unachtsamen schreibt ein Teufel auf, der auf der rechten Seite auf einem geflügelten Drachen sitzt.

Andenken an Cassius und Florentius beim Bonner Münster.

Sie verließen die Münsterkirche und gingen zum Martinsbrunnen. Er wird bekrönt von einem Gänsehüter, dem eine Gans zwischen den Beinen herumflattert und weiter unten hüten die Kinder die Gänse. Natürlich sind sie nicht echt, sondern aus Bronze gegossen.

„Ich will jetzt mal das Modell des Römerlagers *Castra Bonnensia* sehen. Es steht in der Graurheindorfer Straße mitten in einem Wohnviertel und ich habe es noch nie gesehen", sagte Vater Rhein.

„Warum steht das denn da?", fragte der Heinzel.

„Weil das echte Römerlager auch da gestanden hat. Deshalb sind Straßen in dieser Gegend im Norden von Bonn auch nach den Römern benannt: Römerstraße, Am Römerkastell, Augustusring oder Drususstraße."

„Ich will da aber nicht mehr hingehen. Ich habe jetzt genug von Bonn gesehen. Ich kann ja noch mal wiederkommen", sagte der Heinzel.

„Und zum früheren Regierungsviertel der Bundesrepublik

Das Bonner Münster St. Martin.

Kastelle – Städte für Legionäre

In einem großen Soldatenlager wohnte eine „Legion", das sind 6 000 Soldaten. Das Lager war durch Mauern und Tore geschützt. In der Mitte stand das Haus des Generals, die Gerichtshalle und der Tempel, in dem die römischen Götter verehrt wurden. Den meisten Raum nahmen die Kasernen für die Soldaten ein. Außerdem gab es noch Werkstätten, große Lagerhäuser für Nahrungsmittel und ein Krankenhaus, das Lazarett.

Die Kunst- und Ausstellungshalle der Bundesrepublik Deutschland, das Kunstmuseum Bonn, das Haus der Geschichte, das Museum Koenig und das Deutsche Museum Bonn liegen an der „Museumsmeile", an der B9 zwischen Adenauer- und Willy-Brandt-Allee.

Deutschland willst du auch nicht? Schließlich war Bonn doch von 1949 bis 1991 die Hauptstadt", entrüstete sich Emma Elf.

„Gib doch nicht so an mit Regierungsviertel und so und seit 1949 Hauptstadt. Ich interessiere mich halt nicht so sehr für Politik", motzte der Heinzel Emma an.

„Wir gehen jetzt ins Museum!", bestimmte Vater Rhein. Aber niemand antwortete ihm. „Wir können ins Museum Koenig gehen, ins Haus der Geschichte, ins Kunstmuseum oder in die Bundeskunsthalle. Oder wir gehen in das Arithmeum oder das Rheinische Landesmuseum, das ist besonders interessant. Da gibt's für alle was zu gucken. Na, was ist?"

Emma schüttelte den Kopf. Sie wollte nicht. Auch der Heinzel hatte genug. Nur Mercur war Feuer und Flamme für das Rheinische Landesmuseum, weil dort viele Zeugnisse aus der römischen Zeit ausgestellt werden. So ging Vater Rhein in Richtung Rhein zur Anlegestelle und die anderen folgten ihm schweigend.

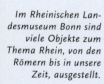

Im Rheinischen Landesmuseum Bonn sind viele Objekte zum Thema Rhein, von den Römern bis in unsere Zeit, ausgestellt.

Mit der „Wappen von Köln" nach Königswinter

Vorbei am ehemaligen Regierungsviertel

Fast hätte der Heinzel auf dem Weg zum Rheinufer schlapp gemacht. Er trottete missmutig hinter Emma Elf her. Sie war auch müde von den langen Wegen durch die Stadt. Vater Rhein und Mercur legten einen strammen Schritt vor. Als sie am Opernhaus vorbeigingen, sahen sie schon die „Wappen von Köln" an der Anlegestelle. Dann entdeckten sie den Teufel. Er winkte wild mit den Armen, sprang hoch, lief auf dem Anlegesteg vor und dann wieder zurück, schlug sich die Hände vor das Gesicht und ruderte wieder wild mit den Armen.

„Was hat der? Das ist ja peinlich! Der benimmt sich wie ein wild gewordener Hampelmann!", entrüstete sich Emma, weil sie die Zeichen des Teufels nicht verstand.

„Los!", schrie Vater Rhein, „das Schiff legt ab. Der Teufel gibt uns Zeichen. Die Männer haben schon die Taue gelöst."

Start der Rheinreise mit der Maus in Bonn.

Der Teufel zappelte, schrie und fuchtelte weiter wild mit den Armen, bis sie über die Anlegebrücke im Schiff waren.

„Puh, geschafft! Ich kann nicht mehr", stöhnte der Heinzel und ließ sich auf die erste Bank im Schiff fallen. Emma sank neben ihn.

Vater Rhein, Mercur und der Teufel standen oben am Bug auf dem Deck.

„Bald beginnt das liebliche Rheintal. Da fühle ich mich wohl", begann Vater Rhein. „Bis Königswinter dauert es nicht lange. Wir fahren gleich an der Villa Hammerschmidt vorüber, das war der Regierungs-

links: Die Villa Hammerschmidt in Bonn ist der zweite Amtssitz des Bundespräsidenten nach Berlin. rechts: Das Palais Schaumburg ist der zweite Dienstsitz des Bundeskanzlers oder der Kanzlerin.

sitz des Bundespräsidenten, als Bonn noch Hauptstadt war. Das waren noch Zeiten! Wenn der Präsident zu Hause war, wehte die deutsche Fahne auf dem Dach. Gleich in der Nähe war der Sitz des Bundeskanzlers im Palais Schaumburg. Das war das Bundeskanzleramt."

„Sehr schön! Die Villa und das Palais gefallen mir", sagte der Teufel. „Das wäre auch für mich was. Direkt am Rhein und von schönen Parks umgeben! Wundervoll!"

Nun fuhr das Schiff mehr als eine halbe Stunde und niemand sagte etwas. Die drei auf dem Deck hatten sich auf der Bank am Bug niedergelassen und der Heinzel und Emma saßen noch immer unten in ihrer Ecke.

Der Rhein bei Bonn. Bei schönem Wetter sieht man in der Ferne das Siebengebirge.

Das sagenumwobene Siebengebirge

„Siebengebirge in Sicht!", verkündete Vater Rhein plötzlich. „Achtung! Augen auf die rechte Seite des Rheins richten. Hotel auf dem dreihunderteinunddreißig Meter hohen Petersberg zu sehen. Drachenfels mit der Drachenfelsruine in dreihunderteinundzwanzig Meter Höhe zu sehen! Jetzt erzähle ich euch die alten Sagen. Als es an den Ufern des Rheins noch anders zuging. Als die Riesen aus den Bergen des Hunsrück zum Baden in die Fluten des Rheins stiegen und Feuer speiende Drachen in finsteren Höhlen hausten."

„Wo in DreiTeufelsNamen ist der Heinzel, dieser Kackfurz! Wo ist Emma? Die müssen das sehen. Die müssen die Sagen hören", tobte der Teufel, rannte auf dem Deck umher und stieg zu guter Letzt die Treppe hinunter. Dann kam er mit Emma Elf an der einen und dem Heinzel an der anderen Hand wieder zurück.

„Los! Guckt da drüben auf das Siebengebirge. Vater Rhein erzählt jetzt Sagen."

Blick auf das Siebengebirge mit der Ruine Drachenfels. Rechts unten liegt Schloss Drachenburg.

Wie das Siebengebirge entstanden ist

In uralten Zeiten waren die Gebirgszüge des Siebengebirges ein Hindernis für den Rhein. Er staute sich bei Königswinter zu einem gewaltigen See, der oft überschwappte und das Land überschwemmte. Davor hatten die Menschen Angst. Deshalb riefen sie sieben gewaltige Riesen. Sie sollten dem Rhein einen Durchfluss graben und reichlich Lohn dafür erhalten. Die sieben Riesen gingen ans Werk und bald hatten sie den Weg für das Wasser mit ihren gewaltigen Schaufeln freigegraben. Sie wurden entlohnt und machten sich für die Heimreise fertig. Weil sie nicht mit schmutzigen Geräten nach Hause gehen wollten, klopften sie die Schaufeln kräftig auf dem Boden aus. Die Brocken lösten sich Klumpen für Klumpen und rieselten auf die Erde. Daraus entstanden die sieben Berge des Siebengebirges.

Woher das Siebengebirge seinen Namen hat

Es gibt zwei Erklärungen für den Namen Siebengebirge: „Sieben" kann aus dem Wort „Siefen" entstanden sein. Das ist der Ausdruck für ein schmales, scharf eingeschnittenes Bachtal. Vielleicht leitet sich der Name auch von den Gipfeln des Gebirgsraumes ab: Von den 42 Gipfeln heben sich sieben besonders deutlich vom Horizont ab.

„Das ist eine schöne Geschichte", meinte der Heinzel.

„Das müssen ja riesige Riesen mit riesigen Riesenschaufeln gewesen sein. Schließlich sind die Berge des Siebengebirges doch mehrere hundert Meter hoch", bemerkte Emma Elf.

„Dir kann man keine Geschichten erzählen. Du nimmst ja alles ernst. Schade!", sagte Vater Rhein enttäuscht.

„Mir gefallen die Geschichten. Erzähl mir noch eine", bettelte der Heinzel.

„Dann erzähle ich noch die Geschichte vom Riesenschiss", sagte Vater Rhein und schmunzelte. „Als die Riesen am Durchfluss für den Rhein arbeiteten, mussten sie auch das eine oder andere Mal ihr Geschäft erledigen. Dazu gingen sie an eine Stelle, die ein wenig abseits von der Arbeitsstelle lag. Dort entstand dann durch die Geschäfte der Riesen ein Berg, dem die Leute den Namen ‚Riesenschiss' gaben." Emma und der Teufel schauten sich an und prusteten los, und auch der Heinzel musste grinsen. „Eigentlich heißt der Berg Himmerich", beeilte sich Vater Rhein noch zu sagen, bevor ihm keiner mehr zuhörte.

„Beim Siebengebirge ging der Weinbau los", begann dann Mercur, als wieder etwas Ruhe eingekehrt war. „Wir Römer haben den Wein ins Rheintal gebracht. Wir brachten Weinstöcke der Sorte Elbling aus Italien mit. Die waren robust genug, um das raue Klima auszuhalten. Wir haben auch Steine vom Drachenfels geholt. Die brauchten wir, um das Römerlager in Bonn zu bauen. Auch die Kölner brauchten die Steine für ihre *colonia*. Mit Schiffen haben wir die riesigen Gesteinsbrocken über den Rhein nach Bonn und Köln geschafft. Trachytgestein war das, ein grau-brauner Stein mit Einsprengseln, ein Vulkangestein."

Die Höhe der sieben „großen" Berge des Siebengebirges:

Drachenfels	321 Meter
Wolkenburg	324 Meter
Petersberg	331 Meter
Nonnenstromberg	336 Meter
Lohrberg	435 Meter
Löwenburg	455 Meter
Großer Ölberg	460 Meter

„Weiß doch jeder", fiel ihm der Teufel ins Wort. „Die Grafen von der Drachenburg wurden dank dieses Steins reich. Sie verkauften ihn zum Bau von Häusern und Kirchen. Die Kölner Dombauer etwa kauften einen ganzen Berg, damit sie genug Steine für den Dombau hatten. Und Kanonenkugeln haben sie auch daraus gemacht. Auf Rutschen wurden die Brocken ins Tal geschleift und dann auf die Schiffe verladen."

„Soll ich euch noch eine Geschichte erzählen?", fragte Vater Rhein.

Der Stein vom Drachenfels

Der Burggraf Godart vom Drachenfels feierte für sein Leben gern. Eines Tages lud er die Ritter seines Landes wieder zu einem prunkvollen Fest ein. Weil die Ritter allesamt Aufschneider und Angeber waren, gaben sie mit ihren wertvollen Ringen an. Es war ein richtiger Wettstreit. Ein hielt dem andern seinen kostspieligen Ring mit funkelnden Edelste nen unter die Nase. Auch der Burggraf vom Drachenfels zeigte seinen Ring. Aber der funkelte nicht, denn er war nicht mit Edelsteinen b setzt, sondern mit Trachyt vom Drachenfels. Da rümpften die Ritter die Nase über den Grafen vom Drachenfels. Aber dem Burggraf war das egal. „Mein Ring ist genau so kostbar wie eure Ringe", sagte er. Aber die Ritter lachten ihn aus. „Meine Steine funkeln zwar nicht. Aber sie bringen mir Jahr für Jahr viele hundert Gulden ein. Die Domherren brauchen meine Steine zum Bau des Kölner Domes. Und zu was nützen euch eure Steine? Die Ritter guckten den Burggraf bestürzt an. Ihnen war das Lachen vergangen.

Aufstieg zum Gipfel

„Fertig machen zum Landgang", rief Vater Rhein, nachdem er geendet hatte. Auch die anderen Passagiere erhoben sich von ihren Sitzen, richteten die Kleidung und hängten ihre Taschen und Kameras um. Alle drängten zum Ausgang, obwohl die „Wappen von Köln" noch nicht angelegt hatte.

„Wir treffen uns beim Eselsbrunnen", rief Vater Rhein wieder und die Leute guckten sich nach ihm um.
Die Menge der Passagiere verlief sich schnell, als sie auf dem Boden von Königswinter standen. Aber wo war der Eselsbrunnen?

„Hierher! Zu den Eseln!", schrie Vater Rhein vergnügt, der auf dem obersten Esel saß. „Ein Denkmal für Esel? Was soll das denn?", fragte Mercur ungläubig,

„Zuerst haben die Esel bei der Arbeit in den Weinbergen geholfen. Später haben sie die Touristen auf ihrem Rücken den Drachenfels bis zum Gipfel hinaufgetragen", antwortete Vater Rhein.

Sie gingen los. Sie überquerten die Rheinallee, kreuzten die Hauptstraße und die Grabenstraße und kamen zu den Bahngleisen. Dann bimmelte es und die Schranken gingen herunter. Das war spannend. Vater Rhein, Mercur, Teufel, Emma Elf und der Heinzel standen nebeneinander hinter der Schranke. Ein Zug donnerte mit hoher Geschwindigkeit an ihnen vorüber.

„Das ist laut", schrie Mercur den anderen zu. „Zu meiner Zeit war die Welt leiser."

„Was? Was hast du gesagt?", rief Emma zurück. Aber sie konnte wieder nicht verstehen, was Mercur sagte.

Die fünf warteten darauf, dass die Schranke sich öffnete, aber nichts geschah. Dann sahen sie den Gegenzug aus Richtung Bonn kommen. Als er an ihnen vorüberbrauste, trieb der Fahrtwind Vater Rhein den lange Bart ins Gesicht und vor die Augen, so dass er nichts mehr sehen konnte. Der Heinzel musste seinen Hut ordentlich festhalten, damit er ihm nicht vom Kopf gerissen wurde. Der Teufel hielt sich die Ohren zu und kniff die Augen zusammen. Obwohl er den Lärm liebte, war ihm dieser rasende, rumpelnde Zug unheimlich.

Auf dem Eselsbrunnen in Königswinter.

An der Schranke zum Drachenfels in Königswinter. Hier wie in vielen Orten entlang des Rheins müssen die Fußgänger warten, weil die Züge Vorfahrt haben.

In früherer Zeit war es etwas Besonderes, sich mit dem Drachen in einem Foto-Atelier fotografieren zu lassen.

„Jetzt geht die Schranke auf", sagte Emma.
Aber es geschah wieder nichts.
„Noch ein Zug? Wir stehen doch schon sieben Minuten hier. Wir wollen endlich mal rüber auf die andere Seite." Mittlerweile standen immer mehr Fußgänger hinter der Schranke, auch auf der anderen Seite. Und schon kam der dritte Zug. Es war ein Güterzug mit bestimmt dreißig Containern aus Richtung Koblenz, der mit hundert Stundenkilometer über die Schienen ratterte und die anderen Züge mit seinem Krach noch übertraf. Der Heinzel hielt automatisch seinen Hut fest und Vater Rhein seinen Bart. Die anderen hielten sich die Ohren zu. Alle hatten die Hoffnung, dass nun die Schranke aufgehen würde, als der Zug vorüber war. Aber es tat sich immer noch nichts.

„Das kann doch nicht wahr sein!", schimpfte Emma los. „Wie lange sollen wir denn noch hier warten. Wir kommen nie auf die andere Seite. Jetzt verstehe ich auch den Witz: Brüllt der Fritz zum Franz über die Straße: ‚Wie bist du denn auf die andere Seite gekommen?' Sagt der Franz: ‚Ich bin hier geboren.'"

Der Heinzel guckte und runzelte die Stirn. „Versteh' ich nicht", sagte er. Der Teufel und Mercur hatte gar nicht zugehört und Vater Rhein stand zu weit weg.

„War wohl nichts", sagte Emma und alle warteten weiter. Aber die Schranke öffnete sich immer noch nicht. Erst nachdem noch zwei Güterzüge mit Höllenlärm die Strecke passiert hatten, ging sie hoch.

Am Aufgang zum Drachenfels im Jahr 1889. Hier konnte man sich auch einen Esel mieten.

„Wie kann man so was machen?", ereiferte sich Mercur. „So eine Bahnlinie am Rhein entlang bauen, die von so vielen Zügen befahren wird. Hier in Königswinter leben doch Menschen. Hier stehen doch Häuser. Die Menschen werden ja verrückt, wenn sie Tag und Nacht diesem Lärm ertragen müssen. Ich bin entsetzt!"

Es war nicht mehr weit bis zur Talstation der Drachenfelsbahn. Von dort aus bog rechts der Wanderweg zum Gipfel mit den Ruinen der Drachenburg ab.

„Da stehen Esel!", rief der Heinzel ganz erfreut und rannte auf die Tiere zu.

„Was ist das für ein Gebäude?", fragte der Teufel.

„Das ist die Talstation. Hier fährt die Drachenfelsbahn ab. Das ist die älteste Zahnradbahn in Deutschland. Sie ist über hundertzwanzig Jahre alt und war damals eine Sensation", antwortete ihm Emma.

„Damit will ich fahren", sagte der Teufel.

„Ich will auf dem Esel reiten", schrie der Heinzel.

„Wir gehen zu Fuß", meinte Vater Rhein. „Die Bewegung tut uns gut und die frische Luft auch."

„Ich will mit der Bahn fahren", keifte der Teufel, blieb stehen, stampfte mit dem Pferdefuß auf und schlug mit seinem Schwanz. Auch der Heinzel stellte sich bockig und wollte auf dem Esel reiten.

„Macht, was ihr wollt. Wir gehen", sagte Vater Rhein sehr ruhig und schritt langsam den Berg hoch. Mercur und Emma folgten ihm. Der

An der Talstation der Drachenfelsbahn.

Anstieg war anstrengend. Emma guckte sich öfter um, ob der Teufel und der Heinzel nicht doch noch auftauchten. Aber sie sah sie nicht. Vater Rhein unterhielt sich mit Mercur über den Rhein in römischer Zeit und über Vulkane. Vor dreißig Millionen Jahren gab es im Siebengebirge heftige Vulkanausbrüche. Dadurch entstanden auch die Erhebungen mit den mehr als vierzig Kuppen. Sie sprachen von dem rot glühenden flüssigen Gestein im Innern der Erde, das mit Temperaturen von mehr als tausend Grad in vierzig Kilometer Tiefe kochte. Sie sprachen über den Ausbruch der Lavamassen, die herausgeschleudert wurden und sich in Glutwolken auf der Erde ausbreiteten. Das hätte den Teufel interessiert, dachte Emma und schaute sich wieder um. Aber er war immer noch nicht zu sehen. Auch der Heinzel nicht. Vater Rhein schritt zügig aus und dachte nicht an eine Pause. „Wir gehen bis zur Drachenhöhle bei der Nibelungenhalle. Da machen wir Pause und ich erzähle euch die Geschichte vom Kampf des Drachens auf dem Drachenfels."

Die Drachenhöhle bei der Nibelungenhalle.

Die Nibelungenhalle

Unterhalb von Schloss Drachenburg liegt die Nibelungenhalle. Die Halle wurde 1913 zum 100. Geburtstag des Komponisten Richard Wagner erbaut. Er hat das große Werk „Der Ring der Nibelungen" komponiert. Darin ist der Kampf Siegfrieds mit dem Drachen vertont. In der Nibelungenhalle erinnern zwölf große Gemälde an die germanische Sage. Als viele Touristen zum Drachenfels kamen, wurde die Drachenhöhle angebaut. Man erreicht sie durch einen verwinkelten Gang, der in einem kleinen Hof endet. Hier leben in einem kleinen Reptilienzoo das Krokodil Heinrich, Schlangen, Kaimane, Warane und Leguane. Und es gibt einen Drachen ... er ist 13 Meter lang und aus Stein.

Siegfrieds Kampf mit dem Drachen

Als die Menschen das Rheintal besiedelten, hatten die Drachen sich schon gegenseitig umgebracht und waren fast ausgerottet. Nur im Siebengebirge hauste noch einer in einer Felsenhöhle. Niemand war vor seiner Gefräßigkeit sicher und alle waren ihm schutzlos ausgeliefert. Um ihn gnädig zu stimmen, brachten die Menschen ihm jedes Jahr als Opfer eine schöne Jungfrau dar.

Eines Tages machte sich der junge Fürstensohn Siegfried auf, die Welt zu entdecken. Als er an den Rhein kam, geriet er in ein großes Unwetter. Er fand Aufnahme in der Schmiede des Nibelungenkönigs, in der ein Zwerg die kunstvollsten Dinge anfertigte. Der Zwerg brachte ihm die Kunst des Schmiedens bei und Siegfried lernte eifrig. Bald entdeckte Siegfried, dass der Zwerg nachts aus Gold und Edelsteinen die herrlichsten Geschmeide herstellte, die er vor Siegfrieds Augen verbarg. Das Misstrauen kränkte Siegfried sehr und er wurde so wütend, dass er zum größten Schmiedehammer griff und damit den Amboss mit voller Kraft in den Boden rammte. Das beeindruckte den Zwerg und er bat Siegfried, ihm beim Riesen Holzkohle für das Schmiedefeuer zu holen. Sonst brachte der Riese die Kohle auf seinem Buckel zur Schmiede. Schickte aber der Zwerg jemanden, so war dies das Zeichen dafür, dass der Riese mit ihm kurzen Prozess machen sollte.

Als Siegfried beim Riesen ankam, ging der ihm sofort mit seinen gewaltigen Pranken an die Gurgel und schleuderte danach einen Eichenstamm auf ihn, um ihn zu zerschmettern. Aber Siegfried hieb ihm mit dem Schwert, das er eigenhändig geschmiedet hatte, den linken Fuß ab. Der Riese stürzte hin und obwohl er mit seinen Fäusten gewaltig um sich schlug, gelang es Siegfried mit einem Hieb, dem Riesen den Kopf abzuschlagen.

Der Zwergenkönig war sich so sicher, dass Siegfried vom Riesen getötet worden war, dass er seine goldenen Schätze in einem Zauberkreis um sich herum aufbaute, um sie in Ruhe zu betrachten. Doch plötzlich stand der Totgeglaubte vor ihm. Wütend und mit blitzenden Augen zog Siegfried sein Schwert und köpfte den Zwerg. Dann raffte er die Schätze zusammen, packte sie in einen Sack und versteckte ihn unter dem Boden der Schmiede.

Auf der Suche nach einem Versteck, das noch sicherer war, gelangte Siegfried ins Siebengebirge. Dort sollte dem Drachen gerade eine geraubte christliche Jungfrau geopfert werden. Als Siegfried das zitternde und weinende Mädchen sah, geriet er in Zorn und entschloss sich, den Drachen zu töten. Er machte sich auf und kletterte auf kurzen Pfaden den Drachenfels hinauf, damit er seinen Plan noch vor der

Ankunft des Mädchens ausführen konnte. Der Drache roch Menschenfleisch, erhob sich von seinem Lager und kroch züngelnd aus seiner Höhle hervor. Er hatte das Mädchen erwartet. Vor ihm aber stand der trotzige Held Siegfried, der sofort mit dem Schwert auf ihn einhieb. Doch der mächtige Kamm aus Horn vom Kopf bis zur Schwanzspitze schützte den Drachen gegen jeden

Auf einer Postkarte aus dem 19. Jahrhundert ist Siegfried mit dem toten Drachen und der Ruine von Burg Drachenfels abgebildet.

Schwerthieb. Aufgebracht begann er zu fauchen und stieß Rauch aus seinen Nüstern aus. Danach spie er Feuer, das er a[uf] Siegfried richtete. Doch bald wusste Siegfried, wo die schwache Stelle des Drachens war. Hastig raffte er dürres Reisig z[usammen]. Als der Drache wied[er] Feuer spuckte und sein Maul mit den schrecklichen Zähnen weit aufriss, stopfte Siegfried ihm das Reisigbündel in den R[a]chen. Sofort fing es Feuer und loderte auf. Der Drache brüllte vor Schmerz und schüttelte sich das brennende Reisig aus dem Maul und aus den Zähnen. Dabei reckte er seinen weichen Hals. In diesem Augenblick stieß Siegfried ihm das Schwert in die Kehle und ein Blutstrom schoss aus der Todeswunde. Der Drache peitschte noch mit seinem Schwanz und zuckte mit den Krallen, doch er wurde schwächer und schwächer und verendete schließlich. Im Feuer schmolz die Hornhaut des Drachens dahin. Neugierig steckte Siegfried einen Finger in die zähe Flüssigkeit. Als er ihn herauszog, war er mit einer Hornhaut bedeckt. Hastig riss er sich die Kleider vom Leib und wälzte sich nackt in dem flüssigen Horn. Diese Hornhaut sollte ihn unverwundbar machen. Nur ein[e] kleine Stelle zwischen seinen Schultern blieb unbedeckt. Dort hatte sich ein Lindenblatt auf die Haut geheftet. Als er es bemerkte, war es zu spät. Das geschmolzene Horn war im Boden versickert. So blieb er an dieser Stelle verwundbar.

Mittlerweile war auch die Jungfrau vom Volk vor die Drachenhöhle geschleppt und mit Stricken an einen Baum gefesselt worden. „Ihr Feiglinge", rief Siegfried den Leuten zu, „warum habt ihr nicht gegen den Drachen gekämpft?" Dabei zeigte er ihnen das abgeschlagene Haupt. Siegfried befreite die Jungfrau und begleitete sie nach Hause zurück. Dann ging er zur Zwergenschmiede zurück, holte die Schätze aus dem Versteck und brachte sie in die Drachenhöhle. Dort vergrub er den Goldschatz in der Erde und machte sich sodann zu neuen Taten auf.

Es waren nur noch wenige Meter bis zur Nibelungenhalle, als ihnen der Teufel entgegenkam.

„Wo kommst du her? Ich habe mich immer umgesehen. Aber du warst nicht da und der Heinzel auch nicht. Also – wie bist du hier oben hingekommen?"

Der Teufel grinste Emma unverschämt an, spuckte auf den Boden, ließ seinen Schwanz kreisen und lachte hämisch. „Ich bin einfach in die Drachenfelsbahn eingestiegen und habe dem Schaffner gedroht: Entweder fahre ich mit oder du bekommst mit dem Schwanz einen übergezogen und einen Tritt mit dem Pferdefuß. Das hat gewirkt! Der hat mich nicht mehr nach dem Fahrschein gefragt!"

Vater Rhein schüttelte den Kopf und sagte: „Unverschämtes Teufelspack. Was der sich alles erlaubt!"

„Da kommt der Heinzel", jubelte Emma. „Auf einem Esel! Wie süß das aussieht, der kleine Heinzel auf dem kleinen Esel."

Die Drachenfelsbahn ist die älteste Zahnradbahn in Deutschland.

Es stellte sich heraus, dass ein Japaner den Eselsritt bezahlt hatte, weil er Fotos vom Heinzel auf dem Esel machen wollte. Dann gingen sie in die Nibelungenhalle und einen langen Gang entlang, bis sie beim Drachen anlangten. Aber dieses Ungeheuer aus Stein sah aus wie ein kleiner Dino und beeindruckte sie nicht. Keinem lief ein Schauder über den Rücken. Sie sahen sich auch lieber das Krokodil Heinrich und die anderen Reptilien in dem kleinen Zoo an. Als sie alles besichtigt hatten, erzählte Vater Rhein die Geschichte vom Drachen auf dem Drachenfels.

Kleine Pause vor der Nibelungenhalle.

Die Sage vom Drachen auf dem Drachenfels

Vor langer Zeit bekannten sich die Bewohner der linken Rheinseite zum Christentum. Auf der rechten Rheinseite hingegen lebten noch wilde, angriffslustige Heiden, die immer wieder über den Rhein fuhren und auf Raubzüge gingen. Mit Beute beladen kehrten sie wieder zurück. Bei einem Raubzug hatten sie sogar eine christliche Königstochter im Gepäck. Als der Prinz von der Löwenburg das schöne Mädchen sah, verliebte er sich sofort in sie. Aber sie wollte mit einem heidnischen Prinzen nichts zu tun haben.

In einer Höhle des Drachenfels lebte ein Ungeheuer, ein Furcht erregender, grimmiger Drache, vor dem die Bewohner eine Heidenangst hatten. Immer wieder spuckte er Feuer und Rauch und jagte ihnen mit seinem stinkenden Pesthauch Angst und Schrecken ein. Niemand traute sich, gegen ihn anzugehen und den Kampf aufzunehmen.

Die Leute beschlossen nun, ihm die Königstochter zu opfern, damit er sie in Ruhe ließ. Sie schleppten das Mädchen vor die Drachenhöhle und banden sie an einem Baum fest. Nun warteten alle darauf, was passieren würde. Als der Drache aus der Höhle kam, bebte die Erde, die Luft färbte sich durch seinen Pesthauch und ein fürchterlicher Gestank breitete sich aus. Der Prinz von der Löwenburg hätte die Prinzessin gerne gerettet, aber sie half sich selbst. Sie zog blitzschnell ein Kruzifix aus ihrem Gewand und hielt es dem Drachen entgegen. Als der Drache das Kreuz erkannte, überfiel ihn der Schrecken. Wie betäubt sank er zu Boden. Sein schwerer, massiger Körper glitt über den Felsen und stürzte in die Fluten des Rheins.

Die Leute waren erlöst und fielen der Königstochter um den Hals. Auch der Prinz von der Löwenburg. Als er getauft und Christ geworden war, feierten die beiden Hochzeit.

„Wie romantisch!", schwärmte der Heinzel. „Das Gute hat mal wieder gesiegt."

„Das ist doch eine Sage!", wandte Emma ein. „Das darfst du doch nicht ernst nehmen. Außerdem kenne ich eine andere Sage vom Drachen."

Noch eine Sage vom Drachen auf dem Drachenfels

Immer wieder hatte der Drache am Rhein Passanten und Schiffen aufgelauert, mit seinem feurigen Hauch belästigt und den Menschen große Angst eingejagt. Eines Tages – der Drache hatte sich gut versteckt, um die Schiffsleute zu erschrecken – fuhr ein Schiff am Drachenfels vorüber, das mit Schießpulver beladen war. Als der Drache sich mit seinem feurigen Atem dem Schiff näherte, explodierte es und riss den Drachen mit in den Tod. So wurde der Drache Opfer seiner eigenen Flammen. Den Knall soll man bis Köln gehört haben.

„Mir hat die Sage mit der Königstochter am besten gefallen", stellte der Heinzel fest.

„Wir müssen weiter. Wir haben noch nicht mal die Hälfte der Strecke hinter uns", sagte Vater Rhein und schritt erneut kräftig aus. Sein Dreizack diente ihm als Wanderstock. Jetzt war der Anstieg nicht mehr so steil und der Heinzel und der Teufel vergaßen sogar zu meckern und zu quengeln. Als sie am Eingang von Schloss Drachenburg angelangt waren, hatten sie die Hälfte des Weges geschafft.

Schloss Drachenburg

Ein Sohn aus einer Bonner Gastwirtfamilie, der durch Geldgeschäfte sehr reich geworden und sogar zum Baron erhoben worden war, erfüllte sich einen Traum. Er ließ sich 1882 das Märchenschloss „Drachenburg" bauen, eine Mischung aus Burg, Schloss und Villa. Alle Räume und Säle ließ er prächtig ausmalen und ausstatten. Leider hat der Bauherr, Stephan Baron von Sarter, nie auf dem Schloss gewohnt. Nach seinem Tod hat es oft den Besitzer gewechselt. Bevor die Nordrhein-Westfalen-Stiftung Naturschutz, Heimat und Kulturpflege das Schloss kaufte, gehörte es dem Herrn Paul Spinat. Er war ein eigenwilliger Mensch. Er hat das Schloss nach seinem Geschmack eingerichtet und dafür gesorgt, dass es vor dem Verfall gerettet wurde.

Auf dem Drachenfels entstand 1836 das älteste Naturschutzgebiet Deutschlands. Das Museum zur Geschichte des Naturschutzes befindet sich in der Vorburg von Schloss Drachenburg. Auf einer Tour mit dem Audioguide werden Persönlichkeiten und Strategien des Naturschutzes vorgestellt. „Sprechende Säulen" erzählen von der Naturschutzbewegung. Geöffnet: April bis Oktober Di–So 11–18 Uhr. Tel. 02223/ 70 05 70, www.naturschutzgeschichte.de

„Los, los, los, ein bisschen schneller. Ich will doch nicht bei Nacht und Nebel auf der Ruine ankommen", trieb der Teufel plötzlich die anderen an. „Los! Sonst mach' ich euch Beine und Feuer unter dem Hintern. Ich trete euch mit meinem Pferdefuß so auf die Füße, dass ihr einen ganzen Satz nach vorne macht." Er wurde immer unverschämter mit seinen Redensarten und ging mit großen Schritten voran. „Los, macht schon, sonst stürzt noch der ganze Felsen ab, bevor wir oben auf der Ruine sind."

Als er sah, dass die anderen versuchten, mit ihm Schritt zu halten, fuhr er etwas ruhiger fort: „Das war mal eine mittelalterliche Burg, auf die der Kölner Erzbischof Arnold stolz war: mit Vorburg, Hauptburg und Bergfried. Der Turm hatte drei Stockwerke. Im mittleren war der Eingang und im unteren ein Verlies für Gefangene. Zur Burg gehörte auch ein Palas. Er war das Hauptgebäude mit den Wohnräumen für die Burggrafenfamilie, dem großen Rittersaal und der Küche mit den Vorratskammern. Aber es ist ja alles kaputt. Es ist alles zerstört. Die ganze Burg wurde geschleift. Man kann nichts mehr erkennen. Nur noch den Bergfried. Als die Burg noch nicht zerstört war, verkauften die Burggrafen die Trachytsteine vom Drachenfels an die Kölner Dombauhütte. Ein großer Teil des mittelalterlichen Domes wurde damit errichtet. Die Steinbrecher haben sie an der Steilwand des Drachenfels bis zum Rheinufer hinunterrutschen lassen und dann auf die Schiffe verladen. Die Schleifspuren sind heute noch zu sehen."

Burg Drachenfels

Erzbischof Arnold I. von Köln wollte das kurkölnische Gebiet nach Süden sichern. Daher ließ er ab 1138 die Burg Drachenfels errichten. Im Jahr 1167 wurde sie fertig gestellt, nachdem Arnold sie schon zuvor dem Bonner Cassiusstift überlassen hatte. Die Burgherren führten im Wappen einen silbernen, Feuer speienden Drachen. 1634 zerstörten sie selbst ihre im Dreißigjährigen Krieg schwer beschädigte Burg, damit sie nicht den Feinden in die Hände fiel.

Mimi richtet den Blick auf die Insel Nonnenwerth.

„Übertreibst du nicht?", unterbrach ihn Vater Rhein.

„Du musst richtig gucken", entgegnete ihm der Teufel. „Man sieht eben nur, was man auch weiß", setzte er noch hochnäsig hinzu und fuhr fort: „Dann brach der Berg ab. 1828 war das. Er war unterhöhlt und ausgehöhlt. Eine ganze Seite zum Rhein hin stürzte in die Tiefe. Daraufhin kaufte der Staat den Drachenfels, weil er begriffen hatte, dass der ganze Berg in Gefahr war. Jetzt ist die West- und die Südseite des Drachenfels mit Stahlseilen und Stahlankern gesichert. Sie sind durch die Spitze des Berges getrieben und halten ihn zusammen."

Als sie oben auf der Aussichtsplattform angekommen waren, sahen sie in fünfzig Kilometer Entfernung die Spitzen des Kölner Domes. Auf der anderen Seite erstreckte sich Bad Godesberg mit der Godesburg und im Süden erkannten sie zwei Inseln im Rhein: Grafenwerth und Nonnenwerth.

Ausgiebige Rast auf dem Drachenfels.

Inseln im Rhein: Nonnenwerth und Grafenwerth

Das Wort „Werth" bedeutet Insel. Also kann man auch v
der Nonneninsel und der Grafeninsel sprechen. Auf Non
nenwerth gibt es schon seit Jahrhunderten ein Nonnenklos
ter. Heute leben in St. Clemens etwa 33 Schwestern nach der
Klosterregel des hl. Franziskus. Auf der Insel befindet sich auch ein pri
vates Gymnasium, das von etwa 700 Schülern und Schülerinnen besuc
wird. Außerdem ist es möglich, Ferien auf der Insel zu verbringen, we
man Ruhe und Einkehr sucht.
Nonnenwerth ist über zwei Kilometer lang. Der größte Teil der Insel ge
hört zum Bundesland Rheinland-Pfalz. Gerade noch 200 Meter gehöre
zu Nordrhein-Westfalen. Nonnenwerth kann man nur mit der Fähre err
chen.
Die Insel Grafenwerth ist durch eine Brücke mit Bad Honnef verbunde
Der Fußweg führt über den einstigen Rheinarm auf die Insel, die mit al
ten Bäumen bewachsen ist. Grafenwerth ist eine Freizeitinsel mit eine
Schwimmbad und einem großen Café mit Biergarten, in dem bis zu
500 Personen Platz finden können. Einmal im Jahr findet von Bad Hon
nef aus ein Insellauf statt. Wenn der Rhein Hochwasser führt, muss di
Route jedoch geändert werden.

„Höher gehe ich nicht. Ihr könnt von mir aus noch auf den Bergfried klettern. Ich bleibe hier. Mir reicht das. Da oben kriege ich das Zittern vor Angst!", brummte der Teufel missmutig. Vater Rhein und Mercur erinnerten sich an das Erlebnis in Zons, als der Teufel oben in der Windmühle stand und vor lauter Angst nicht mehr dazu bewegt werden konnte, die steilen Holztreppen hinunterzusteigen.

Der Abstieg vom Drachenfels ging ohne Zwischenfälle vor sich. Nur dem Heinzel taten die Beine weh und er lief ein ganzes Stück rückwärts den Eselsweg hinunter. Er behauptete, dass Rückwärtsgehen weniger schmerzhaft sei.

Auf dem Bergfried.

Leben im Rhein – was schwimmt denn da?

Als sie wieder am Rheinufer waren, suchten sie sich einen ruhigen Platz. Der Heinzel legte sich sofort hin und schlief sogleich ein. Der Teufel setzte sich auf den Boden, rieb seinen Bauch, kratzte an seinem Pferdefuß herum, pulte in den Zähnen und spuckte unappetitlich um sich. Emma hielt einigen Abstand zu ihm und blickte auf das ruhig dahinströmende Wasser. Mercur stand am Ufer und schaute hinüber nach Bad Godesberg. Plötzlich rannte Vater Rhein los. Dabei stolperte er über sein langes Hüfttuch und seinen Dreizack. Er begann so laut zu fluchen, dass alle zu ihm hinsahen. Sogar der Heinzel war wach geworden. Dann rappelte sich Vater Rhein wieder auf, stürzte sich in die Fluten des Rheins und war nicht mehr zu sehen. Die vier waren wie erstarrt.

„Ist der jetzt weg, ohne sich zu verabschieden?", fragte der Heinzel zaghaft.

„Haben wir ihm was getan?", fragte Emma Elf ungläubig.

„Mag der uns nicht mehr?", fragte der Teufel kleinlaut.

„Oder hat der einen dringenden Termin?", fragte Mercur.

Aber so plötzlich wie er verschwunden war, tauchte er auch wieder auf und kam mit einem Fisch in der Hand auf sie zu. Der Fisch zappelte wild und Emma verzog das Gesicht. Sie mochte keinen Fisch.

„Was ist das für ein Fisch?", fragte Vater Rhein und hielt ihnen das zappelnde, flutschige Wesen vor die Augen.

Alle zuckten mit den Schultern. Keiner von ihnen kannte sich mit Fischen aus.

„Das ist eine Schleie. Aus der Familie der Karpfenfische. Er wird bis siebzig Zentimeter groß und kann zehn Kilogramm schwer werden."

Schleie.

Alle starrten auf die Schleie. Doch dann warf Vater Rhein den Fisch im hohen Bogen wieder in den Rhein und stürzte sich hinterher. Es dauerte nicht lange und er tauchte wieder auf. Wieder lag ein zappelnder, glitschiger Fisch in seiner Hand und Vater Rhein stellte die gleiche Frage. Aber wieder wusste keiner die Antwort.

„Das ist ein Gründling, auch aus der Familie der Karpfenfische. Er wird zehn bis fünfzehn Zentimeter groß und kann bis zu einem halben Kilo schwer werden." Und zack, warf Vater Rhein den Fisch ins Wasser zurück und stürzte sich hinterher.

Gründling.

Den vieren verschlug es die Sprache. Schon tauchte er wieder auf.

„Was ist das für ein Fisch?", fragte er sofort und alle zuckten die Schulter.

„Das ist ein Lachs, aus der Familie der Forellenfische. Er kann bis zu vierzig Zentimeter lang und bis vier Kilogramm schwer werden." Auch der Lachs flog in die Fluten des Rheins und Vater Rhein stürzte sich hinterher.

„Soll das so weitergehen mit den fliegenden Fischen?", fragte der Teufel.

Lachs.

Alle starrten auf den trägen Strom, aber es verging eine längere Zeit, bis Vater Rhein wieder auftauchte. Jetzt hielt er einen über einen Meter langen dünnen Fisch, der sich in seiner Hand schlängelte und wand.

„Hat was länger gedauert. Sind selten geworden", sagte er.

„Und, was ist das für eine Spezialität?", fragte Emma, die den langen Fisch misstrauisch von der Seite ansah.

„Aal, aus der Familie der Aalfische. Größe bis zu einem Meter fünfzig, Gewicht bis sechs Kilogramm. Die Aale sterben heutzutage schneller. Sie geraten öfter in die Turbinen von Kraftwerken, wenn sie von ihren Laichplätzen im Meer zurück in den Rhein kommen. Sie sind einfach zu lang. Sie verheddern sich."

Klatsch! Und schon war auch der Aal wieder im Wasser. Aber diesmal stürzte sich Vater Rhein nicht hinterher.

„Darf man Fische so werfen?", traute sich der Heinzel zu fragen. „Ist das nicht Tierquälerei?"

„Nein, da brauchst du keine Sorge zu haben. Die Fischer werfen sie ja auch vom Boot aus wieder ins Wasser, wenn sie mit ihren Netzen zu kleine oder die falschen Fische gefangen haben. Das macht denen

Karpfen und Rotfedern sind vor allem am Oberrhein verbreitet.

nichts. Ich könnte mich über sechzig Mal in den Rhein stürzen und euch immer einen anderen Fisch mitbringen, weil jetzt wieder so viele Fischarten im Rhein leben. Der Rhein ist quasi wiederauferstanden. Er war mal tot. Das heißt, die Fische waren tot. Über Hunderte Kilometer gab es keinen lebendigen Fisch im Wasser. Allein hundertfünfzigtausend Aale waren tot. Der Rhein war eine Kloake, total verseucht und vergiftet!"

Keiner wagte, Vater Rhein zu unterbrechen, obwohl Emma Elf viele Fragen in den Sinn kamen.

„Zwanzig Tonnen, das sind zwanzigtausend Kilogramm, hochgiftige Chemikalien sind damals in Basel mit dem Löschwasser in den Rhein geflossen, als die Feuerwehrleute den Brand in einer Chemiefabrik löschten – eine Katastrophe für Pflanzen und Tiere. Aber ab diesem Zeitpunkt war Schluss mit dem unverantwortlichen Umgang mit dem Rhein. Schluss damit, dass jeder sein Dreckwasser in den Rhein leiten konnte. Die Menschen waren aufgerüttelt. Die Länder Schweiz, Deutschland, Frankreich, Luxemburg und die Niederlande schlossen sich zusammen, um den Rhein zu schützen. Dem sterbenskranken Rhein musste dringend geholfen werden. Das war im Jahr 1987. Jetzt wird der Rhein langsam wieder gesund. Aber er ist noch nicht außer Gefahr! Die Wasserqualität hat sich verbessert, weil es internationale Abkommen, strenge Kontrollen und viele Bürger gibt, die sich für die Umwelt einsetzen und kämpfen. Mir soll das recht sein – leider findet sich trotzdem noch genügend Müll und Unrat im Rhein", endete Vater Rhein.

„Du erzählst wieder so schlimme Sachen. Von lauter toten Fischen und vom Sterben der Natur", sagte der Heinzel traurig. „Kannst du nicht noch eine schöne Geschichte erzählen?"

„Eine Geschichte? Eine Sage? Muss der alte Vater Rhein wieder erzählen?"

Der Rolandsbogen und die Sage vom Ritter Roland

Auf der Drachenburg lebte der Graf Heribert mit seiner Tochter Hildegund. Eines Tages bat der Ritter Roland, der Vasalle von Kaiser Karl dem Großen war, um Herberge auf der Drachenburg. Der Turmwart ließ ihn ein und der Graf freute sich über den unerwarteten Besuch. Am nächsten Morgen lernte Roland Hildegund kennen, die Tochter des Grafen. Es war Liebe auf den ersten Blick! Roland verliebte sich in die schöne Hildegund – und Hildegund verliebte sich Roland. Aus der einen Nacht, die er auf der Burg bleiben wollte, wurden viele Nächte. Beide konnten sich nicht voneinander trennen. Nach einiger Zeit erschien ein Bote auf der Burg und überbrachte die Botschaft, dass Roland mit dem Kaiser an einem Kreuzzug teilnehmen sollte. Schweren Herzens verabschiedeten sich die beiden Verliebten am nächsten Tag. Hildegund hörte nun lange nichts mehr von ihrem Liebsten und wurde täglich trauriger. Dann kam die Nachricht, dass Roland in einer Schlacht gefallen sei. Nun hatte Hildegund gar keine Freude mehr. Sie weihte ihr Leben Gott und trat in das Kloster Nonnenwerth ein. Kurze Zeit später kehrte Roland wohlbehalten auf die Burg zurück und wollte seine geliebte Hildegund in die Arme schließen. Er war durch die Pflege eines treuen Knappen gerettet worden. Als die Wunden verheilt waren, hatte er nur den einen Gedanken, mit Hildegund wieder vereint zu sein. Es traf ihn wie ein Schlag, als er erfuhr, dass sie ihr Leben Gott geweiht hatte und Nonne im Kloster Nonnenwerth war. So saß er Tag für Tag am Fenster der Burg Rolandseck und schaute hinab auf Nonnenwerth. Auch Hildegund hatte erfahren, dass Roland lebte, und sie grämte sich so sehr, dass sie an ihrem Liebeskummer starb. Als Roland mitansehen musste, wie seine Liebste zu Grabe getragen wurde, verließ auch ihn der Lebensmut. Er wurde schwach und schwächer, bis ihn die Kraft verließ und er seiner geliebten Hildegund in die Ewigkeit folgte.

Der Heinzel hatte feuchte Augen bekommen, während Vater Rhein die todtraurige Geschichte erzählte, und nun verdrückte er sogar ein paar Tränchen.

„Ist doch eine Sage", meinte Emma.

„Aber trotzdem traurig", entgegnete der Heinzel und wischte sich die Augen.

Ein Fußweg von etwa drei Kilometern führt zum Rolandsbogen. Von dort aus hat man einen schönen Blick auf die Insel Nonnenwerth und das Siebengebirge.

„Roland ist auf der Burg Rolandseck gestorben, sagt die Sage. Von dieser Burg ist aber bis auf den Bogen eines Fensters nichts geblieben. 1839, bei einem heftigen Sturm stürzte auch dieser Bogen ein. Aber die Leute liebten diesen Bogen, sie fanden ihn romantisch, deshalb baute man einen neuen „alten" Bogen. Nun gab es wieder einen Rolandsbogen, der an die Burg und die traurige Liebesgeschichte erinnerte."

Wandern am Rhein

„Jetzt ist es aber mal gut mit dem Geschichtenerzählen. Wir haben genug Geschichten gehört", sagte Mercur. „Ich möchte etwas mehr von der schönen Rheinlandschaft sehen. Ich will auch schließlich all die Ortschaften kennen lernen, die meine römischen Vorfahren gegründet haben. Ich möchte zum Limes, dem römischen Grenzwall, und zum Vinxtbach."

„Schöne Rheinlandschaft? Römische Ortschaften? Limes? Vinxtbach?", sagte der Heinzel. „Ich finde Landschaft eigentlich langweilig. Da passiert doch nichts. Ortschaften finde ich auch langweilig. Da muss es schon etwas Besonderes geben. Etwas zum Angucken oder so was. Und Limes und Vinxtbach habe ich noch nie gehört. Ich weiß nicht, was das ist, und deshalb will ich auch nicht hin."

„Wir können doch entlang des Rheins wandern", beharrte Mercur.

„Was? Auch noch wandern?", kreischte der Heinzel. „Ich hab' doch gar keine Wanderschuhe."

„Ich auch nicht. Mir passen sowieso keine mit meinem Pferdefuß", fiel der Teufel ein.

Nur Emma Elf fand die Idee gut und erzählte vom „Erlebniswanderweg Rheinsteig", der entlang des Rheins von Bonn nach Wiesbaden führt.

„Da gibt's viel zu sehen. Das wird nicht langweilig. Der Weg geht rauf und runter und führt durch Wälder, über Wiesen und durch Weinfelder und Ortschaften, an Burgen und Schlössern vorbei", sagte sie.

„Was meinst du, Vater Rhein, was sollen wir machen?", fragte Emma plötzlich. Vater Rhein guckte erstaunt. „Tja", sagte er dann und strich

Wanderweg auf dem Rheinsteig.

sich durch den Bart, „das müsst ihr entscheiden. Ich bin kein Wanderer. Ich bin ein Schwimmer."

„Siehste, Mercur! Vater Rhein will auch nicht mit dir gehen", sagte der Heinzel schnell. „Also gehen wir auch nicht diesen Steig entlang, hoch und runter und hoch und runter. Tut mir leid, Emma, ich geh auch nicht mit dir."

„Und jetzt? Rutscht mir doch den Buckel runter. Macht was ihr wollt. Wir können uns ja irgendwo treffen und jeder soll sehen, wie er dahin kommt", rief Emma ärgerlich. „Mit euch kann man nichts zusammen machen. Jeder will was anderes."

„Meine liebe Emma", mischte sich der Teufel plötzlich ein. „Wir sind nun mal völlig unterschiedlich. Ich bin der Teufel und du bist die Emma und der Heinzel ist der Heinzel und Mercur ist Mercur und der Vater Rhein ist der Vater Rhein. Und ich kann rubbeldiekatz überall da sein, wo ich hin will. Mercur hat Flügelschuhe, die ihn überall hinbringen, und Vater Rhein stürzt sich ohnehin lieber ins Wasser. Also, wir treffen uns."

„Und wo?", fragte Emma.

„Im Oberen Mittelrheintal. Da, wo der Rhein unter besonderem Schutz steht. Wo das ‚Weltkulturerbe und Naturerbe Mittelrhein' beginnt", sagte Vater Rhein.

Der Rheinsteig

Der Rheinsteig ist ein 320 Kilometer langer Wanderweg. Er führt auf der rechten Rheinseite von Bonn nach Wiesbaden. Er ist mit 8 000 Markierungszeichen und 450 Wegweiserstandorten ausgeschildert. Er ist ein echter Erlebniswanderweg, weil er durch alte Eichenwälder und Wiesen, Weinberge und über Felsenpfade führt. Unterwegs gibt es noch andere Attraktionen: Burgen, Schlösser, Klöster und interessante Ortschaften. Der Rheinsteig führt auf und ab, deshalb muss man ein guter Wandersmann oder eine gute Wandersfrau sein, wenn man ihn wandern will. www.rheinsteig.de

Wer auf dem Rheinsteig rastet, hat oft herrliche Aussichten.

Der Rheinhöhenweg

Der Rheinhöhenweg ist ein 100 Jahre alter Wanderweg, der über 105 Kilometer auf der linken Rheinseite von Koblenz nach Bingen führt. Der Rheinhöhenweg verbindet die 30 Burgen im Mittelrheintal mit einem Wanderweg. Es gibt auch einen rechtsrheinischen Rhein-Burgen-Wanderweg, der über weite Strecken die gleiche Route wie der Rheinsteig hat. www.rheinhoehenweg.de

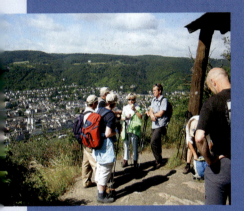

„Und wo soll das sein?"

„In Koblenz. Wir treffen uns in Koblenz. Am Deutschen Eck, oben auf dem Denkmal. Genau da, wo die Mosel in den Rhein fließt."

Als Vater Rhein geendet hatte, stürzte er sich in die Fluten und war weg. Auch der Teufel war verschwunden und von Mercur war gerade noch für eine Sekunde ein Schuh mit Flügel zu sehen. Nun standen der Heinzel und Emma Elf alleine am Ufer.

„Komm, wir fahren mit der Eisenbahn", sagte Emma und zog den Heinzel mit sich fort.

Vom Siebengebirge nach Koblenz

Mit dem Rhein-Erft-Express nach Koblenz

Emma und der Heinzel gingen zum Bahnhof von Königswinter und warteten auf den RE 8, den Rhein-Erft-Express. Sie konnten aber auch die Rhein-Erft-Bahn nehmen, um bis Unkel und dann weiter nach Linz zu fahren. Sie mussten nicht lange warten, bis der RE 8 kam.

„Sollen wir in Unkel aussteigen?", fragte Emma.

„Nö", sagte der Heinzel, „ich glaube, da ist nichts Interessantes."

„Doch", sagte Emma. „Eine Stadtmauer, alte Gassen mit Fachwerkhäusern, ein Gefängnisturm, und Unkel ist auch eine alte Weinstadt."

„Nö", sagte der Heinzel wieder, „lass uns bis Linz weiterfahren. Ich sitze gerade so gut und gucke aus dem Fenster auf den Rhein. Wer weiß, wann ich mal wieder so schön sitzen kann."

Unkel am Rhein.

Burg Linz in Linz am Rhein.

Also blieben sie sitzen und fuhren bis zur Stadt Linz am Rhein. Hinter den Bahngleisen lagen der Burgplatz und die Linzer Burg, die schon vor mehr als sechshundert Jahren als Zoll- und Zwingburg der Kölner Erzbischöfe gebaut wurde. Für alle Waren, die Kaufleute auf den Schiffen mitführten, musste Zoll entrichtet werden. Wer den Zoll nicht mit barer Münze bezahlen konnte, wurde so lange im Verlies gefangen gehalten, bis der Zoll bezahlt war. Im Verlies ist heute eine Folterkammer eingerichtet, in der die unterschiedlichsten Folterinstrumente zu sehen sind. Es ist schon beeindruckend, was Menschen sich ausgedacht haben, um andere zu quälen. Lange blieben sie nicht in Linz. Mit dem nächsten Zug fuhren sie weiter nach Koblenz.

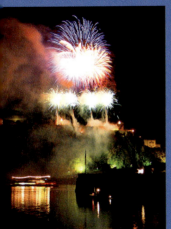

Der Rhein in Flammen

Jedes Jahr ab dem ersten Samstag im Mai findet in den Orten von Linz bis Köln die große Veranstaltung „Rhein in Flammen" statt. Auf dem Rhein gleiten dann mehr als 50 hell erleuchtete Schiffe im Konvoi vorüber und hoch über dem Rhein explodiert ein buntes Feuerwerk. Zu diesem großartigen Fest kommen viele hunderttausend Besucher in die Orte entlang des Rheinufers. Bis in den Oktober kann man entlang des Rheins bis Rüdesheim große Feuerwerke sehen, hier etwa auf der Festung Ehrenbreitstein (im Vordergrund das Deutsche Eck). Bereits 1756 wurde hier zu Ehren des Kurfürsten Johann-Philipp von Waldendorff ein Feuerwerk gezündet. www.rhein-in-flammen.de

Eine traumhafte neugotische Kirche in Remagen

Gegenüber von Linz liegt Remagen. Es ist bekannt wegen seiner seit 1384 belegten Wallfahrt zum heiligen Apollinaris. Seine Reliquien kamen zusammen mit denen der Heiligen Drei Könige ins Rheintal. Er ist der Schutzheilige des Weines und Namensgeber für ein Wasser, das in den Weinbergen von Bad Neuenahr zum Trinken abgefüllt und zum heilsamen Baden verwendet wird. Die 1839–43 erbaute Kirche ist innen mit herrlichen Wandmalereien geschmückt. Außerdem stand in Remagen am Ende des Zweiten Weltkrieges die letzte erhaltene Brücke über den Rhein, die hart umkämpft wurde und schließlich in sich zusammenbrach. Einer ihrer dunklen Brückentürme beherbergt heute das Friedensmuseum Brücke von Remagen. www.bruecke-remagen.de

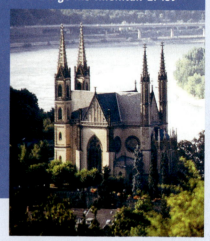

Die Grenze des römischen Weltreichs bei Bad Hönningen und Bad Breisig

Rekonstruktion eines römischen Wachturms bei Bad Hönningen.

Mercur war begeistert von Bad Hönningen. Direkt am Rhein lag das Thermalbad, die „Kristall Rheinpark-Therme". Bei vierunddreißig bis sechsunddreißig Grad Celsius konnte man in dem Vulkanwasser zur Stärkung der Gesundheit baden. Wie alle Römer liebte er das Wasser in den Thermen und glaubte an seine heilende Kraft. Dann entdeckte er den Wachturm Nr. 1 am Rheinufer, ganz in der Nähe des Fährübergangs nach Bad Breisig, gerade da, wo die Orte Bad Hönningen und Rheinbrohl aneinanderwachsen. Er hatte den Limes gefunden. Mercur war ganz aus dem Häuschen. Er hatte tatsächlich die Grenze des Römischen Weltreichs aufgespürt – die Grenze zu den „Barbaren" auf der rechten Rheinseite, wie die Römer die Germanen verächtlich nannten. Vergeblich hatten die Römer versucht, dieses Barbarenland zu erobern. Bis sie ihre Eroberungszüge aufgaben und diesen Grenzwall zogen. Er führte von Obergermanien am Rhein bis nach Regensburg an der Donau. Wachposten und Kastelle sicherten in regelmäßigen Abständen die Grenze und kontrollierten, wer kam und ging. Dann schaute Mercur sich den Wachturm Nr. 1 etwas genauer an. Er war nachgebaut, aber man hatte alte römische Steine dazu verwendet. Er war zufrieden und überglücklich, dass heute noch so viele Überreste aus seiner Zeit am Rhein vorhanden waren.

Der Märchenwald in Bad Breisig liegt in einem naturbelassenen Wald. Bewegliche und sprechende Figuren stellen Szenen aus 13 Märchen dar. Dazu gibt es einen Märchenlehrpfad für Erwachsene. Geöffnet von April bis Oktober täglich 10–18 Uhr, Tel. 02633/85 34, www.maerchenwald-bad-breisig.de

Der Limes

Limes bedeutet „Grenzwall" oder „Grenze". Er ist eine 550 Kilometer lange Grenzbefestigung, die vom Rhein bei Bad Hönningen bis nach Einig bei Regensburg an der Donau führte. Er bildete die Grenze zwischen dem Römischen Reich und dem freien Germanien. 900 Wachposten und 120 größere und kleinere Kastellplätze kontrollierten den Verkehr an der Grenze. Die römischen Kastelle und Lager der Soldaten am Limes boten auch den anderen Menschen Schutz. Deshalb entstanden dort Siedlungen, aus denen sich oft unsere heutigen Städte entwickelten. Der Bau des Limes geht bis ins Jahr 9 n. Chr., zurück, als die Römer unter ihrem Feldherrn Varus in der sogenannten Varusschlacht, auch die Schlacht im Teutoburger Wald genannt, eine vernichtende Niederlage unter dem germanischen Anführer Arminius erlitten. Die Schlacht war eine Katastrophe. Drei Legionen samt Hilfstruppen und Tross gingen unter. Das waren etwa 20 000 Männer, die zu Tode kamen. Danach zogen sich die Römer auf die linke Rheinseite zurück.

Im Sommer 2005 wurde der Limes als größtes Bodendenkmal in Mitteleuropa in die Liste des Weltkulturerbes der UNESCO eingetragen. Damit wird er besonders geschützt. Zum Weltkulturerbe gehören zahlreiche unterschiedlich große Kastelle für die Soldaten und Siedlungen mit Badeanlagen und Wohnbauten. Auch die Limestürme und die Grenzbefestigung selbst stehen unter Schutz. In den letzten Jahren sind viele römische Ruinen entlang des Limes ausgegraben und restauriert worden. Diese archäologischen Denkmäler können besichtigt werden. Viele Stücke, die am Limes gefunden wurden, sind in den großen Museen zu besichtigen.

Was den einen die Ritterspiele ist den anderen die möglichst originale Nachahmung der Römer, hier einige „Legionäre" vom Förderverein „Freunde des Limes e.V." in Rheinbrohl. www.roemer-welt.de

Der Vinxtbach

Der Vinxtbach mündet bei Niederbreisig, am Fuße der Burg Rheineck, in den Rhein. Der Name „Vinxt" ist aus dem lateinischen *finis* entstanden. *Finis* bedeutet „Grenze". In römischer Zeit stieß am Vinxtbach der keltisch-germanische Stamm der Treverer (Trierer) mit den germanischen Ubiern zusammen. Beide redeten eine ganz andere Mundart, so dass die Römer hier die Grenze zwischen Obergermanien und Niedergermanien festlegten. So ist der Vinxtbach auch eine Sprachgrenze. Nördlich, Richtung Köln und Bonn, wird die ripuarische oder kölsche Mundart gesprochen, südlich, Richtung Koblenz, die moselfränkische oder Koblenzer Mundart.

Noch heute kann man die Unterschiede deutlich hören. Beispiel:

Hochdeutsch:	Was machst du?	Gib mir etwas!
Moselfränkisch:	Bat michs dau?	Jivv mir ebbes!
Kölsch:	Wat mähste?	Jäw mer jet!

Der Alte Krahnen in Andernach von 1561 ist noch heute betriebsbereit, wird aber seit 1911 nicht mehr benutzt. Das steinerne Kranhaus trägt rheinaufwärts einen Basalteisbrecher zum Schutz des Gebäudes vor Eisgang. Er hat das Gebäude vor der Zerstörung durch das gewaltige Treibeis von 1784 bewahrt.

Nun setzte Mercur auf die andere Rheinseite über – aber nicht mit der Fähre, die dort über den Rhein führte. Er erhob sich in die Luft und war schneller am anderen Rheinufer als eine Rheinfähre dreimal hupen konnte. Er machte sich zum Vinxtbach auf und als er ihn gefunden hatte, war er glücklich und traurig zugleich. Wie gerne hätte er Emma, Heinzel, dem Teufel und Vater Rhein von diesem kleinen unbedeutenden Bach erzählt, der eine so große Bedeutung für die frühe Geschichte des Rheinlandes hatte.

Der Teufel in Andernach

Der Teufel war außer sich und abwechselnd schrie, weinte, jammerte und schimpfte er. „Hier in Andernach geht es schlimmer als in der Hölle zu. HimmelArschUndZwirn. InDreiTeufelsNamen! Warum werfen die den Müll auf die Wiese. Der gehört in den Mülleimer!" Er hüpfte auf seinem Pferdefuß auf der Wiese beim Alten Krahnen herum. Den anderen Fuß hielt er in seinen Händen, zwischen denen das Blut in das grüne Gras tropfte. Dann setzte er sich auf einen großen Stein, der dort im Gras aufgestellt war. Was war passiert? Im Gras um den Alten Krahnen lagen Bierflaschen, von denen einige zerbrochen waren, und Verpackungsreste von Pizza und Fritten – und da war der Teufel unvorsichtiger-

Der Andernacher Krahnen um 1900. Mit dem Kran wurden mehr als 350 Jahre lang Mühlsteine und Weinfässer auf die Schiffe verladen. Das kegelförmige Dach lässt sich um 360 Grad drehen.

weise hineingetreten. Auf dem alten Mühlstein zog er sich die letzten Glassplitter aus seinem Fuß. Dann hörte auch das Bluten auf und er beruhigte sich wieder. Gerade hier beim Alten Krahnen in Andernach muss mir das passieren. Er stand auf und guckte durch das Fenster des runden Gebäudes und sah die beiden Treträder aus Holz, die noch vollständig erhalten waren. Es dauerte nicht mal eine Sekunde, bis der Teufel in einem Rad stand. Er wollte in dem Rad laufen, damit sich das Lastseil auf und ab bewegt, aber es klappte nicht. Vielleicht hatte er nicht genug Kraft, denn früher mussten wenigstens zwei Tretknechte schuften – in jedem Rad einer. Aber dann merkte er, dass die vier Meter hohen Räder festgezurrt waren. Früher wurden hier Weinfässer mit dem köstlichen Wein, der aus dem Rheingau und von den steilen Hängen des Rheins kam, auf Schiffe verladen und nach Köln transportiert. Neben dem Wein wurden hier auch schwere Mühlsteine aus Basaltlava, die aus dem Fels herausgehauen wurden, und Tuffsteine aus der Eifel verladen. Das war eine gefährliche Arbeit. Wenn sich die Last

Hochwassermarken am Alten Krahnen.

durch das Eigengewicht selbstständig machte, kamen die Männer in den Treträdern ins Rotieren oder gar ins Schleudern. Dann kam es oft zu schweren Unfällen.

Das Kegeldach mit dem Ausleger, an dem die schwere Last hing, war drehbar. Bald hatte der Teufel die Lust am Tretrad verloren und rubbeldiekatz war er wieder draußen. An der Türe betrachtete er die Hochwassermarken, die am Krahnenturm angebracht waren. Beim Wappen der Stadt Andernach, das über der Türe in Stein gemeißelt war, stutzte er. Dann spuckte er auf den Boden und ließ einen Furz. Das galt den Erzbischöfen, weil sie jahrhundertelang die Landesherren von Andernach waren. Die zwei gekreuzten Schlüssel stehen für den heiligen Petrus, der den Christenmenschen den Himmel aufschließt. Als er weiterging, stolperte er und schlug der Länge nach ins Gras. „HerrGottNochMal! Was tut denn dieser Stein schon wieder hier?", hörte man ihn fluchen. Er war über einen Mühlstein gestolpert, der zum Andenken an vergangene Zeiten beim Alten Krahnen im Gras lag. Fluchend drehte der Teufel sich um und ging Richtung Andernach davon.

Die Andernacher Bäckerjungen Fränzje und Döres.

Als er beim Rheintor ankam, erinnerte er sich an die beiden Bäckerjungen Fränzje und Döres. Sie hatten einst die Andernacher vor dem Angriff der Linzer gerettet. Zum Dank dafür wurden sie im Rheintor in Stein verewigt. Der Teufel fand es schade, dass niemand da war, dem er die Geschichte von den Andernacher Bäckerjungen erzählen konnte.

Die Andernacher Bäckerjungen

Die Linzer hatten den Andernachern Rache geschworen, weil der Erzbischof von Köln die Zollstation von Linz nach Andernach verlegt hatte. Darüber waren die Linzer zornig, weil der Zoll eine gute Einnahmequelle für die Stadt war. Nun schmiedeten sie einen Plan: Sie wollten Andernach überfallen und einnehmen. So fuhren sie eines Abends schwer bewaffnet mit ihren Booten rheinaufwärts. Im Dunkel der Nacht legten sie am Ufer an und wollten im Morgengrauen, wenn die Andernacher noch schliefen, die Stadt stürmen.

Die beiden Bäckerjungen Fränzje und Döres waren jedoch schon auf den Beinen, weil sie die frischen Brötchen vor die Türen der Andernacher trugen. Als sie damit fertig waren, heckten sie einen Streich aus. Sie kletterten auf die Stadtmauer und entdeckten eine Reihe Bienenkörbe. Sie holten Lehm und schmierten damit die Fluglöcher zu, so dass die Bienen weder herein- noch herausfliegen konnten. Als sie damit fertig waren, hörten sie seltsame Geräusche und Kommandos. Dann sahen sie einen Haufen Männer, die mit Schwertern, Hellebarden und Rammböcken auf das Stadttor vorrückten. Fränzje und Döres war sofort klar, dass das ein Angriff war. Als die Männer sich mit einem schweren Rammbock am Tor zu schaffen machten, schleuderten Fränzje und Döres den ersten Bienenkorb auf die Angreifer. Schon flogen die nächsten hinterher. Die Körbe platzten auf und Tausende von Bienen sausten und brummten den Angreifern um die Ohren und stachen ihnen wild in alle Körperteile. Verzweifelt versuchten sie, die Bienen mit den Händen abzuwehren. Aber vergebens. Die wild gewordenen Bienenschwärme wurden immer angriffslustiger und stachen, was das Zeug hielt. Die Männer flohen jammernd in Richtung Rhein und sprangen in ihre Boote.

Jetzt rannten Fränzje und Döres zum Rathaus und läuteten die Sturmglocken. Bei dem Lärm wurden alle Andernacher wach. Die Männer griffen sich ihre Waffen und bezogen Posten auf der Stadtmauer und an den Toren. Aber kein Linzer war mehr zu sehen.

Die fuhren rheinabwärts und waren froh, dass sie entkommen waren. Sie versuchten nie wieder, am Recht des Rheinzolls zu rütteln. Die beiden Bäckerjungen Fränzje und Döres wurden als Helden gefeiert und ihnen zu Ehren wurde am Rheintor ein Denkmal gesetzt.

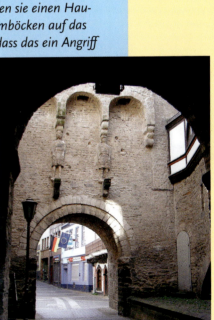

Das Rheintor mit den Steinfiguren der Andernacher Bäckerjungen Fränzje und Döres.

Der höchste Geysir der Welt

Nahe bei der Römerstadt Andernach, zwischen Stromkilometer 616 und 614, liegt die Insel Namedy im Rhein mit dem höchsten kalten Geysir der Welt. Er schießt das Wasser aus 800 Metern Tiefe in die Luft. Die riesige Fontäne springt mehr als 50 Meter hoch. Durch Kohlensäure, die sich in der Tiefe der Erde immer neu bildet, wird das Wasser alle zwei Stunden wie aus einer geschüttelten Sektflasche herausgespritzt. Lange Zeit blieb dieses Naturwunder verborgen, bis 1903/04 der Sprudel erbohrt wurde und das Wasser als „Namedyer Sprudel" in Flaschen abgefüllt und verkauft wurde. Dem Wasser aus dem Geysir wurden heilende Kräfte für Magen, Leber, Galle und Nieren zugeschrieben und man hatte große Zukunftspläne. Doch daraus wurde nichts. 1957 hat man den Geysir zugeschüttet und erst 2003 wieder zum Sprudeln gebracht.
Namedy wird geschützt, weil hier seltene Pflanzen wachsen und seltene Wasservögel wie die Flussschwalbe, der Flussuferläufer und der Regenpfeifer, der Pirol und der Rohrsänger Platz zum Brüten finden. Die Bäume sind bis zu 200 Jahre alt.

Fast hätte der Teufel vergessen, die Insel Namedy zu besuchen. Rubbeldiekatz war er da, beim höchsten kalten Geysir der Welt. Nun stand er da und sah sich das Naturwunder an. Das gibt es noch nicht mal in der Hölle, dachte er. Solch eine Kraft! Immer wieder bildet sich die Kohlensäure neu und schleudert das Wasser mit Riesenkraft aus der Erde in die Luft.

Weil Namedy ein Naturschutzgebiet ist, ist der Zugang zur Insel nur eingeschränkt möglich. Die Erschließung des Geysirs einschließlich eines Infozentrums ist für das Jahr 2008 vorgesehen. Schon vorher können unter Tel. 02632/29 84 20 Tickets für geführte Touren inklusive Schiffstransfer ab Andernach bestellt werden. Sie finden von Juni bis September immer samstags und sonntags statt. Weitere Informationen unter www.vulkane.de und www.andernach.net

Treffpunkt Deutsches Eck in Koblenz

Vater Rhein hatte seine Tochter besucht, die Mosel. Nun hatte er einen schweren Kopf, denn der Moselwein hatte ihm so gut geschmeckt, dass er einen Becher nach dem anderen geleert hatte. Beinahe wäre er von der Mosel direkt in den Rhein geschwommen. Aber er hatte es noch rechtzeitig geschafft, am Deutschen Eck ans Ufer zu steigen. Jetzt setzte er sich auf die Stufen des Denkmals und stützte den Kopf in die Hände. Hoch oben auf dem Sockel stand das gigantische Reiterstandbild von Kaiser Wilhelm I. Er saß in der Uniform eines Generals mit wehendem Mantel auf einem riesigen Ross und blickte rheinabwärts. Vater Rhein starrte auf das Wasser vor ihm, wo Mosel und Rhein zu-

Am Deutschen Eck in Koblenz fließt die Mosel in den Rhein, gut zu erkennen an den unterschiedlichen Farben des Wassers.

sammenflossen. Plötzlich stand der Teufel neben ihm. Er war der erste, der sich eingefunden hatte.

„Sei mir gegrüßt, du alter Vater Rhein. Wie ist es dir ergangen? Ich habe überhaupt nicht an dich gedacht. Und hatte keine Sehnsucht und kein Verlangen", begrüßte er spöttisch Vater Rhein.

„Lass das. Gedichte von Heinrich Heine sollst du nicht umdichten. Außerdem musst du jetzt ein wenig Rücksicht nehmen. Ich habe einen schweren Kopf. Guck dir das Denkmal an und lass mich in Ruhe", brummte Vater Rhein gereizt.

„Tsss", zischte der Teufel, stieg die Stufen hoch und betrachtete das Denkmal aus Bronze. Er entdeckte die Frauengestalt mit den Flügeln, die das Pferd führt und in der anderen Hand die Kaiserkrone auf einem Kissen hält, und den Reichsadler, der Schlangen packt und Feinde bedrängt. Dann las er „Wilhelm dem Großen". Als er sich umdrehte, sah er Emma mit dem Heinzel. Erfreut stieg er die Stufen hinunter. Doch die beiden sahen ihn nicht, sondern blickten hinauf zum Federbusch des Kaiserhelms, wo Mercur gerade gelandet war. Der Teufel schluckte enttäuscht, aber in dem Moment winkten Emma und Heinzel ihm zu. Sein Teufelsherz tat einen freudigen Satz, obwohl er das nie zugegeben hätte. Sie setzten sich zu Vater Rhein und bald landete auch Mercur bei ihnen.

Das Deutsche Eck

Das Deutsche Eck hat seinen Namen vom Deutschen Orden, einem mittelalterlichen Ritterorden, der bei der Kirche St. Kastor Anfang des 13. Jahrhunderts seine erste Niederlassung im Rheinland hatte. Davon zeugt heute noch das Deutschherrenhaus. An dieser Stelle, am Zusammenfluss von Mosel und Rhein, wurde Platz für ein Denkmal geschaffen, das am 31. August 1897 eingeweiht wurde. Auf dem 37 Meter hohen Sockel steht die 14 Meter hohe Figur des Kaisers Wilhelm I.

Das Denkmal fand nicht nur Zustimmung. Seine Gegner behaupteten, dass das Kaisertum und Kaiser Wilhelm I. dadurch verherrlicht würden. Das Streben nach großer Macht und Eroberungen mit militärischen Mitteln passe nicht mehr in die moderne Zeit. Im Zweiten Weltkrieg schossen amerikanische Soldaten die Figur vom Sockel. Nach und nach verschwanden Teile des Denkmals. Nur der zwei Meter hohe Kopf des Kaisers hat überlebt und wird heute im Mittelrhein-Museum in Koblenz aufbewahrt. Nach dem Krieg wollte man kein Geld für eine neue Reiterstatue ausgeben. Stattdessen wurde der Sockel zum Mahnmal der Deutschen Einheit. An ihm wurden die Wappen aller westdeutschen Bundesländer angebracht. Am Tag der Deutschen Einheit am 3. Oktober 1990 kamen auch die Namen aller neuen Bundesländer hinzu. Anstelle des Reiterstandbildes wurde ein Flaggenstock mit der Bundesflagge gesetzt. Aber etliche Leute wollten den alten Kaiser Wilhelm wieder haben und ihn auf seinem alten Platz sehen. Schließlich schenkte ein Stifterehepaar der Stadt Koblenz eine Nachbildung des Reiterstandbildes. Es wurde 1993 auf den Sockel gehievt. Heute ist das Denkmal eine Attraktion für Touristen.

„*Avete ad confluentes* – Seid gegrüßt bei den Zusammenfließenden", sagte Merkur freundlich. „Hier, am Zusammenfluss von Rhein und Mosel, errichteten wir Römer ein Kastell. Wir nannten es *Castellum aput Confluentes*. Ich will nicht unbescheiden sein, aber hier haben sie zu meinen Ehren sogar einen Tempel errichtet, in dem sie mich zusammen mit der keltischen Göttin Rosmertha verehrten. Hier am Rhein hat sich die römische mit der gallischen Götterwelt vermischt. Ja, wir lebten nicht schlecht hier. Als Delikatessen gab es *Salmo*, *esox lucins* und *ostrea* von der französischen Atlantikküste."

„Was sollen das denn für Delikatessen sein. Kenn ich nicht", sagte der Heinzel. „Rheinlachs, Moselhecht und Austern!", antwortete Mercur.

Die römische Brücke über den Rhein

Die römische Brücke reichte von der rechtsrheinischen Seite bei Ehrenbreitstein auf die Koblenzer Seite und überspannte den Rhein in einer Länge von etwa 350 bis 370 Metern. Dazu wurden etwa 650 bis 750 Eichenstämme mit Spitzen aus Eisen in den Boden des Rheins gerammt. Die Brücke musste sehr stabil sein, damit sie auch Hochwasser und Eisgang aushalten konnte. Bis heute haben sich 51 Stämme der Brücke mit den Pfahlschuhen aus Eisen erhalten. Aus der Anzahl der Jahresringe der Stämme konnte man das Jahr ermitteln, in dem die Eichen gefällt wurden: 49 n. Chr. Wann die Brücke aufgegeben wurde, ist nicht bekannt.

„Wir machen jetzt eine Stadtbesichtigung", sagte Vater Rhein. „Wir gehen in die Altstadt."

„Was sollen wir denn da?", fragte der Heinzel.

„Na, Koblenz kennen lernen", sagte Vater Rhein gereizt.

„Nur vom Rumlaufen lerne ich doch nichts kennen."

„Du musst auch hinschauen, mit offenen Augen durch die Stadt gehen."

„Was soll der Quatsch denn!", mischte sich der Teufel ein und spuckte mal wieder auf den Boden. „Ätzend! Total ätzend!"

„Und jetzt?", erkundigte sich Vater Rhein genervt und donnerte seinen Dreizack auf den Boden am Deutschen Eck, so dass der Teufel sich zu Tode erschreckte.

„Ich weiß was." Emma war ganz aufgeregt. „Wir fragen einfach die Leute. Wir stellen uns an eine Ecke, an der viele Leute vorübergehen, und fragen die einfach. Mercur kann nach der Römerzeit in Koblenz

links: Die Altstadt von Koblenz mit der Liebfrauenkirche rechts und St. Kastor links. rechts: Die Historiensäule auf dem Görresplatz erzählt von der 2000-jährigen Geschichte der Stadt.

fragen. Also, der sagt dann zum Beispiel: ‚Guten Tag, darf ich Ihnen eine Frage stellen' und so weiter."

„Das mache ich anders. Ich mache das so." Mercur stellte sich in Positur. *„Avete!* Darf ich mich vorstellen. Ich bin der römische Gott Mercur. Der Götterbote. Ich überbringe Botschaften der Götter an die Menschen. Können Sie mir etwas über die römische Vergangenheit von Koblenz, ich meine, von *Confluentes,* erzählen?"

Emma zog die Stirn kraus, der Heinzel rückte sich den Hut zurecht, der Teufel kratzte sich versunken am Bauch und Vater Rhein strich sich verlegen durch den Bart.

„Wir können das ja mal probieren", sagte Emma dann.

„Halt!", rief der Teufel. „Ich frage nach dem Mittelalter. Ich sage das so: ‚Hochedler Herr oder hochedle Dame, darf ich Sie nach den Spuren des Mittelalters in Koblenz fragen? Was wisst Ihr darüber zu berichten?'"

Emma kicherte und hielt sich die Hand vor den Mund, aber dann fing auch der Heinzel an und prustete hinter der vorgehaltenen Hand los. Es dauerte eine Zeit, bis sie aufhörten. Der Teufel war natürlich sauer und fürchterlich beleidigt.

„Los Heinzel, du bist dran. Du musst nach der Neuzeit fragen, was sich in Koblenz nach dem Mittelalter verändert hat", sagte Emma.

„Ich weiß das jetzt noch nicht. Ich überlege mir das noch", antwortete er etwas schnippisch.

„Du hast nur Angst, dass ich mich jetzt ausschütte vor Lachen. Deshalb willst du das nicht sagen", schrie der Teufel.

„Ich frage die Leute, ob sie mir was über den Rhein erzählen können. Vielleicht erfahre ich dann Neuigkeiten", ließ sich Vater Rhein mit seiner tiefen Stimme vernehmen.

Jetzt war nur noch Emma Elf an der Reihe. „Ich könnte die Leute fragen, was sie besonders schön an Koblenz finden und ob sie gerne hier wohnen", sagte sie. „Ich kann ja so tun, als ob wir eine richtige Befragung machen, zum Beispiel für den Rundfunk oder das Fernsehen."

Koblenzer Originale

Die fünf gingen los. Auf ihrem Weg kamen sie am Rathaus vorbei. Sie gingen in den schönen Hof, der von Bauten aus der Renaissance und dem Barock umgeben ist. Vor dem Brunnen blieben sie stehen. Plötzlich traf den Teufel ein Wasserstrahl. Er erschrak sich fürchterlich.

„HerrGottSakramentNochmalVerfluchtUndZugenähtHimmelArschUndZwirnInDreiTeufelsNamen. Welcher Furzknoten hat mich hier nass gemacht?" Er wusste nicht, woher der Wasserstrahl gekommen war. Aber als er sich gerade etwas beruhigt hatte, traf ihn erneut ein Strahl. Jetzt sprang er beiseite und langsam begriff er, was passiert war. Außerhalb der Gefahrenzone wartete er und tatsächlich spritzte nach einer Weile wieder ein Wasserstrahl aus dem Mund der kleinen Figur, die oben auf dem Brunnen stand.

„Hat der Schängel dich erwischt?", fragte ein junges Mädchen, das gerade vorüberging und lächelte.

Der Schängel? Das war also der Übeltäter! Aus seinem Mund kam der Wasserstrahl.

Der Schängelbrunnen in Koblenz.

Der Schängelbrunnen – ein Denkmal für Lausbuben

Mit dem Schängelbrunnen hat man den Koblenzer Lausbuben ein Denkmal gesetzt. Der Name „Schängel" leitet sich aus dem französischen Namen „Jean" – auf Deutsch „Johannes" oder kurz „Hans" ab. Die quietschfidelen Jungen, die den Kopf nie hängen lassen und die immer zu Streichen und Späßen aufgelegt sind, das sind die „Kowelenzer Schängelcher". Und die Mädchen in Koblenz, das sind die „Engelcher" – wer's glaubt.

Jetzt gingen sie zum Florinsmarkt bei der Kirche St. Florin und standen auf dem großen Platz. Der Teufel ging sofort auf das schöne große Haus zu.

„Aha!", sagte er. „Im Tanz- und Kaufhaus von 1419 befindet sich nun das Mittelrhein-Museum der Stadt Koblenz. Mit dem angebauten Schöffenhaus von 1528 bildet es eine der schönsten Baugruppen der Altstadt. Seht, das frühere Rathaus ziert über dem Eingang der ‚Augenroller'." Der Teufel trat einige Schritte zurück, um den grimmig dreinblickenden Augenroller mit den strubbeligen Haaren zu sehen. In diesem Moment öffnete sich der Mund und der Augenroller streckte seine glutrote Zunge heraus und die kugelrunden Augen rollten von rechts nach links.

Das Mittelrhein-Museum am Florinsmarkt mit dem „Augenroller" unter der Uhr.

„Eh, guck mal, Teufel, genau wie deine Zunge. Genau so rot", rief der Heinzel amüsiert. Aber der Teufel fand das gar nicht lustig und streckte dem Heinzel seine Zunge heraus. Dann drehte er sich herum und trat auf eine Frau zu, die gerade mit ihren Taschen vom Einkauf kam. Er sagte seinen Spruch auf, über den der Heinzel und Emma so gekichert hatten. Die Frau sah ihn mit großen Augen an, schüttelte dann den Kopf und ging weiter. Nun trat er auf einen alten Mann zu. Der konnte schlecht hören, daher hielt er sein Ohr ziemlich nah an den Teufel. Aber es war zwecklos, der alte Mann verstand nicht, was der Teufel wollte. Dann sprach er einen jungen Mann an, einen Punker mit Hund. Er guckte den Teufel interessiert an, zog die Augenbrauen hoch und begann: „Na ja, der Augenroller ..."

Der Augenroller

Das ist die Geschichte vom Ritter Johann Lutter von Cobern-Weiss. Er hatte nichts anderes gelernt als Krieg zu führen. Und als die kriegerischen Zeiten erst einmal vorbei waren, wurde er Raubritter. Er trieb im Rheinland sein Unwesen, bestahl arme Bauern und reiche Edelsleute. Über Jahre hinweg versetzte er die Leute in Angst und Schrecken. Doch dann wurde er mit seinem Kumpel Friedrich Weissgerber erwischt, als sie auf der Lauer lagen, um einen Kölner Kaufmann zu überfallen und auszurauben. Zuerst wurde sein Kumpel so lange gefoltert, bis er das Vorhaben gestand. Danach wurde er hingerichtet. Jetzt war der Raubritter Johann dran. Erst nach der dritten Foltersitzung legte er ein Geständnis ab. Auch er wurde zum Tode verurteilt. Die öffentliche Hinrichtung fand auf dem „Plan" statt. Auf dem Weg dorthin rief er den gaffenden Leuten zu: „Errichtet mir ein Denkmal, das wird euch Glück bringen." Als er auf dem Schafott stand und der Henker bereits das Schwert schwang, streckte er den Gaffern die Zunge heraus und rollte mit den Augen. Als dann sein abgeschlagener Kopf auf dem Boden lag, rollten seine Augen immer noch. Die Koblenzer haben dann auf seine Worte gehört und ihm ein Denkmal errichtet. Aber wo das mal gestanden hat, weiß kein Mensch. Jedenfalls stammt der Augenroller über der Tür des Rathauses aus dem Jahr 1965.

„Schöne Geschichte hast du uns erzählt. Grausamkeiten von Folter und abgeschlagenen Köpfen höre ich immer wieder gerne", sagte der Teufel und der Punker guckte ihn etwas verständnislos an.

„Weißt du noch mehr über das Mittelalter in Koblenz", legte der Teufel nach. „Tja", überlegte der Punker. „Da drüben, die Kirche St. Florin ist aus dem Mittelalter."

„Bleib mir mit den Kirchen weg. Davon will ich nichts wissen", entrüstete sich der Teufel.

„Oder da drüben, die Alte Burg und die Balduinbrücke. Beide aus dem Mittelalter. Aber ich muss jetzt gehen. Mein Fiffi wird ungeduldig."

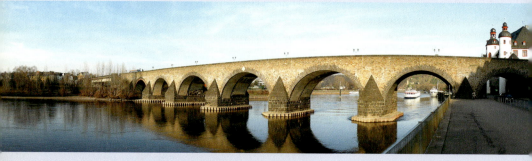

Die Balduinbrücke über die Mosel. Rechts hinter der Brücke ist die alte Koblenzer Burg zu sehen.

„Eine letzte Frage noch. Hat der Augenroller den Koblenzern denn wirklich Glück gebracht?"

„Weiß ich nicht. Aber wegen dem stehen hier immer viele Touristen rum."

Der Fiffi zog kräftig an der Leine und der Punker ließ sich einfach mitziehen.

Der Teufel sah ihm noch eine Weile hinterher und dachte nach. Dann sagte er zu den anderen: „Der hatte einen Ring durch die Nase und einen durch die Lippe. Und am Ohr bestimmt fünf Ringe."

„Piercing nennt man das. Das soll total cool sein. Vielleicht ist er auch am Bauchnabel gepierct", erklärte ihm Emma.

Der Teufel überlegte. „Das tut doch weh. Das ist doch Folter. Das sind doch Höllenqualen. Früher waren wir dafür zuständig. Aber heute tun die Menschen sich das selbst an."

„Jetzt bist du dran", sagte Emma zu Mercur. „Du musst jetzt nach römischen Überresten fragen."

Aber Mercur hatte wirklich Pech. Mal erwischte er einen Mann, der es sehr eilig hatte, mal einen, der kein Deutsch verstand, dann eine

Frau mit einem schreienden Kind. Aber dann lachte ihm das Glück. Eine junge Frau wusste genau Bescheid. Sie erzählte vom Beginn der römischen Besiedelung am heutigen Münzplatz und vom Kastell. Sie erinnerte sich auch daran, dass die Stadt Koblenz im Jahr 1992 ihr zweitausendjähriges Bestehen gefeiert hat. Schließlich empfahl sie ihnen, das Landesmuseum Koblenz auf der Festung Ehrenbreitstein zu besuchen. Da könnten sie viele Überreste von den Römern sehen.

„Na bitte", sagte Mercur, „ein voller Erfolg."

„Jetzt frag' ich mal einen Koblenzer, ob er gerne in Koblenz wohnt."

Zuerst ging es Emma nicht besser als Mercur. Aber dann kam eine kugelrunde Koblenzerin mit lustigen Augen des Wegs. Sie strahlte Emma an und antwortete auf ihre Frage. Aber Emma und die anderen verstanden kein Wort. Die lustige Frau sprach das Kowelenzer Platt, die Koblenzer Mundart. Als sie merkte, dass die fünf nichts begriffen, lachte sie und sagte dann:

„Klor läit die Tatsach off der Hand, on jedermann moß bekenne, dat vurnehm net noch elegant ons Kowelenzer Platt ze nenne." Und dann sagte sie auf Hochdeutsch: „Keine Stadt ist so schön wie Koblenz an der Mosel und am Rhein. Und die Kaiserin-Augusta-Anlagen am Rhein – wunderbar. So eine schöne Parkanlage. Einfach wunderbar. Da kann man herrlich spazieren gehen. Kaiserin Augusta hat auch immer einige Wochen im Jahr im Schloss gewohnt. Deshalb steht auch ihr Denkmal in der Parkanlage mit den alten Kastanienbäumen, Buchen, Eichen, Pappeln und Platanen. Jetzt sage ich euch noch die erste Strophe vom ‚Kowelenzer Schängelche' in Kowelenzer Platt:

> *Et es bekannt doch iwweral,*
> *et waiß och jedes Kend,*
> *dat närjens en der ganze Welt*
> *die Schängelcher mer fend*
> *als hei bei ons am Deutsche Eck,*
> *wo seit uralter Zeit*
> *dat Kowelenzer Schängelcher am allerbest' gedeiht.*
> *Et es vur kainem bang*
> *On singt sei Lewe lang.*
> *Dat Kowelenzer Schängelche lässt nie em Lewe no,*
> *on wenn et mol ein Schüngel es,*
> *Sein annere widder do."*

Dann drehte sie sich um und ging lachend weiter. Als sie außer Hörweite war, kicherten alle und dann brachen sie in ein großes Gelächter aus.

„Jetzt bist du dran", sagte Emma zum Vater Rhein. „Du musst jemand nach dem Rhein fragen."

Aber auf dem Rückweg zum Deutschen Eck fanden sie niemanden, der etwas über den Rhein sagen konnte.

„Dann ist jetzt eben der Heinzel dran", beharrte Emma Elf.

„Also ich möchte etwas über die Festung da drüben erfahren. Ich muss jemand finden, der mir was darüber erzählen kann."

„Uneinnehmbar!" „Nicht zu erobern!" „Völlig unmöglich! Wie sollen die Angreifer unbeobachtet hochkommen!" Teufel und Mercur waren sich einig.

„Was redet ihr da?", wollte der Heinzel wissen. Alle sahen jetzt über den Rhein auf die andere Seite zum Ehrenbreitstein mit der Festung.

Gegenüber vom Deutschen Eck liegt die Festung Ehrenbreitstein.

„Warum ist die Festung nicht zu erobern?", wollte der Heinzel wissen.

„Guck mal", sagte der Teufel und legte seinen Arm auf die Schulter vom Heinzel, „im Westen fließt der Rhein unterhalb des Steilhangs. Im Süden und Osten sind auch hohe Steilhänge, die die Hochfläche begrenzen. Der Feind kann also nur von einer Seite aus angreifen. Und von welcher?", fragte der Teufel.

„Äh, blöd bin ich nicht, lieber Teufel. Das kann nur die Nordseite sein, weil du die nicht erwähnt hast."

„Ja, ja", sinnierte der Teufel. „Dieser Ort ist wirklich ideal für Verteidigungszwecke, ideal für militärische Anlagen."

„Ich will da rüber. Ich will da oben hin. Das scheint mir sehr interessant zu sein", sagte der Heinzel mit Nachdruck.

„Kommt", sagte Vater Rhein, „wir schauen uns die Festung an."

Und schon stand er am Ufer und war im Begriff, sich in die Fluten zu stürzen.

„Halt! Und wie sollen wir, bitte schön, da hinkommen? Kannst du mal Rücksicht auf den Heinzel und mich nehmen? Ihr habt es gut. Du schwimmst, Mercur fliegt und der Teufel ist rubbeldiekatz überall. Und wir können sehen, wo wir bleiben."

„Fahrt mit der Fähre. Da hinten am Pegelhaus fährt sie ab. Ich erwarte euch an der Anlegestelle", antwortete Vater Rhein kurz und knapp.

„Können wir das nicht mal zusammen machen. Ich meine, können wir nicht zusammen mit der Fähre fahren?"

Vater Rhein blickte entgeistert drein und auch Mercur schien nicht begeistert von der Idee zu sein. Der Teufel hatte sowieso nicht zugehört und pulte mal wieder in Zähnen, Pferdefuß und zwischen seinen Hörnern herum. Es ließ sich auch nicht verheimlichen, dass er einen Teufelsfurz gelassen hatte, denn ein Geruch nach Stinkbombe breitete sich aus. Das hat der absichtlich gemacht, dachte Emma und hielt sich die Nase zu. Auch der Heinzel verzog angewidert sein Gesicht.

„Also gut. An der Anlegestelle!", sagte Emma kurz, packte den Heinzel bei der Hand und ging am Konrad-Adenauer-Ufer Richtung Pegelhaus zur Fähre davon.

Die Festung Ehrenbreitstein

Heinzel Mann verging die Zeit auf der Fähre viel zu schnell. Er liebte es, auf dem Wasser zu sein. Von Mitreisenden hatte er erfahren, dass ein Sessellift von der Talstation in Ehrenbreitstein in vier Minuten zur Festung fährt. Aber trotzdem war erst noch ein Fußweg zurückzulegen. Auch Emma gefiel die Fahrt mit der Fähre.

An der Anlegestelle wurden sie vom Teufel erwartet, der ungeduldig auf seinem Pferdefuß hopste. Er war aufgebracht und erregt.

Die Talstation des Sessellifts zur Festung Ehrenbreitstein befindet sich beim Rheinmuseum. Die Buslinie 9 verbindet sie mit Koblenz Hbf. Geöffnet ab Ostern bis Ende Mai und September bis Oktober 10–17 Uhr, Juni bis September 9–17.50 Uhr, Tel. 02 61/737 66. In den Sommermonaten fährt auch ein Sonderbus bis hoch zur Festung (Fahrplan unter www.kevag.de).

„Ich warne euch vor diesem Sessellift", rief er schon von weitem, kaum dass sie einen Fuß ans Ufer gesetzt hatten. „Was da alles passieren kann! Fahrt nicht damit, auf keinen Fall. Ich gehe lieber tausend Kilometer zu Fuß, als mich in so einen Sitz zu klemmen. Da wird einem speiübel drin. Da kriegt man Herzrasen. Da kriegt man Höhenangst. Da kriegt man solche Angst, dass einem der kalte Schweiß auf der Stirn steht und der ganze Körper zu zittern beginnt. Die Knie werden weich und dann gibt es einen Stich und das Herz versagt. Das dünne Drahtseil kann reißen! Und dann, dann fällt der Sessel den Abhang runter und stürzt in den Rhein. Dann ist man tot, ertrunken. Oder wenn man nach unten guckt, da wird einem schwindelig und man fällt raus aus dem Sessel und dann ist man auch tot."

„Jetzt hör mal auf, dir solche Horrorgeschichten auszudenken", sagte Emma barsch und zerrte den Teufel von der Anlegestelle weg, denn es hatten sich schon einige Neugierige um sie versammelt.

„Los jetzt! Dann gehen wir halt zu Fuß", bestimmte Emma.

Der Heinzel war traurig, denn er hatte sich schon auf die Fahrt in luftiger Höhe gefreut. Als sie auf dem Fußweg marschierten, war der Teufel erleichtert, hüpfte fröhlich vor den beiden her und erzählte einen Witz nach dem anderen.

„Kennt ihr den? Was ist der Unterschied zwischen einem Knochen und der Schule? Der Knochen ist für den Hund und die Schule ist für die Katz!"

Der Teufel war so vergnügt und brachte Emma und den Heinzel so in Stimmung und zum Lachen, dass sie die Anstrengungen des steilen Aufstiegs vergaßen und nicht glauben konnten, dass sie zwanzig Minuten bergauf gegangen waren. Dann winkten auch schon Mercur und Vater Rhein, der sich auf seinen Dreizack stützte, vom oberen Schlosshof.

Der obere Schlosshof der Festung Ehrenbreitstein erweckt den Eindruck eines herrschaftlichen Schlosses.

Kleine Geschichte einer großen Festung: Ehrenbreitstein

Auf der Hochfläche des Ehrenbreitsteins stand schon um das Jahr 1000 eine Burg, die später in den Besitz der Erzbischöfe von Trier gelangte. Als Hillin von 1152 bis 1169 Erzbischof war, ließ er die Burg wieder herrichten und erweitern. Sie soll so stark befestigt gewesen sein, dass neun Mann genügten, um Überfälle abzuwehren. Jahrhunderte später machte der Erzbischof Richard von Greiffenklau zu Vollrads aus der Burg eine Festung. 1524 ließ er die neun Tonnen schwere Kanone mit dem Namen „Greif" gießen, die heute auf dem Gelände steht. In den nachfolgenden Jahrhunderten wurde der Ehrenbreitstein weiter ausgebaut, bis er 1795–1799 von französischen Revolutionstruppen belagert wurde. Die Besatzung von 2 532 Mann verteidigte die Festung ein Jahr lang. Dann mussten sie aufgeben. Die Franzosen gingen nun daran, den Bergrücken noch besser zu sichern.

Nachdem der Friedensschluss von 1801 die französischen Revolutionskriege beendete, zogen die Franzosen ab und die Verteidigungsanlage wurde gesprengt. Nun gehörten der Ehrenbreitstein und Koblenz zum Königreich Preußen. König Friedrich Wilhelm III. befahl am 11. März 1815, die Festung als modernste Europas wieder aufzubauen. 1 500 Soldaten mit 80 Geschützen sollten den Ehrenbreitstein verteidigen, aber er wurde nie angegriffen.

Im Zweiten Weltkrieg entstand unter der Festung ein Luftschutzbunker, in dem bis zu 10 000 Menschen Schutz vor den Bomben finden konnten. Nach den Zerstörungen des Krieges fanden Flüchtlinge und obdachlose Koblenzer in der großen Verteidigungsanlage Unterkunft. Heute befinden sich in den Festungsbauten eine Jugendherberge, das Landesmuseum Koblenz und mehrere andere Institutionen ein. Seit dem Jahre 2002 ist die Festung auf dem 118 Meter hohen Bergrücken Teil des Weltkulturerbes Oberes Mittelrheintal.

Der untere Schlosshof. In den historischen Mauern an seinem anderen Ende ist die Jugendherberge untergebracht.

„Wir haben uns schon mal umgesehen", sagte Mercur, der sich als römischer Gott für Krieg, Eroberungen und alles was damit zu tun hat, interessierte. „Die Festung Ehrenbreitstein hat zwei Gesichter. Das habe ich festgestellt. Nach außen hin, gegen die Angreifer, wirkt sie abschreckend, mit ihren bedrohlich wirkenden, dicken Mauern. Außerdem hat sie zwei fünf Meter tiefe und fünfzehn bis fünfundzwanzig Meter breite Gräben. Und erst die Wälle: Bis zu drei Meter dicke Außenmauern haben die und drei übereinanderliegende Reihen von Kanonenscharten. Aber nach innen hin ist die Festung wie ein freundliches herrschaftliches Schloss. Die Mauern sind verputzt und in warmem Gelb gestrichen."

Dieses Horch-Automobil wurde vor mehr als 70 Jahren gebaut.

„Kommt mal her", rief Emma, die im Eingang zum Landesmuseum Koblenz stand. „Hier steht ein starkes Auto."

Alle waren beeindruckt von diesem Horch-Automobil. „In der Ausstellung ist viel über den Weinbau, die Bims-Industrie, die Zinngießerei, die Sektherstellung, Schnapsbrennerei und Tabakverarbeitung zu sehen", sagte der Mann an der Kasse. „Wir haben auch eine archäologische Ausstellung mit Funden aus der Römerzeit und dem Mittelalter. Und wir haben eine Ausstellung zur Geschichte der Festung Ehrenbreitstein." Aber keiner wollte so recht in das Landesmuseum. Alle wollten lieber draußen herumlaufen.

Aber sie landeten schließlich doch in einer Ausstellung. Sie erzählte von dem Leben der etwa tausendfünfhundert Soldaten auf der Festung. Acht bis zwölf Mann wohnten auf einer Stube. Alle Stuben waren gleich ausgestattet: mit einem Kanonenofen in einer Nische, einer Feuerstelle, einem Kasten für Brennholz, einer Feuerschippe, einem Waffen- und Kleiderständer, acht bis zwölf Betten, acht bis zwölf Schemel, einem Tisch, einem Waschtisch und zwei Lampen.

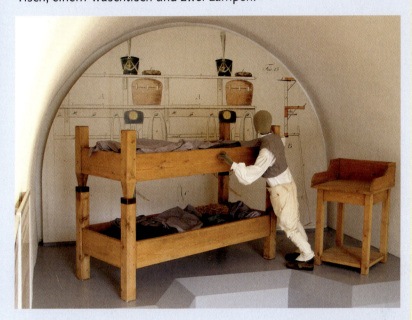

Betten und Waschtisch für die Soldaten in der Festung Ehrenbreitstein.

Die Soldaten hatten Glück, denn eine neue Vorschrift von 1818 besagte: „Die Erfahrung lehrt, dass Rekruten ohne Schläge im Exerzieren unterrichtet werden können." Das Exerzieren, das heißt die militärischen Übungen, dauerten täglich etwa drei bis vier Stunden.

Für die unterschiedlichen Tätigkeiten der Soldaten war genau festgelegt, wie lange sie dauern sollten: zwei Stunden Hygiene, Essen und Aufräumen (nach dem Wecken), drei bis vier Stunden Felddienst oder Exerzieren (inklusive An- und Abmarsch), zwei Stunden Reinigen, Waschen und Instandsetzen der Waffen und Uniformen, zwei Stunden Garnisons- und Wachdienst, eine Stunde Turnen und Schwimmen und zwei Stunden Küchen- und Stubendienst.

Hygienevorschriften auf der Festung Ehrenbreitstein.

Hygienevorschriften
Der Soldat erhält alle zehn Tage ein frisches Handtuch. Er muß sich täglich mit kaltem Wasser waschen, sich täglich die Haare kämmen und wöchentlich die Wäsche wechseln.
Jeder Soldat muß die Bettbezüge regelmäßig austauschen und die Unterkünfte regelmäßig reinigen und lüften.
Der „Soldat du jour" (Soldat vom Tag) war jeweils einen Tag für die Sauberkeit in der Stube zuständig.

Einmalig auf der Welt – die Rheinlandschaft von Koblenz bis Bingen

Das Weltkulturerbe „Oberes Mittelrheintal"

„Ist das nicht ein großartiger Blick auf den Rhein und auf die Mosel von hier oben", schwärmte Vater Rhein, „hier endet das Weltkulturerbe ‚Oberes Mittelrheintal' ..."

„Wie?", unterbrach ihn der Heinzel abrupt. „Hier endet das. Für uns fängt doch hier die Besichtigung gerade erst an", sagte der Heinzel. „Jetzt kommt doch erst das Stück Rhein mit den vielen Burgen."

„Du hast mich ja nicht ausreden lassen", antwortete Vater Rhein. „... oder hier beginnt die romantische Rheinlandschaft mit den rund vierzig Burgen, die auf fünfundsechzig Kilometern unter dem besonderen Schutz der UNESCO steht. Das wollte ich noch sagen."

Weltkultur- und Naturerbe der UNESCO

UNESCO ist die Abkürzung für „United Nations Educational Scientific and Cultural Organisation". Es ist eine Organisation der Vereinten Nationen, die sich für den Schutz von Landschaften und Bauten einsetzt. Die 156 Staaten, die Mitglied der Organisation sind, verpflichten sich, die anerkannten Kultur- und Naturdenkmäler zu schützen und zu erhalten. Am 27. Juni 2002 wurde das Obere Mittelrheintal als 28. deutsche Stätte in die Liste des UNESCO-Weltkultur- und Naturerbes eingetragen.
www.welterbe-mittelrheintal.de

Weltkulturerbe der UNESCO
Oberes Mittelrheintal

„Warum sind gerade diese fünfundsechzig Kilometer von der UNESCO ausgewählt und zum Weltdingsda, zum Welterbe erklärt worden?", wollte Emma wissen. „Was ist denn so Besonderes daran?"

„Dieses Stück Rhein gehört zu den schönsten Flusslandschaften der Welt! Zum Beispiel die Burgen und Bergschlösser, an denen mehr als zehn Jahrhunderte gebaut wurde. Sie sind wie Perlen an einer Schnur entlang des Rheins auf die Felsvorsprünge gebaut. Nirgendwo auf der Welt gibt es so viele Höhenburgen auf steil abfallenden Bergrücken, die ideal für den Weinanbau sind, weil sie im Windschatten der Gebirge liegen und der Schieferboden die Sonnenwärme speichert. Das Klima ist also günstig und lässt den Wein vorzüglich gedeihen. Der Rhein, der Wein, die vielen malerischen Städtchen mit Denkmälern aus der Römerzeit und dem Mittelalter, die Kirchen, Burgen und Burgruinen, um die sich Sagen und Geschichten ranken, sind einmalig."

Blick auf das Weltkulturerbe bei Kaub.

unten: Burg Katz bei St. Goarshausen.

Burgen und Burgschlösser

Zwischen Koblenz und Bingen steht etwa alle zweieinhalb Kilometer eine Burg auf einem Felsen. Mehr als 40 sind noch mehr oder weniger gut erhalten. Die meisten von ihnen sind aber in den letzten 200 Jahren neu aufgebaut oder sogar wie Burg Stahleck nachgebildet worden. Sie waren durch Zerstörungen in Kriegen zu Ruinen geworden oder verfielen, weil sie nicht mehr genutzt wurden. Nur der Pfalzgrafenstein im Rhein oder die Marksburg haben die Jahrhunderte überdauert. Burgen waren im Mittelalter ein sichtbare Zeichen von Macht und Herrschaft. Im Mittelalter gab es eine fest gefügte gesellschaftliche Ordnung. Der Kaiser und König stand an der Spitze, danach folgten der hohe Adel und der niedere Adel, dann die Stadtbürger und unten standen die unfreien Bauern. Mit der Burg, die schon von weitem zu sehen war, zeigten die adeligen Familien ihre Macht, ihren Reichtum und den Anspruch auf Herrschaft. Hoch auf einem Felsen bot die Burg Schutz vor Angreifern. Dorthin konnten auch die Bewohner der Umgebung flüchten.

Auf Filzpantoffeln durch Schloss Stolzenfels

Plötzlich stellte sich Vater Rhein in Positur, holte mit der linken Hand weit aus, warf sich in die Brust und redete mit seiner tiefen Stimme wie ein Schauspieler: „Auf dem Rhein!!! ... Diese Seligkeit hier!!! ... O Dio – dies ist die schönste Gegend von allen Deutschen Landen!!!!! !!!!! ... Dieser unglaubliche Überfluss von alten Burgen und stadtähnlichen Dörfern, alten großen Städten et cetera, et cetera, et cetera!!!!!!!"

„Was ist los, Vater Rhein?", fragte Emma halb erschrocken, halb belustigt.

Alle guckten den Vater Rhein entgeistert an.

„Wisst ihr nicht, wer das gesagt hat? Das weiß doch jeder, der sich mal mit dem Rhein beschäftigt hat."

Emma zog die Stirn kraus, der Heinzel kratzte sich unter seinem Heinzelhut am Kopf und Mercur guckte angestrengt in die Gegend. Der Teufel spuckte und ließ einen donnernden Teufelsfurz in Richtung Vater Rhein los, drehte sich zu ihm um und streckte ihm dann seine glutrote Zunge heraus. Vater Rhein rammte seinen Dreizack in den Boden, haarscharf vor den Pferdefuß des Teufels, der sofort zu schreien anfing.

„Sei nicht so eingebildet! Das weiß nicht jeder, wer diesen Quatsch gesagt hat ... diese Seligkeit hier ...", äffte der Teufel den Vater Rhein nach.

„Das hat ein deutscher Kronprinz am 8. Juli 1815 an einen Freund geschrieben!", platzte Vater Rhein heraus und machte eine seiner berühmten Pausen. „Der junge Prinz war sehr gefühlvoll und romantisch. Und er war ein glühender Verehrer des Mittelalters. Später wurde er König: König Friedrich Wilhelm IV. von Preußen. Als er das geschrieben hat, war er neunzehn Jahre alt und hatte seine erste Reise an den Rhein gemacht."

„Tsss...", machte der Teufel. „Komischer Prinz. Er war wohl ein bisschen überspannt, was? Hatte der nichts anderes zu tun? Und was hat das mit den Burgen zu tun? Du wolltest uns doch von den Burgen am Rhein erzählen", meckerte der Teufel weiter, „stattdessen erzählst du uns was von einem romantischen Prinzen. Also los, ich will was von den Burgen hören."

Aber Vater Rhein ließ sich vom Teufel nicht weiter reizen und redete ganz ruhig weiter.

„Die Begeisterung des Prinzen für die Rheinlandschaft mit den vielen verfallenen Burgen hat die Koblenzer auf die Idee gebracht, dem zukünftigen König die alte Burgruine Stolzenfels zu schenken."

„Was sollte der denn damit anfangen?", fragte Emma ungläubig.

„Er ließ sich auf den Resten der Burg aus dem Mittelalter einen neuen königlichen Wohnsitz bauen. Er war doch ein Verehrer des Mittelalters und ein Schwärmer. Er ließ das prachtvolle Schloss am 13. September 1842 mit einem Fackelzug einweihen und bei der Feier trugen alle Kostüme aus dem Mittelalter", antwortete Vater Rhein.

Schloss Stolzenfels

Nicht weit von der Koblenzer Innenstadt entfernt erhebt sich das gelb gestrichene Schloss Stolzenfels am Rheinufer. Die Geschichte des Schlosses beginnt im Mittelalter um das Jahr 1248, als der Erzbischof von Trier, Arnold von Isenburg, die erste Burg erbaute.

Die Stelle war gut gewählt, denn hier ist der Rhein sehr schmal und auf der anderen Seite mündet die Lahn in den Rhein. Später wurde die Burg ausgebaut und zur Zollstätte der Bischöfe von Trier gemacht. Als der Rheinzoll verlegt wurde, verlor die Burg an Bedeutung. In kriegerischen Auseinandersetzungen besetzten die Franzosen sie und zerstörten sie durch Feuer. Das war im Jahr 1689. Nun stand nur noch eine Ruine am Berghang. 1823 schenkte die Stadt dem Kronprinzen und zukünftigen König Friedrich Wilhelm IV. die Ruine der Burg Stolzenfels.

Nun machten sich alle zusammen auf den Weg zu Schloss Stolzenfels. Schon der Aufstieg führte durch eine romantische Parklandschaft. Nach zwanzig Minuten waren sie am Torturm. Über eine Brücke gelangten sie dann zum äußeren Burghof, von dem sie einen weiten Ausblick in die Landschaft hatten. Dann gingen sie durch das innere Burgtor in den Innenhof. Der Rundgang begann im Ostflügel. Zuerst mussten sie alle in große Filzpantoffeln steigen, um den wertvollen Holzfußboden nicht mit den Straßenschuhen oder dem Pferdefuß des Teufels zu zerkratzen. Und nun begann die Rutscherei auf dem glatten Parkett. Der Teufel schlidderte darauf herum und wäre fast hingeflogen

Der Burggarten von Schloss Stolzenfels.

und der Heinzel hatte große Mühe, die Riesenpantoffeln nicht zu verlieren.

Vom Wohnturm aus gingen sie in den Großen Rittersaal, in dem historische Waffen, Standarten und Rüstungen ausgestellt waren. Neben dem Eingang standen in Vitrinen Gläser und Gefäße aus vergangenen Zeiten. Die Wände waren mit Holz verkleidet und unter einem Kronleuchter stand ein Tisch mit einem prächtigen Stuhl. Als Emma zu der besonders prachtvollen Decke aufsah, kam sie mit ihren Pantoffeln ins Rutschen. Aber sie konnte sich wieder fangen. Als sie zum Kleinen Rittersaal, dem Salon des Kronprinzen, weitergingen, passierte es. Der Teufel drehte sich kurz vor dem Verlassen des Saales wieder um und startete eine Rutschpartie. Er kam so in Fahrt, dass er vor einer Ritterrüstung nicht mehr bremsen konnte und mit lautem Knall dagegenbretterte. Die Rüstung fiel scheppernd zu Boden und sofort entstand ein Aufruhr unter den anderen Besuchern und dem Aufsichtspersonal. Die Rüstungsteile lagen verstreut am Boden und dazwischen standen zwei Filzpantoffeln. Es schien, als ob alles wie von Geisterhand passiert wäre, denn ein Verursacher war nicht zu sehen. Emma hatte vor Schreck den Mund aufgerissen und auch Mercur, der Heinzel und Vater Rhein verfolgten gebannt das Spektakel im Großen Rittersaal. Nur sie wussten, dass keine Geister im Spiel waren, sondern dass der Teufel dafür verantwortlich war und sich rubbeldiekatz aus dem Staub gemacht hatte. Alle Besucher und auch das Aufsichtspersonal waren ratlos. Niemand konnte verstehen, wie das passiert war. Langsam gingen alle weiter und als sie den Salon des Kronprinzen mit den schönen Wandmalereien angemessen besichtigt hatten, nahmen sie ihre Pantoffeln unter den Arm und stiegen die Wendeltreppe ins Obergeschoss hinauf. Dort erwarteten sie noch das Musikzimmer

Schloss Stolzenfels kann besichtigt werden. Die Ausstattung aus der Zeit, als es neu entstand, ist fast vollständig erhalten.

mit vielen Instrumenten, das Empfangs- und Wohnzimmer der Königin mit schönen Möbeln und Wandgemälden, das königliche Schlafzimmer, das Wohnzimmer des Königs, das Arbeitszimmer des Königs und ein Gästezimmer mit einem alten Himmelbett. Über eine Steintreppe gingen sie dann hinunter in den Innenhof und gaben ihre Filzpantoffeln wieder ab. Im Innenhof warfen sie noch einen Blick in die Küche, die mit Herden und Haushaltsgeräten vollgestopft war. Dann hatten sie nach über einer Stunde Besichtigung genug von Schloss Stolzenfels gesehen. Im schönen Burggarten trafen sie auf den Teufel und alle zusammen verließen eilig das bedeutendste Sinnbild rheinischer Burgenromantik und das einzigartige Denkmal aus der Mitte des vorvorigen Jahrhunderts.

Burg Lahneck

Gegenüber von Stolzenfels liegt die Burg Lahneck an der Mündung der Lahn in den Rhein. Die Burg wurde um 1245 zum Schutz des Silberbergwerks Tiefenthal bei Lahnstein von den Erzbischöfen und Kurfürsten von Mainz erbaut. Im Laufe der Zeit wurde sie vergrößert, dann im Dreißigjährigen Krieg 1633 von den Schweden schwer verwüstet. Danach war die Burg unbewohnt. 1744 wurde Goethe auf einer Lahnfahrt auf die Ruine aufmerksam und widmete der Burg das Gedicht „Geistes Gruß". Im 19. Jahrhundert wurde sie im Stil des Historismus wieder aufgebaut. Die Burg kann mit Führung von Ostern bis Ende Oktober von 10–17 Uhr besichtigt werden. www.burglahneck.de

Die Marksburg – alles was eine Burg braucht

Die Marksburg zu Braubach.

„Ich habe mal gelesen, dass die Marksburg die einzige mittelalterliche Höhenburg am Rhein ist, die bis heute nie zerstört worden ist. Das steht in jedem Reiseführer. Sie soll auch eine der schönsten sein. Stimmt das überhaupt?", fragte Emma den Vater Rhein, als sie sich auf den Weg dorthin machten.

„Ja, ja!", murmelte Vater Rhein. „Sie war eben nie eine vollständige Ruine, die dann neumodisch wieder aufgebaut wurde. Aber als sie vor mehr als achthundert Jahren von den Herren von Braubach auf einem fast unangreifbaren Schieferfelsen erbaut wurde, hieß sie noch Burg Braubach. Dann erbten die Grafen von Katzenelnbogen sie und bauten sie so aus, wie sie heute noch in weiten Teilen erhalten ist. Durch die Jahrhunderte wechselten auch die Besitzer. Sie erweiterten die Burg und bauten sie zur Festung aus. Schließlich kam sie in den Besitz des Staates und der letzte Kaiser, Wilhelm II., übergab sie 1900 der Deutschen Burgenvereinigung, die sie wieder instand setzte. Weil die Burg ausgeplündert worden war, hat man sie wieder mit alten Einrichtungsgegenständen ausgestattet."

Die Deutsche Burgenvereinigung ist ein Verein von Denkmalschützern und Burgenliebhabern. Sie haben sich zum Ziel gesetzt, Burgen und andere Wehrbauten vor der Zerstörung oder Verschandelung zu schützen und sie als Zeugnisse der Geschichte zu erhalten. www.deutsche-burgen.org

Was zu einer Burg gehört

Burgen wurden auf steile Felsen gebaut, um sich vor Angreifern zu schützen. Die Burg wurde in Abschnitten von außen nach innen errichtet. Zuerst hob man die Wälle aus und setzte die Palisaden, das waren dicht nebeneinander in die Erde gerammte Pfähle. Danach erhielten die Angriffsseiten wehrhafte Mauern, oft war es eine Ringmauer, die den ganzen Burgbereich umschloss. Danach wurden im Innern der Burg die Gebäude errichtet. Dazu gehörte der Palas. Das war das Wohnhaus, das oft als einziges aus Stein gebaut war. Darin befanden sich Kammern und beheizbare Kemenaten, die Küche und ein großer Saal mit Kamin. Weitere Gebäude und Ställe lagen im Hof. Im Innern der Burg war auch ein Brunnen oder eine Zisterne, in der Regenwasser gesammelt wurde. Das Wichtigste einer Burg aber war der Bergfried, von dem aus man das Gelände beobachten oder in den man sich bei äußerster Gefahr zurückziehen konnte.

„Gehen wir jetzt auch mal auf diese Burg?", fragte der Heinzel. „Ich will mal sehen, wie es da aussieht."

Der Teufel war zu faul, den steilen Weg durch den Wald über den alten Burgweg an der „Eierwiese" vorbei zu Fuß zu gehen und war rubbeldiekatz weg. Auch Mercur zog es vor, durch die Luft zur Burg zu kommen.

„Wo bleibt ihr denn so lange?", empfing sie der Teufel. „Gerade hat die Besichtigung angefangen. Wir dürfen da nur mit einer Führung rein und die schließen das Tor immer hinter sich zu. Wir müssen jetzt eine Stunde warten, nur weil ihr so spät gekommen seid. Das macht doch keinen Spaß hier zu warten, ihr hättet doch schneller gehen können ... ihr seht doch, wie viele Leute hier sind. Hier ist ..."

„Halt jetzt endlich deinen Mund!", schrie Vater Rhein den Teufel an. „Deine Meckerei geht uns auf den Wecker. Es reicht uns. Lass uns in Ruhe!"

Der Teufel war natürlich wieder tödlich beleidigt, guckte in die Landschaft, lief hin und her, streckte dem Vater Rhein heimlich die Zunge heraus und drohte mit der Faust. Als er sich beruhigt hatte, stellte er sich vor das Fuchstor zu Emma und Heinzel und hielt Abstand zu Vater Rhein und Mercur, die ihn mit bösem Blick ansahen. Es kamen immer mehr Besucher hinzu und bald kam auch die Frau mit dem Schlüssel. Die Besichtigung begann.

Aufstieg zur Kernburg über die Pferdetreppe, die in den Fels geschlagen wurde.

Alle gingen nun durch das dritte Torgebäude und sahen zum Wurferker hinauf. Bei einem Angriff wurde der Feind von dort aus mit Pfeilen oder Steinen bombardiert oder mit Pech überschüttet. Dann hatte der Angreifer eben „Pech gehabt". Es ging weiter über die in den Fels geschlagene Pferdetreppe, über die die Ritter mit ihren schweren Harnischen in die Kernburg reiten konnten. Bei den Kanonen, den großen Vorderladern, die einen Kilometer weit schießen konnten, blieben alle stehen. „Aus diesen Kanonen wurde aber nie auf Angreifer geschossen, sondern nur Salut für den König oder andere hohen Würdenträger", sagte die Burgenführerin.

Nun wanderte die ganze Gruppe durch einen Mauerdurchlass in die Kernburg, vorbei am Wein-

Die Küche auf der Marksburg.

keller mit leeren und vollen Fässern, für den sich besonders Vater Rhein interessierte. Zwei bis zweieinhalb Liter Wein wurden pro Person und Tag auf der Burg getrunken. Natürlich benutzte man nur den eigenen Becher, aus dem der Vorkoster zuerst trank. Vor vergiftetem Wein hatten damals wohl alle Angst. Über die Kellertreppe gelangten sie in die Küche im Erdgeschoss. Hier gab es einen großen Kamin mit alten Gerätschaften und Gefäßen. In der beheizbaren Kemenate staunte Emma über die kurzen Betten, in denen man halb im Sitzen schlief. „Da kann man gar nicht richtig drin liegen und sich ausstrecken", wunderte sich Emma. Aber die Führerin erklärte, es sei im Mittelalter Sitte gewesen, dass nur die Toten flach ausgestreckt liegen.

Im großen Rittersaal spielte sich das höfische Leben ab. Hier wurde an der langen Tafel gespeist und zum Schluss wurde die Tafel aufgehoben, indem man sie hinaustrug. Es wurden Feste gefeiert und fahrende Sänger empfangen, die die neuesten Nachrichten aus der weiten Welt berichteten.

„Mir hat die Küche gut gefallen", sagte der Heinzel, als sie alles besichtigt hatten. „Jetzt weiß ich, woher der Spruch kommt, einen Zahn oder Zacken zulegen. Man hängte den Kessel über dem Feuer einen Zahnzacken weiter nach unten, damit das Essen schneller gar wurde. Und dass die alles aufgehängt haben, damit die Mäuse und Ratten nicht an den Lebensmitteln nagen konnten."

„Ich fand das Plumpsklo im Erker gut. Die ganze Sch... landete direkt im Zwingergraben. Die haben nie die Türe zugemacht, weil sie Angst vor Angreifern hatten. Stellt euch das mal vor, man sitzt gerade gemütlich auf dem Donnerbalken und plötzlich kommt ein Angreifer von unten durch den Schacht und ..." Der Teufel fing hämisch an zu lachen und konnte sich bald gar nicht mehr halten.

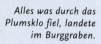

Alles was durch das Plumsklo fiel, landete im Burggraben.

Die Rüstkammer auf der Marksburg.

„Mich hat die Rüstkammer beeindruckt. Hier konnte man die Entwicklung der Rüstungen von den Römern bis zum Ende des Mittelalters gut studieren", sagte Mercur und guckte dabei streng zum Teufel, der gerade den letzten Lacher von sich gab. „Diese Ausstellung von Schwertern, Armbrüsten, Helmen, Kettenhemden, Schilden und Rüstungen aus tausend Jahren fand ich sehr bemerkenswert. Na ja, und natürlich den Rittersaal."

„Wirklich sehr schön. Ich kannte die Burg von innen gar nicht. Wirklich sehenswert! Jetzt weiß ich auch, warum die Marksburg diesen Namen bekam. Habt ihr die Malerei über dem Fenster in der Burgkapelle gesehen? Das war der heilige Markus, der Schutzpatron der Burg. Lässt man das u bei Markus weg, heißt es Marks", verriet ihnen Vater Rhein.

„Ich fand auch den vierzig Meter hohen Turm zum ‚Türmen' gut. Und den Keller mit den Folter- und Strafinstrumenten und die Burgschmiede, die in den Felsen gehauen ist. Aber ich möchte nicht auf der Burg gelebt haben. Dunkel, feucht, kalt und unbequem. Keine Heizung, kein Licht und keine warme Dusche", bemerkte der Heinzel.

Vater Rhein erzählt von den Burgen

Auf dem Gebiet von Rheinland-Pfalz stehen zahlreiche Burgen, Schlösser und historische Bauwerke seit der Römerzeit. Sie zu erhalten, zu pflegen und zugänglich zu machen ist Aufgabe von „Burgen, Schlösser, Altertümer Rheinland-Pfalz". Viele der in diesem Buch genannten Sehenswürdigkeiten werden von Veranstaltungen, Ausstellungen und Führungen begleitet. Mehr Informationen und die Öffnungszeiten sind unter Tel. 0261/66 75-40 00 und www.burgen-rlp.de erhältlich.

„Wie das Leben vor achthundert, neunhundert oder tausend Jahren im Land am Rhein und auf den Burgen wirklich war, können wir uns kaum vorstellen. Wir glauben, die Ritter haben sich immer vorbildlich ritterlich benommen, waren festlich gekleidet, saßen gesittet an der Tafel, vergnügten sich bei Tanz und Turnier und führten geistreiche Gespräche. Wir glauben, die Ritter waren treu und beständig und die Beschützer der Armen und Schwachen und die Wahrer des Friedens und so weiter und so weiter. Aber das war nicht der Alltag. Die Ritter im frühen Mittelalter waren nicht alle edel und stolz. Es waren auch rohe und gewalttätige Haudegen, die im Land umherzogen, Dörfer und Klöster niederbrannten und ihre Beute fortschleppten. Es galt die Macht des Stärkeren. Die frühen Ritter waren Abenteurer, Gewaltmenschen ohne ritterliche Tugenden. Sie waren hoch spezialisierte Berufskrieger, die für den Kampf auf dem Pferd ausgebildet waren. Das mussten sie ständig trainieren, um fit zu bleiben. Erst später wurden sie zum Vorbild. Da trugen sie einen geschmücktem Waffenrock, Wappen, Wimpel und Helmzier und ritten auf prächtig aufgezäumten Streitrössern. Ich kann euch Geschichten erzählen, die glaubt mir keiner ... Aber sie sind die Wahrheit."

Alle wollten nun die Geschichte hören und Vater Rhein ließ sich überreden.

„Aber nicht dass ihr glaubt, das hätte ich erfunden. Das ist die Wahrheit über den Ritter Gerhard von Rheinbod, dem Verwalter der Burg Reichenstein ..."

In der Burg Reichenstein bei Trechtinghausen kann man historische Waffen und Rüstungen besichtigen.

Der Raubritter von Burg Reichenstein

Er war der schlimmste Raubritter seiner Zeit vor etwa achthundert Jahren. Er versetzte die Menschen in Angst und Schrecken. Mit seinen Mannen lauerte er friedlichen Reisenden und Kaufleuten auf, die mit ihren bepackten Pferden am Rhein entlang zogen, und raubte sie aus. Wenn die Kaufleute mit dem Schiff unterwegs waren, konnten sie nicht durch die Stromschnellen beim „Binger Loch" fahren. Das war viel zu gefährlich. Deshalb wurde das Schiff von bis zu zwanzig Pferden am Ufer an Seinen gezogen. Die Treidelknechte, die die Pferde führten, waren grobe und lärmende Kerle. Sie trieben die Tiere mit Peitschenknallen und Geschrei an. Sie hatten immer die Hand am scharfen Messer, um bei Gefahr die Treidelleine durchzuschneiden. Das war der Moment, in dem der Herr von Reichenstein zuschlug. Er zwang die Schiffer, am Ufer anzulegen, und plünderte sie aus. Wenn sie seinem Befehl nicht folgten, wurden die Seile durchtrennt und das Schiff war verloren. Es zerschellte mit Mann und Maus an den gefährlichen Klippen oder versank in den Strudeln des Rheins. Wenn der Herr von Reichenstein erfolgreich geplündert hatte, forderte er von der Schiffsbesatzung noch ein Lösegeld, wenn sie mit dem Leben davonkommen wollte.

Auch ein Nachfahre des Herrn von Reichenstein, Philipp von Hohenfels, war so ein Räuber und Halsabschneider, der sich nicht an Gesetz und Ordnung hielt. Um seinem Treiben ein Ende zu setzen, wurde von hoher Seite beschlossen, seine Burg Reichenstein zu zerstören. Philipp tat nach außen so, als ob er seine Taten bereute, aber dann baute er seine Burg wieder auf – sicherer als je zuvor, uneinnehmbar. Er richtete sich kampfbereit ein, hortete Nahrungsmittel und Waffen und verschanzte sich mit seinen Burgmannen, Knechten und Bogenschützen. Philipp hatte sechs Söhne und zwei Töchter und als er starb, erbte sein dritter Sohn Dietrich die Burg. Nun war er der Herr von Reichenstein und er trieb es noch schlimmer als sein Vater. Aber König Rudolf von Habsburg griff mit eiserner Faust durch. Seine Gefolgsleute belagerten die Burg und hungerten die Bewohner aus, so dass sie sich ergeben mussten. Dann wurden sie an den Ästen der umliegenden Bäume aufgeknüpft und die Bewohner der benachbarten Burg Sooneck gleich dazu. Der König ließ die beiden Burgen niederbrennen. Sie sollten nie wieder als Burg dienen. Aber das scherte niemanden und kurze Zeit später waren sie wieder aufgebaut. Später verfiel Burg Reichenstein. Sie hatte ihren Sinn und Zweck verloren, weil die Zeiten sich geändert hatten und neue Kriegswaffen erfunden worden waren.

Die Sage von Dietrich von Hohenfels

Über Dietrich von Hohenfels und seine sechs Söhne wurde das Todesurteil gesprochen. Doch der König erbarmte sich. Er versprach Dietrich, seinen Söhnen das Leben zu schenken, wenn es Dietrich gelänge, nach der Hinrichtung ohne Kopf an ihnen vorüberzulaufen. Als der Henker nun den Kopf mit dem Schwert abgetrennt hatte, rollte er über den Boden und der blutige Rumpf rannte an der Reihe der Söhne entlang. Der König hielt sein Versprechen und ließ die Söhne am Leben.

Vater Rhein schwieg kurz, dann fuhr er fort: „Erst als man wieder von den mittelalterlichen Burgen am Rhein schwärmte und jeder solch ein romantisches Bauwerk besitzen wollte, erwachte sie zu neuem Leben. Der General von Barfus kaufte die Ruine und richtete sich im Turm eine Wohnung ein. Bevor sie ganz verfallen war, wurde sie ab 1899 nach alten Plänen noch einmal neu aufgebaut. Heute ist die Hotelgesellschaft Burg Reichenstein die Eigentümerin."

„Puh! Das war aber eine lange Geschichte", murmelte der Heinzel, machte die Augen zu und fing augenblicklich an zu schnarchen. Der Teufel sprang auf und rannte hin und her. Auch Emma und Mercur mussten sich Bewegung verschaffen und spazierten in der Gegend herum.

Die Burg Reichenstein um 1832 auf einem Stahlstich von William Tombleson.

Auf dem Weg zur Loreley

Der Königsstuhl zu Rhens

Emma Elf stand vor dem Heinzel und überlegte, wie sie ihn aufwecken konnte. Dann nahm sie einen langen Grashalm und strich ihm damit zart über das Gesicht. Der Heinzel brummte zwar, wachte aber nicht auf. Emma kitzelte ihn nochmals und jetzt wischte der Heinzel mit der Hand über sein Gesicht, als wollte er eine Fliege verjagen. Aber er schlief immer noch. Dann kitzelte Emma ihn mit dem Grashalm im Ohr und jetzt endlich schnappte der Heinzel nach Luft und schlug die Augen auf.

„Lass das sein", sagte er, als er den Grashalm in Emmas Hand sah. „Was ist los?"

„Wir müssen gehen. Die anderen sind schon weg. Wir treffen uns in Boppard. Zuerst müssen wir zu Fuß nach Braubach und dann mit der Fähre auf die linke Rheinseite nach Rhens übersetzen."

Der Heinzel war zwar nicht begeistert, aber sie machten sich tapfer auf den Weg. In Rhens suchten sie den „Königsstuhl" – das sollte ein Denkmal sein. Sie waren sehr überrascht, als sie vor dem Königsstuhl standen, denn er war nicht nur aus Stein, sondern sehr viel größer als sie erwartet hatten. Über gemauerten Bögen war eine Plattform, zu der Treppenstufen durch einen Torbogen führten.

„Der Königsstuhl ist komisch. Das ist doch gar kein richtiger Stuhl", sagte der Heinzel.

„Ich kenne mich aus", sagte Emma. „Vater Rhein hat mir alles erklärt. Die Kurfürsten von Köln, Mainz und Trier und der Pfalzgraf zu Rhein haben sich oft in Rhens getroffen."

„Warum in Rhens?", unterbrach der Heinzel.

„Der Ort lag günstig. Alle hatten einen kurzen Weg hierhin. Also haben sie sich hier getroffen, wenn sie zum Beispiel Streit aus der Welt schaffen wollten, oder schon mal überlegten, wer als nächster König werden sollte. Sie wollten auch, dass der König in Rhens und nicht in

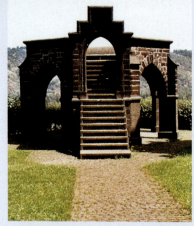

Der Königsstuhl zu Rhens wurde 1398 erbaut. Im Laufe der Jahrhunderte wurde er öfter wiederhergestellt und schließlich an den Rhein versetzt.

Frankfurt gewählt wird. Aber das hat nicht geklappt. Nun sollte der Anwärter auf den Königsthron in Rhens zum König erhoben werden und dann nach Aachen zur Krönung weiterziehen. Dafür haben sie den Königsstuhl gebaut."

„Ist der noch echt alt?", fragte der Heinzel. Aber Emma wusste es nicht so genau, denn das hatte Vater Rhein ihr nicht erzählt.

Der Heinzel stieg noch die Stufen zur Plattform hoch, blickte majestätisch über den Rhein und kam sich wie ein König vor. Dann gingen sie zur Schiffsanlegestelle, um weiter nach Boppard zu fahren. Die Fahrt war kurz, aber interessant. Kurz hinter der Rheinschleife begrüßte sie schon Boppard mit seinen üppigen Weinhängen.

Boppard – ein römisches Kastell am Rhein

Ein kurzer Spaziergang führt vom Gedeonseck oberhalb Boppards zum berühmten Aussichtspunkt „Vier-Seen-Blick", der die Schleifen des Rheins wie eine Kette von einzelnen Seen erscheinen lässt (Ausflugslokale). Hinauf geht es mit dem Sessellift von der Talstation im Mühltal, der während der 20-minütigen Fahrt 240 Meter Höhenunterschied überwindet und herrliche Ausblicke bietet. Tel. 06742/25 10, www.sesselbahn-boppard.de

An der Anlegestelle war niemand. Vater Rhein nicht, der Teufel nicht und auch von Mercur war nichts zu sehen. Der Heinzel wurde unruhig.

„Warte hier und rühr dich nicht vom Fleck!", bestimmte Emma. „Ich bin gleich wieder da."

Dann verschwand sie in der Alten Burg. Als sie wieder herauskam, winkte sie dem Heinzel.

„Ich weiß jetzt, wo wir die anderen finden können. Entweder bei den Resten des römischen Kastells oder in der mittelalterlichen Kirche St. Severus oder in der mittelalterlichen Karmeliterkirche."

„Bist du Hellseherin?"

„Nein. Aber wo sollen die denn sonst sein?"

„Weiß ich auch nicht", sagte der Heinzel.

„Wir gehen zuerst zum Marktplatz, zur Kirche St. Severus. Vielleicht treffen wir sie da."

Es war nicht weit bis dahin. Sie zogen die schwere Kirchentüre auf und blickten in den dunklen Innenraum. Sie sahen niemanden. Nur ein altes Mütterchen saß in einer Bank. Leise durchwanderten sie den Kirchenraum und betrachteten die schönen bunten Glasfenster und die farbig bemalten Pfeiler und Bögen. Dann entdeckten sie Mercur und Vater Rhein an der Westwand der Kirche. Mercur betrachtete einen Stein, der in die Mauer eingelassen war und auf dem etwas gezeichnet und in lateinischer Sprache geschrieben war. Emma und Heinzel traten leise zu den beiden.

„Kannst du das übersetzten?", fragte Emma.

„Ja! Hier steht: Hier ruhen in Frieden der Diakon Besontio und seine Nichte, das selige Mädchen Justiciola. Das Mädchen starb acht und der Diakon Besontio sieben Tage vor den Kalendern des April."

St. Severus in Boppard.

„Also ist das ein römischer Grabstein?", folgerte Emma.

„Ja. Der Geistliche und seine Nichte starben am 25. und 26. März um das Jahr 500."

„Und warum ist der Stein hier eingemauert?", fragte der Heinzel.

„Weil Boppard ein römisches Kastell mit dem Namen *Baudobriga* war. Im Kastell gab es auch Thermen, also Badeanlagen. Die Thermen wurden zu einer christliche Kirche umgebaut, aus der später diese Kirche entstand und dem heiligen Severus geweiht wurde."

„Und dann gab es im Kastell auch einen Friedhof und davon stammt der Grabstein", schloss der Heinzel scharfsinnig.

„Nein. Im Kastell war niemals ein Friedhof! Wir Römer bestatteten unsere Toten immer außerhalb", antwortete Mercur empört. „Den Stein muss man später außerhalb des Kastellgeländes gefunden und hier eingemauert haben."

Sie gingen weiter und fanden noch mehr Steine, die in die Westwand eingemauert waren.

linke Seite unten: Die Alte Burg in Boppard, die als Heimatmuseum genutzt wird.

Das Grabmal des Ritters Siegfried von Schwalbach, der 1497 getötet wurde, in der Karmeliterkirche in Boppard.

„Schöne Kirche! Innen und außen. Sie gefällt mir", sagte der Heinzel. Dann verließen sie das Gotteshaus und gingen zur Karmeliterkirche weiter. Sie war besonders reich mit Altären und Kunstwerken ausgestattet. Rechts neben der Kanzel entdeckten sie das Grabmal des Ritters Siegfried von Schwalbach. Er wurde 1497 im Bopparder Krieg getötet, als der Kurfürst von Trier die Stadt mit zwölftausend Soldaten belagerte. Ritter Siegfried ist breitbeinig und stolz gewappnet dargestellt. In der rechten Hand hält er seinen Streitkolben und in der linken den „Bidhänder", das Schwert mit dem langen Griff, das mit beiden Händen gehalten wird. Die Wappen zeigen sein edles Geschlecht. Gegenüber war das Grabdenkmal des Ritters Wilhelm von Schwalbach und seiner Gemahlin Anna von der Leyen zu sehen.

„Das ist aber ein kleiner Ritter. Der ist nicht größer als die edle, fromme Frau an seiner Seite. Was der für einen komischen Helm auf dem Kopf hat. Aber stolz sieht der schon aus! Guck mal die Frösche und die Eidechsen und die verknotete Schlange. Die sehen nett aus", sagte der Heinzel.

Grabmal des Ritters Wilhelm von Schwalbach und seiner Gemahlin Anna von der Leyen. Beide starben 1483. Die Eidechsen und Frösche sind Zeichen für den Tod und die Auferstehung. Die verknotete Schlange ist das Zeichen für das Gute, zum Beispiel Klugheit, oder auch für das Böse, etwa den Neid.

„Wo ist der Teufel?", sagte Emma plötzlich. „Ich habe ihn nicht gesehen."

„Wissen wir auch nicht. Auf dem Marktplatz war er plötzlich verschwunden. Er hat geahnt, dass wir in die Severuskirche gehen und ist abgehauen. Er geht doch nicht mit uns in Kirchen. Aber keine Angst. Boppard ist nicht so groß. Wir laufen ihm bestimmt wieder über den Weg."

Nun gingen sie zu den Ruinen des Kastells *Baudobriga* im Römerpark. Mercur stellte sich vor die Informationstafel bei der Ruine und erklärte: „Hier waren sechshundert Soldaten in Baracken aus Holz untergebracht. Das Kastell hatte einen Umfang von dreihundertacht mal hundertvierundfünfzig Meter. Es wurde von einer Mauer mit achtundzwanzig Wachtürmen begrenzt."

„Moment mal", sagte der Heinzel, „dann war das Kastell so groß wie etwa sechs Fußballfelder, ich meine die Rasenfläche von sechs Fußballfeldern."

Die Stadt gegenüber dem berühmtesten Felsen der Welt: St. Goar

Überreste des römischen Kastells in Boppard.

„Sehr eindrucksvoll, diese Reste hier", sagte Vater Rhein. „Aber jetzt will ich zurück zum Rhein, und zur allerallerallerallerwichtigsten Station am Weltkulturerbe Oberer Mittelrhein."

„Und der Teufel?", fragte der Heinzel. „Wo ist der? Der muss doch mit!"

„Ist mir egal. Wenn der einfach abhaut, muss er sehen, wo er bleibt", sagte Vater Rhein schroff. „Wir gehen jetzt zur Rheinpromenade und fahren mit dem nächsten Schiff nach St. Goar. Entweder ist er dann da – oder nicht."

Zwei Burgen bei Kamp-Bornhofen werden die „Feindlichen Brüder" genannt. In der dazugehörigen Sage geht es natürlich um Ritter und ein schönes Burgfräulein.

Auf der Rheinpromenade warteten viele Besucher auf ihr Schiff. Japanische Touristen mit Sonnenbrillen fotografierten unentwegt und lachten fröhlich dabei. Sie fragten die anderen immer wieder: „Lolei? Lolei?" Und als die anderen nickten, fotografierten sie wieder. Danach fragten sie wieder: „Lolei? Lolei?" und die anderen nickten wieder. Dann kam das Schiff, die „Rhenus". Alle drängten an Bord, auch Vater Rhein. Hinter ihm ging Mercur, danach der Heinzel und zum Schluss Emma. Und dann kam auch der Teufel angerannt und wollte so schnell wie möglich zu den anderen. Er schubste die Passagiere rücksichtslos zur Seite, rempelte sie an, trat ihnen mit seinem Pferdefuß auf die Füße, boxte sie in die Rippen und zog ihnen mit seinem Schwanz eine über und einmal spuckte er sogar. Die Japaner mit den Fotoapparaten und den Sonnenbrillen erschraken sich, aber sie blieben höflich und sagten nichts. Die anderen begannen laut zu schimpfen. Aber dem Teufel machte das nichts aus, es war ihm egal.

Burg Rheinfels

Hoch über dem Städtchen St. Goar liegt die Festung Rheinfels. Graf Dieter V. von Katzenelnbogen ließ sie im Jahr 1245 als Zollburg errichten. Später wurde sie zur stärksten Festung nach der Festung Ehrenbreitstein ausgebaut. 1796/97 wurde die Anlage von französischen Truppen gesprengt. Der preußische Kronprinz und spätere Kaiser Wilhelm I. kaufte 1843 die Ruine. Heute ist ein Teil der Burg als Hotel ausgebaut. Auch ein Heimatmuseum ist darin untergebracht.

Burg Liebenstein, eine der „Feindlichen Brüder".

Nachdem das Schiff abgelegt hatte, war die schnarrende Stimme des Kapitäns aus dem Bordlautsprecher zu hören: „Ich darf Sie herzlich an Bord der ‚Rhenus' begrüßen. Unsere Reise geht nach St. Goar. Links sehen Sie die Burg Sterrenberg und gleich dahinter die Burg Liebenstein, sie werden auch die „Feindlichen Brüder" genannt. Burg Sterrenberg wurde im 11. Jahrhundert gegründet. Sie wechselte oft den Besitzer. Die Sage erzählt, dass die feindlichen Brüder ihre blinde Schwester um ihr Erbe betrogen haben. Danach verschanzte sich jeder auf seiner Burg: der eine auf Burg Sterrenberg, der andere auf Burg Liebenstein. Sie waren sich so spinnefeind, dass sie eine Mauer zwischen ihren Burgen bauten. Später vertrugen sie sich wieder, aber die Geschichte endet tragisch. Der eine Bruder erschoss den anderen mit einem Pfeil – aber aus Versehen.

Burg Katz und Burg Maus

Gegenüber von Burg Rheinfels liegen auf der rechten Rheinseite über St. Goarshausen die beiden Burgen Katz und Maus. Nach dem Bau der Burg Rheinfels ließ der Erzbischof von Trier ebenfalls eine Zollburg errichten, die Burg Maus. Nun bauten die Grafen von Katzenelnbogen nicht weit davon entfernt ihre Burg Neukatzenelnbogen. Erzbischof und Grafen standen sich nun wie Katz und Maus gegenüber und belauerten sich und deshalb verbreiteten sich die Namen. Auf Burg Maus gibt es heute einen Adler- und Falkenhof, der Flugschauen mit Greifvögeln veranstaltet.

Wir nehmen nun Kurs auf St. Goar auf der linken Rheinseite und St. Goarshausen auf der rechten. Dort befindet sich auch der berühmteste Felsen der Welt, die Loreley. Der Felsen – er ist aus Schiefer – ragt einhundertzweiunddreißig Meter an der engsten und gefährlichsten Stelle des Rheins empor."

Der Rhein und die Rheinromantik

Ein weltberühmter Felsen im Rhein: Loreley

„Jetzt hört mal zu", sagte Vater Rhein. „Ich erzähle euch was. Ich kenne mich besser aus als dieser Kapitän. Schon immer war der Fels an der tiefsten und engsten Stelle des Rheins ein gefürchteter und geheimnisvoller Ort. Das dunkle tiefe Wasser, die gurgelnden Strudel und die unheimlichen Echos an dieser Stelle waren sehr gefährlich für die Schifffahrt und haben die Fantasie der Menschen zu allen Zeiten angeregt, sich Geschichten und Gedichte zu erzählen.

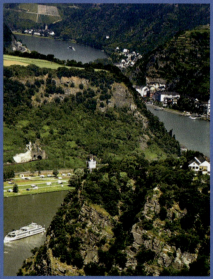

Die Loreley – der Fels im Rhein

Zwischen Koblenz und Bingen durchschneidet der Mittelrhein das Rheinische Schiefergebirge. Die Loreley ist ein Felsen aus Schiefergestein, der 132 Meter am rechten Ufer des Rheins emporragt. Der Rhein ist hier sehr tief und sehr eng – bis zu 25 Meter tief und 113 Meter breit. Die gefährlichste Stelle für die Schifffahrt beginnt beim Ort St. Goar auf der linken Rheinseite. Hier macht der Rhein in dem engen Tal eine scharfe Biegung. Im Rhein lag eine Sandbank und quer im Fluss gab es gefährliche Felsenriffe. Dadurch entstanden starke Strudel und Strömungen, in denen manches Schiff mit Mann und Maus unterging. Nur ein Lotse, der sich genauestens auskannte, konnte das Schiff sicher durch dieses enge Tal steuern. Damit die Fahrrinne für die Schiffe breiter wurde, hat man die Felsen im Rhein vor etwa 70 Jahren gesprengt und die Sandbank ausgebaggert. Trotzdem ist diese Stelle heute immer noch gefährlich und die Schiffer werden durch Lichtsignale vor dem Gegenverkehr gewarnt.

Der Name Loreley ist aus dem alten deutschen Wort *lorlen* = rauschen, murmeln und *Ley* = Schiefer zusammengesetzt. Früher soll hier am Fels ein Echo zu hören gewesen sein, das fünffach zurückkam. Man sagte, dass die Zwerge in den Höhlen des Felsens das Echo erzeugten. Heute ist es nicht mehr zu hören, weil der Verkehrslärm zu laut ist.

Der Dichter Clemens Brentano hat vor etwa zweihundert Jahren ein langes, trauriges Gedicht von der Loreley erfunden. Es beginnt so:

Zu Bacharach am Rheine
*Zu Bacharach am Rheine
Wohnt eine Zauberin,
Sie war so schön und feine
Und riss viel Herzen hin*

*Und brachte viel zu schanden
Der Männer rings umher,
Aus ihren Liebesbanden
War keine Rettung mehr.*

Loreley war eine so schöne Frau mit langen blonden Haaren und einer wundersamen Stimme, dass viele Männer sich in sie verliebten. Aber Loreley schenkte nur einem Mann ihr Herz, dem Ritter von der Burg Bacharach. Doch bald musste der Ritter in den Krieg ziehen. Weil sie nur ihrem Ritter treu sein wollte und andere Männer abwies, wurde sie als böse Zauberin angeklagt und vor den Bischof gebracht. Sie war sehr unglücklich und wollte sterben. Der Bischof entschied, dass sie besser ins Kloster gehen sollte, als zu sterben.

*Drei Ritter lässt er holen:
Bringt sie ins Kloster hin,
Geh Lore! – Gott befohlen
Sei dein bedrückter Sinn.*

*Zum Kloster sie nun ritten,
Die Ritter alle drei,
Und traurig in der Mitten
Die schöne Lore Lay.*

*O Ritter lasst mich gehen,
Auf diesen Felsen groß,
Ich will noch einmal sehen
Nach meines Lieben Schloss.*

Als sie auf den Felsen gestiegen war, sah sie in der Tiefe ein Schiff mit der Flagge ihres geliebten Ritters und glaubte, ihn darauf zu sehen.

Die Ausstellung im Besucherzentrum auf der Loreley ist in die sechs Themenbereiche – Rheinreise, Geologie, Flora und Fauna, Wein, Schifffahrt und Menschen am Rhein – unterteilt, die man sehend, lesend, hörend und tastend erleben kann.

So hat sich der Maler Karl Herrmann die Loreley vorgestellt. Das Gemälde entstand in der Mitte des 19. Jahrhunderts.

Mein Herz wird mir so munter,
Er muss mein Liebster sein!
Da lehnt sie sich hinunter ..."

„Nein, nein!", schrie der Heinzel tief bewegt. „Ich glaub', die stürzt sich vom Felsen runter, in den Rhein, auf die harten Felsenriffe, und ist dann tot. Oh, wie traurig. Die arme Loreley!"

„Und stürzet in den Rhein", vollendete Vater Rhein die Strophe. „Nun lebte Loreley als Nixe in den Tiefen des Rheins. Beim Mondschein tauchte sie auf, stieg auf den Felsen und kämmte sich dort ihr goldenes Haar mit einem goldenen Kamm und sang traurige Lieder ..."

„Das ist doch nur erfunden. Das ist doch Dichtung", versuchte Emma den Heinzel zu trösten.

„Trotzdem traurig. Gibt es noch mehr Geschichten und Gedichte von der Loreley? Gibt es welche, die nicht so traurig sind?", fragte der Heinzel dann.

„Viele! Aber ich glaube, sie sind alle traurig", antwortete Vater Rhein. „Es gab eine Zeit, in der sich viele Dichter mit der Loreley beschäftigt haben. Das war wie ein Loreleyfieber. Jeder wollte was über sie dichten. Aber das berühmteste Gedicht, das auch heute fast jedes Kind kennt, ist das Gedicht von Heinrich Heine, zu dem der Komponist Friedrich Silcher eine Melodie erfunden hat." Vater Rhein begann zu summen und zu brummen „Ich weiß nicht, was soll es bedeuten ...", aber plötzlich hörte er wieder auf und entschloss sich, das Gedicht lieber aufzusagen:

Das Loreleylied
Ich weiß nicht, was soll es bedeuten
Dass ich so traurig bin;
Ein Märchen aus alten Zeiten,
Das kommt mir nicht aus dem Sinn.

Die Luft ist kühl und es dunkelt,
Und ruhig fließt der Rhein;
Der Gipfel des Berges funkelt
Im Abendsonnenschein.

Die schönste Jungfrau sitzet
Dort oben wunderbar,
Ihr goldenes Geschmeide blitzet,
Sie kämmt ihr goldenes Haar.

Sie kämmt es mit goldenem Kamme
Und singt ein Lied dabei;
Das hat eine wundersame,
gewaltige Melodei.

Den Schiffer im kleinen Schiffe
Ergreift es mit wildem Weh;
Er schaut nicht die Felsenriffe,
Er schaut nur hinauf in die Höh'.

Ich glaube, die Wellen verschlingen
Am Ende Schiffer und Kahn;
Und das hat mit ihrem Singen
Die Lore-Ley getan."

Die Geschichte von der Loreley war sehr beliebt. Deshalb wurden Szenen daraus massenweise auf Sammelbildern verbreitet.

„Ist das der Heinrich Heine aus Düsseldorf? Der mit dem Gedicht ‚Sei mir gegrüßt, mein Vater Rhein'?", fragte der Teufel.

„Ja, das ist der", antwortete Vater Rhein. „Er hat es 1823 veröffentlicht."

„Das Loreleylied ist ja auch so traurig. Jetzt versinken die Schiffe und die Schiffer sterben, nur weil sie nicht richtig aufpassen, wegen der Loreley. Das ist mir alles zu traurig! Gibt's keine lustigen Geschichten?", quengelte der Heinzel wieder.

„Ich finde das gemein, dass der Loreley die Schuld an den Schiffsunglücken und am Tod der Schiffer zugeschoben wird", sagte Emma plötzlich. „Die Männer müssen bei ihrer Arbeit doch aufpassen, auch wenn eine schöne Frau sich die blonden Haare kämmt." Aber irgendwie stand sie allein mit dieser Meinung.

Auch auf Postkarten wurden Bilder von der Loreley gedruckt und in alle Welt verschickt.

„Es gibt noch andere Sagen, Geschichten und Legenden von Rheinnixen, Nymphen, Sirenen und Wassergeistern, zum Beispiel von den Rheintöchtern. Das sind Nixen mit den Namen Woglinde, Wellgunde und Flosshilde. Das waren eigentlich Schicksalsgöttinnen, die die Toten in das Totenreich begleiten und sie bewachen. In der alten Sage der Nibelungen bewachen sie das Gold, das im Rhein versunken ist. Aber sie ließen sich den Goldschatz stehlen, weil sie eitel und dumm waren. Immerhin eroberten sie das Gold zurück und verfluchten den Dieb. Jedenfalls in der Oper ‚Götterdämmerung' von Richard Wagner ist das so. Er hat die alte Sage von den Nibelungen mit den Rheinsagen verknüpft. Das Rheingold im Flussgrund war ein Zeichen für die Deutsche Macht, das Glück und die Herrlichkeit der Deutschen. Und alles wurde im Rhein versenkt – und manche glauben, sie könnten es wiederfinden."

„Das sind merkwürdige Namen! Sie klingen so germanisch. Woglinde! Wellgunde! Flosshilde!", meldete sich Mercur. „Wir Römer hätten unseren Frauen niemals solche Namen gegeben."

„Da, da! Da hinten sehe ich den Loreleyfelsen schon", schrie der Heinzel und auch St. Goar war in Sicht. Das Schiff steuerte die Anlegestelle an und alle strömten zum Ausgang. Vater Rhein packte den Teufel fest am Arm und schob ihn vor sich her. „Mach keinen Blödsinn und benimm dich!", ermahnte er ihn. Viele Fahrgäste gingen vom Schiff

Der Loreleyfelsen war bei den romantischen Malern beliebt. Der Maler Ludwig Bleuler hat um 1840 eine besondere Abendstimmung gemalt.

direkt in den Souvenirladen. Dort kauften sie Postkarten und Schneekugeln und andere schöne Andenken, auf denen die Loreley abgebildet war. Die Japaner entdeckten sogar eine Postkarte mit dem Gedicht von Heinrich Heine in japanischen Schriftzeichen. Alle machten Fotos vom Felsen und dann stiegen sie auf die Fähre nach St. Goarshausen, um von dort aus auf den Loreleyfelsen zu klettern. Auch Vater Rhein, Mercur, Heinzel Mann und Emma Elf fuhren mit – im letzten Moment war auch der Teufel erschienen.

Mit Bleistift, Pinsel und Papier – Maler auf Rheinreise

Oben vom Loreleyfelsen hatten sie einen herrlichen Blick auf den Rhein. Der Heinzel war total begeistert und schwärmte von der schönen Landschaft. „Das ist einmalig auf der ganzen Welt. So was Schönes! Und so romantisch. Der Fluss, die Schiffe, die Biegung, die Berge mit den Burgen und Schlössern, die Berghänge mit der Regelmäßigkeit der Weinfelder und die kleinen Städtchen …"

„Ja, ja!", sagte Vater Rhein und wurde nachdenklich. „Das haben die Millionen von Rheinreisenden zu verschiedenen Zeiten auch gesagt. Schon vor Jahrhunderten kamen Maler an den Rhein, um die Landschaft zu malen. Die holländischen Maler fuhren mit dem Schiff bis in die Schweiz. In ihrem Reisegepäck waren Bleistift, Feder, Pinsel und

Wasserfarben. So konnten sie auf der langen Reise ihre Eindrücke, Empfindungen und Ideen schnell auf dem Papier festhalten. Nach der Rückkehr wurden die Skizzen dann die Vorlagen für große und kleine eindrucksvolle Landschaftsgemälde, an denen sie in ihrem Atelier arbeiteten. Der Mittelrhein von Koblenz bis Bingen war besonders beliebt. Das enge Tal, die Berge mit den Burgen, kleine Städtchen oder Reisende und Wanderer in der Landschaft am Fluss wurden besonders gerne gemalt. Dabei sahen die Maler die Landschaft mehr mit künstlerischen Augen und weniger als Abbild der Wirklichkeit. Noch eindrucksvoller wurden die gemalten Rheinlandschaften bei Sonnenuntergang oder bei Unwettern, wenn das Wasser schäumte und tosende Wellen über die Ufer klatschten. Das waren Stimmungen, die auf Gefühle der Betrachter wirkten. Es kamen auch Maler aus England, zum Beispiel James Webb. Er war von der Festung Ehrenbreitstein bei Koblenz so begeistert, dass er dreizehn Bilder vom Rhein, dem Schiffsverkehr und der Festung auf dem Felsen malte.

Der englische Maler Georg Clarkson Stanfield hat den Blick auf die Balduinbrücke und die Festung Ehrenbreitstein vor etwa 150 Jahren gemalt.

Die Bilder vom Rhein gefielen den Leuten und so wollten viele ein Gemälde, eine Zeichnung oder ein Wasserfarbenbild vom Rhein in den eigenen vier Wänden aufhängen. Die Bilder zeigten die Schönheit des Rheins, ohne dass man die Strapazen einer Reise auf sich nehmen musste. Denn Reisen war damals sehr beschwerlich. Niemand kam auf den Gedanken, zum Vergnügen zu reisen. Es war unvorstellbar, dass jemand die Heimat ohne zwingenden Grund verließ. Reisen war

Vor der Stadt Bingen fährt ein Passagierschiff. Auf dem Deck drängen sich die Touristen. Entstanden ist das Bild schon im Jahr 1792.

gefährlich. Man berichtete von haarsträubenden Abenteuern, von umherstreunenden Soldaten, von Räubern und Wegelagerern, die einen mit Pistolen bedrohten und bis aufs Hemd ausraubten. Die Kutschen blieben im Matsch stecken, der Postillion rauchte unentwegt und blies das Posthorn falsch. In den Wirtshäusern waren die Federbetten zu kurz und das Essen zu schlecht. Und überall waren Zollgebühren zu entrichten. Erst als die Wege sicherer, die Straßen besser und die Fahrgelegenheiten bequemer wurden, kamen viele Touristen. Die Rheinreise wurde zur Vergnügungsreise."

„Bisher hat mir die Reise auch Vergnügen gemacht", sagte Emma und alle stimmten ihr zu. Sogar der Teufel. Dann setzten sie sich gemütlich in eine Mulde und Vater Rhein erzählte weiter. Viele Besucher liefen herum und sahen zu ihnen herüber. Besonders die Japaner. Vielleicht hätten sie auch gerne dabei gesessen und dem Vater Rhein zugehört, denn er konnte wunderbar erzählen.

Die reisenden Engländer

„Die Engländer", fuhr Vater Rhein fort, „waren schon immer reisefreudig und entdeckten als erste die Schönheit der Rheinlandschaft. Für einen englischen Gentleman gehörte es zum guten Ton, quasi zur Pflicht, eine große Fahrt nach Italien oder nach Griechenland zu machen. ‚Grande Tour' nannten sie das. Auf diesen Fahrten studierten sie die antike Vergangenheit, kletterten in Ruinen herum und sprachen Lateinisch oder Griechisch. Sie waren neugierig, bestiegen hohe Berge, nahmen Unbequemlichkeiten in Kauf und ließen sich durch Strapazen nicht von einer Reise abhalten. In der Regel reisten sie über Frankreich nach Italien und Griechenland und kehrten den Rhein hinunter nach England zurück.

Die kleine Figur aus Ton zeigt den typischen reisenden Engländer mit einem gefütterten Mantel, Reisetasche, Schirm und einem Reiseführer in der Hand.

Als der berühmte englische Maler William Turner vor zweihundert Jahren seine Gemälde vom Rhein in London zeigte, waren alle begeistert. Er malte die Landschaft in unterschiedlichem Licht und erzeugte damit eine besondere Stimmung auf den Bildern. Nun wollten alle zum ‚Rhine River', nicht nur die gebildeten Gentlemen. Wer etwas auf sich hielt und modern sein wollte, der reiste zum Rhine River. Das war chic. Den Reisenden gefiel die wild-romantische Landschaft mit den verfallenen Burgen auf den Hügeln. Sie begeisterten sich für den gotischen Baustil von Burgen, Domen und Kirchen. Sie interessierten sich für die alten Sagen und Schauergeschichten, die von Burgen und Rittern erzählt wurden. Die von Efeu überwachsenen Gemäuer und die Ruinen der Burgen waren in ihren Augen wie eine Bühne, auf der die Ritter und edlen Fräuleins des Mittelalters wieder lebendig wurden. Die englischen Schriftsteller schrieben Schauergeschichten von Gespenstern und Unholden. Sie spielten in den Ruinen der Burgen, auf schroffen Felsen und auf Friedhöfen."

Die fünf hatten nicht bemerkt, dass ein junges Pärchen schon eine Weile zugehört und sogar ein Foto von ihnen gemacht hatte. Jetzt standen sie eng umschlungen am Rand der Mulde und küssten sich ab und zu verliebt. Emma musste kichern. „Soll ich mal ein Foto von euch machen?", fragte sie, als sie die Kamera sah. „Ein Liebespaar auf der Loreley. Das muss man doch fotografieren." Der Heinzel war entzückt, Mercur

Hoch über Bacharach genießt die Familie mit Freunden eine Sommernacht. Der Maler Christian Eduard Boettcher hat das Gemälde 1862 vollendet.

war das Ganze ein bisschen peinlich und der Teufel spitzte die Lippen, machte Kussgeräusche und verzog danach das Gesicht. Nachdem Emma das Pärchen fotografiert hatte, schlenderten die beiden weiter und winkte ihnen zum Abschied.

Romantische Dichter

Vater Rhein lag da und hatte die Augen geschlossen.

„He, Alter! Willst du nicht mal weitererzählen", ranzte ihn der Teufel an und machte es sich wieder in der Mulde gemütlich.

„Und wo war ich stehen geblieben?", fragte der Vater Rhein verwirrt.

„Bei den Schauergeschichten, die die Engländer so liebten", sagte der Heinzel.

„Ja, ja ... hmm ... Aber auch die deutschen Dichter entdeckten den Rhein. Friedrich Schlegel bereiste ihn im Jahr 1802 und sah die Landschaft mit anderen Augen als die Reisenden vor ihm, denn in seiner Fantasie verklärte er die Wirklichkeit. Er bewunderte die Landschaft und die Geschichte, von der die alten Burgen, Kirchen und Ortschaften zeugten. Es waren die Romantiker, die mit ihren Dichtungen mehr die Gefühle und die Seele ihrer Leser ansprechen wollten. Nun reisten viele romantische Dichter an den Rhein und beschrieben die Landschaft in gefühlvollen und schwärmerischen Gedichten und Berichten. Achim von Arnim und Clemens Brentano machten den Rhein bei den Romantikern bekannt. Sie sammelten die alten Volkslieder vom Rhein und nannten ihre Sammlung ‚Des Knaben Wunderhorn'.

Auch die Brüder Grimm machten sich auf, ließen sich die alten Märchen erzählen und schrieben sie auf. Clemens Brentano erfand die Sage von der schönen, blonden und immer traurigen Nixe Loreley. Die gefiel den Leuten und sie verbreitete sich schnell. Auch viele andere schrieben dann Gedichte über die Loreley. Aber das Gedicht von Heinrich Heine war das schönste und beste. Deshalb kennen es heute auch noch sehr viele Menschen. Clemens Brentano erdichtete auch die ‚Rheinmärchen'. In diesen Märchen hat er die alte germanische Sage von den Nibelungen eingearbeitet. Auf dem Grund des Rheins treffen die Nymphen einen alten Wassermann, der das Rheingold bewacht. Er sagt:

An diesem wunderbaren Ort,
Da ruht der Nibelungen Hort;
Um ihn geschah wohl mancher Mord;
Hier liegen Schilde, Helm und Ringe,
Manch goldnes Heft, manch gute Klinge,
Kleinode und viel andre Dinge,
Der Frauen Zier, der Helden Wehr
Ruht da viel tausend Zentner schwer
Und streut das bunte Licht umher."

Die jungen Leute auf dem Boot haben sich historische Kostüme angezogen und feiern bei romantischer Musik auf dem Rhein beim Drachenfels. Caspar Scheuren hat das Bild 1839 gemalt.

„Vater Rhein, Vater Rhein, Vater Rhein", rief der Heinzel plötzlich, „hörst du denn niemals mehr auf von deinem romantischen Rhein zu erzählen. Das können wir doch gar nicht alles verstehen. Das ist zu viel auf einmal!", stöhnte er.

„Na ja", gab Vater Rhein zu. „Das ist mein Steckenpferd. Die Romantiker haben mich wieder entdeckt und mich zusammen mit der Landschaft, den Kirchen, Klöstern und Burgen zu einem vaterländischen

Der Vater Rhein. Darstellung auf einem Liederblatt nach einem Gedicht von Niclas Becker.

Zeichen, zu einem Symbol gemacht. Ich gehöre zum Rheinmythos. Ich gehöre zu den Dichtungen von Göttern, Helden und Geistern. Deshalb könnte ich noch stundenlang weiter erzählen."

„Nein, Vater Rhein. Bitte nicht. Wir wollen doch auch mal was machen und nicht immer nur zuhören. Wir können doch auch mal dichten", meldete sich Emma Elf. „Wir können doch mal Reimwörter auf ‚Rhein' suchen. Wir machen das der Reihe nach. Ich fange an und sage ‚Rhein'."

„Liebelein", sagte der Heinzel.

„Schwein", sagte der Teufel.

„Wein", seufzte Mercur und „Gläslein", reimte Vater Rhein.

„Noch eine Runde", rief Emma. „Ich fange an mit ‚Mondenschein'." „Dein", sagte der Heinzel, „gemein", sagte der Teufel, „Latein", jubelte Mercur, „Stein", flüsterte Vater Rhein.

„So! Jetzt machen wir aus diesen Wörtern ein romantisches Gedicht", schlug Emma vor.

Der Teufel meldete sich als Erster:

„Am Rhein, am Rhein, da steht ein Schwein,
und lernt im Mondenschein Latein."

„Das ist doch kein romantisches Gedicht", nörgelte Vater Rhein. „Ein romantisches Gedicht geht so:

Am schönen Rhein, da wächst der Wein,
den trinkt man gern im Mondenschein."

„Ich weiß auch eins", meldete sich der Heinzel.

„Sei kein Schwein,
wirf deinen Abfall nicht in den Rhein rein."

„Wie hört sich das denn an. In den Rhein rein! Das ist doch kein Gedicht", empörte sich Emma.

„Gut, dann mache ich das ‚rein' weg", sagte der Heinzel.

„Ja, jetzt kann man es auf einen Mülleimer schreiben oder auf ein Schild."

Nun war Mercur an der Reihe:

> „Im Mondenschein am Rhein,
> da trinkt man gern ein Gläslein Wein. –

Oder:

> Die Römer am Rhein
> tranken gerne kühlen Wein."

„Ich weiß noch eins", schrie der Teufel.

> „Ein Schwein am Rhein
> war mal gemein."

„Das ist doch nur ein halbes Gedicht", sagte Emma.

„Gar nicht. Das Gedicht ist fertig. Schließlich bin ich der Dichter und kann bestimmen, wann mein Gedicht fertig ist", schrie der Teufel wütend.

„Na ja! Besonders gut sind alle Gedichte nicht. Ich glaube, beim Dichten muss man sich mehr anstrengen. Aber wir sind ja auch keine Dichter. Mir fällt jetzt auch nichts Besseres ein."

„Gehen wir jetzt mal endlich wieder nach unten. Wir waren lange genug hier oben auf dem Loreleyfelsen", maulte der Heinzel.

„Aber ich wollte doch noch so viel erzählen", erwiderte Vater Rhein.

„Nichts da! Du hast genug erzählt. Es reicht jetzt endlich. Wir gehen jetzt", bestimmte der Teufel und auch die anderen waren seiner Meinung.

„Ach, Vater Rhein! Nimm es nicht so schwer", tröstete Emma den Vater Rhein.

„Ja, ja! Aber es war meine große Zeit. Ich war das Sinnbild des freien Vaterlandes. Ich war das Zeichen deutscher Größe. Ich erinnerte an das Heilige Römische Reich mit seinen Kaisern, das seine Wurzeln am Rhein gehabt hatte. So sollte auch das neue Reich werden. Ich war der Vater der Flüsse. Ich war der Mittelpunkt Europas. Die Dichter besangen mich als Wohltäter:

> Mit Eichenlaub den Hut bekränzt!
> Wohlauf und trinkt den Wein,
> Der duftend uns entgegenglänzt!
> Ihn sandte Vater Rhein!

Der Vater Rhein und seine Töchter von Caspar Scheuren 1877.

Der romantische Rhein und die Liebe zum Vaterland

Als das das Rheinland ab 1815 zum Königreich Preußen gehörte, begannen die preußischen Prinzen vom Rhein zu schwärmen. Sie kauften manche Burgruine und bauten die alten Gemäuer prachtvoll wieder auf. Auch reiche Fabrikbesitzer, Unternehmen und Bankiers interessierten sich für den Wiederaufbau der Burgen oder sie ließen sich Villen am Rhein errichten, denen sie Namen gaben wie „Villa Loreley", „Zur Rheinlust" oder „Vater Rhein".

Zu dieser Zeit war Deutschland in verschiedene kleine Staaten zerteilt. Aber viele Menschen wünschten sich ein einheitliches Deutsches Reich. Sie wollten eine Nation sein, die sich durch die gemeinsame Sprache, Abstammung, Geschichte und Kultur verbunden fühlt. Viele waren erfüllt von der „Vaterlandsliebe", die man Patriotismus nennt. Im Jahr 1871 gingen die Hoffnungen und Wünsche der Menschen in Erfüllung. Das Deutsch Kaiserreich mit Kaiser Wilhelm I. wurde ausgerufen.

Der Tafelaufsatz „Vater Rhein" wurde auf der Weltausstellung 1900 gezeigt. Der Goldschmied hat alles, was den Rhein ausmacht, auf dem Tafelaufsatz künstlerisch gestaltet: Berufe, rheinische Sagen, Kirchen und die wichtigsten Burgen am Rhein.

*rechte Seite oben: Der unvollendete Dom war fast zur Ruine geworden.
unten links: Die Vollendung des Kölner Doms sollte das Zeichen für ein geeintes Deutsches Vaterland werden.
unten rechts: König Friedrich IV. legte den Grundstein für den Weiterbau.*

„Überall war ich abgebildet und alle kannten mich. Und jetzt kennt mich niemand mehr! Ich bin nur noch auf Andenken zu sehen", jammerte der alte Vater Rhein und seufzte schwermütig. Aber niemand hatte Mitleid.

„Du kannst nicht immer im Mittelpunkt stehen. Es kann nicht immer alles so bleiben, wie es ist. Die Welt ändert sich. Und das ist gut so", redete Emma dem Vater Rhein zu. Der sagte nun gar nichts mehr und schwieg und starrte traurig vor sich hin.

Die Vollendung des Kölner Domes

Prinz Friedrich Wilhelm war ein Fan des Mittelalters und begeisterte sich auch für den Kölner Dom. Er schwärmte von diesem gotischen Gotteshaus und setzte sich in den Kopf, es zu vollenden. Der Dom stand nun seit fast 300 Jahren unverändert da und war ziemlich verfallen. Die Steine waren mit der Zeit schwarz geworden. Der schwere Baukran aus dem Mittelalter stand immer noch oben auf dem Stumpf des Südturms in 57 Metern Höhe. Der Nordturm, das Langschiff und das Querschiff waren noch gar nicht begonnen worden. Für den Prinzen sollte der Kölner Dom ein Zeichen für ein geeintes Vaterland werden, ein Denkmal für die Nation. Als er 1840 König Friedrich Wilhelm IV. geworden war, rief er bei der Grundsteinlegung für den Weiterbau aus: „Der Dom ist ein Werk des Brudersinns aller Deutschen." Als er mit seiner Rede fertig war, rief er noch „Alaaf Köln!" und dann jubelten und klatschten die Leute und viele hatten Tränen in den Augen. Im Jahr 1880 war der Dom nach 632 Jahren vollendet.

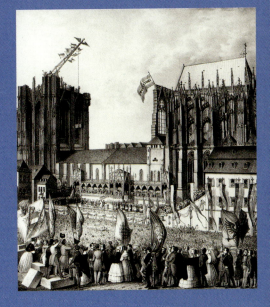

Weiter geht's nach Bacharach

Ein Schiff aus Stein: die Burg Pfalzgrafenstein

Plötzlich schubste der Teufel Vater Rhein so kräftig, dass er beinahe zur Seite fiel.

„He Alter! Was ist. Geht es bald weiter?"

Vater Rhein hatte Tränen in den Augen und sagte mit erstickter, stotternder Stimme: „Mich kennt niemand mehr! Ich bin so traurig."

„Was soll das denn? Du bist ein alter Mann und eine alte Heulsuse. Glaubst du, mich kennt noch jemand? Meinst du, vor mir hätte heute noch jemand Angst? Meine große Zeit ist doch auch vorbei."

„Meine auch", mischte sich Mercur ein. „Außer ein paar Lateinlehrern weiß heute auch niemand mehr, dass ich ein römischer Gott bin."

„Aber mich, mich kennt man noch", jubelte der Heinzel. „Ich bin überall bekannt."

„Wenn das mal stimmt", sagte der Teufel hämisch.

„Also, wohin geht's jetzt", fragte Emma.

„Erst hinunter zum Rhein und dann zum Pfalzgrafenstein, am Ort Kaub vorbei nach Bacharach", grummelte Vater Rhein. „Mit dem Schiff. Da sieht man den Pfalzgrafenstein besser." Aber niemand konnte sich unter dem Pfalzgrafenstein etwas vorstellen. Es wollte auch keiner fragen.

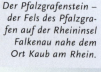

Der Pfalzgrafenstein – der Fels des Pfalzgrafen auf der Rheininsel Falkenau nahe dem Ort Kaub am Rhein.

Das nächste Schiff ließ nicht lange auf sich warten. Als alle an Bord waren, schnarrte wieder die Stimme des Kapitäns aus dem Lautsprecher: „Wir nehmen nun Kurs auf Oberwesel. Dann geht die Fahrt weiter am Pfalzgrafenstein vorbei nach Bacharach. Dort können sie aussteigen und das Städtchen besichtigen."

Alle waren am oberen Deck versammelt und guckten auf den Rhein und die Ufer. Plötzlich kam der Pfalzgrafenstein in Sicht und der Heinzel schrie: „Das ist ja eine Wasserburg. Sie sieht aus wie ein Schiff aus Stein. Das hatte ich mir nicht unter dem Pfalzgrafenstein vorgestellt."

Die Stadt der Türme und des Teufels: Oberwesel

Von einem Teufelspakt, den einst die Oberweseler Winzer schlossen, zeugt ein Hufeisen im Boden des Marktplatzes. Den Abdruck des linken Pferdefußes hinterließ der Teufel, als die Winzer ihn mit einem rollenden Weinfass in den Rhein trieben, um ihn wieder loszuwerden. Unter schmerzerfülltem Geheul verließ er tatsächlich die Stadt und kehrte nie wieder zurück.

Im Museum im Kulturhaus Oberwesel ist ein Thema der Rhein: Schiffsmodelle, Lachsfang, Hochwasser und Deichbau sowie Eisgang auf dem Rhein (ein Film zeigt den letzten großen von 1963), aber auch die Romantik werden hier zum Anfassen präsentiert. Das Museum hält auch die Erinnerung an Hugo Hoffmann von Fallersleben wach, der in Oberwesel 1843 zum ersten Mal das „Lied der Deutschen", die deutsche Nationalhymne, sang.

Eine Burg im Rhein – der Pfalzgrafenstein

Der Pfalzgrafenstein steht auf einem Felsenriff. Damit die Burg bei Eisgang und Hochwasser nicht mitgerissen wird, ist sie wie ein Schiff gebaut. So wird das Wasser verdrängt. Der Turm wurde schon 1327 errichtet und kurze Zeit später die Ringmauer mit dem überdachten Wehrgang mit breiten Zinnen und Schießscharten. Die Burg ist nie zerstört worden. Der Pfalzgrafenstein war eine Zollstelle, die Handelsschiffe mussten anhalten und auf ihre Waren Zoll bezahlen, erst dann durften sie weiterfahren.

„Der Pfalzgrafenstein steht auf einem Felsenriff – schon seit Hunderten von Jahren. Die Burg ist nie zerstört worden. Hier wurde Zoll erhoben. Alle Schiffe mussten anhalten und Geld bezahlen, wenn sie weiterfahren wollten", gab Vater Rhein Auskunft. „Auf dem Rhein gab es zwischen Koblenz und Bingen viele Jahrhunderte lang sieben große Zollstellen. Häufig waren die Burgen auf den Bergen Zollburgen. Wenn man nicht bezahlte, konnte man nicht weiterfahren."

„Moment mal", sagte der Heinzel, „auf einer Strecke von fünfundsechzig Kilometern sieben Zollstellen? Die Schiffe mussten sieben Mal anhalten und Zoll bezahlen? Unglaublich!"

„Rannten die immer von den Burgen runter, um den Zoll zu kassieren, wenn ein Schiff kam?", fragte Emma Vater Rhein.

„Nein, wie soll das denn gehen? Der Zoll wurde am Flussufer kas-

Um die „Pfalz im Rhein" zu besichtigen, muss man mit einer Fähre von Kaub aus hinübersetzen. Das geht nur bei normalem Wasserstand des Rheines (bis 3,80 Meter am Kauber Pegel). Abfahrten alle 30 Minuten bis eine Stunde vor Schließung.

Die Zollschreiberei in Kaub.

siert. Unterhalb der Burg lag die Zollstelle. Meistens war das ein Turm. Darauf saß ein Trompeter oder einer, der die Glocke läutete, wenn ein Schiff kam. Dann musste es anlegen und der Zollschreiber bestieg das Schiff. Er begutachtete die Waren und legte den Zoll fest. Dann kassierte er das Geld, legte es in die Zollkiste und das Schiff konnte zur nächsten Zollstelle weiterfahren."

„Haben die Schiffe beim Pfalzgrafenstein direkt an der Insel angehalten?", wollte Emma wissen.

„Ich glaube nicht. In Kaub konnten die Schiffe besser anlanden. Da stand auch ein Zollschreiberturm. Zollstellen waren mit die besten Geldquellen jener Zeit", antwortete Vater Rhein.

Hochzeit auf Burg Stahleck

Der mächtige Pfalzgraf Konrad bei Rhein lebte mit seiner Frau und seiner Tochter Agnes auf der Burg Stahleck über Bacharach. Konrad hatte schon Heiratspläne für Agnes, doch sie machte ihm einen Strich durch die Rechnung. Sie verliebte sich in Prinz Heinrich, der aus der Familie der Welfen aus Braunschweig stammte, mit denen der Pfalzgraf verfeindet war. Nun wollten die beiden heiraten. Der Vater tobte, aber die Mutter hatte Verständnis. Kurzerhand sperrte Konrad Frau und Tochter in den kahlen Zollturm auf der Rheininsel Falkenau ein. Sie werden schon zur Vernunft kommen, dachte er sich. Aber es kam anders. Bei Vollmond ließ sich Heinrich heimlich von einem Schiffer zur Insel hinüberfahren. Agnes und Heinrich waren überglücklich. Als die Mutter das Glück der beiden erkannte, bestellte sie für die kommende Nacht einen Priester, der die beiden trauen sollte. Als der Pfalzgraf Konrad von seiner Frau erfuhr, dass die beiden verheiratet waren, machte er sich zum Pfalzgrafenstein auf. Dort tobte er und grollte so laut, dass man es bis nach Kaub hören konnte. Als er aber erfuhr, dass er bald schon Großvater sein würde, wurde er ganz leise und schweigsam. Später wurde ein großes Hochzeitsfest gefeiert. Aber nicht in dem kahlen Zollturm, sondern in den prunkvollen Räumen der Burg Stahleck hoch über Bacharach.

Das mittelalterliche Städtchen Bacharach

Bald war auch schon Bacharach in Sicht, der schöne Ort mit der mittelalterlichen Stadtmauer, an der man auf einem Rundgang entlang gehen kann. Auch drei Tore am Rheinufer sind erhalten. Das Kranentor im Süden, das Markttor in der Mitte und das Münztor im Norden. Der Name Kranentor erinnert an die Zeiten, als Bacharach ein großer Umschlagplatz für Wein und Holz war. Hier wurden Weinfässer auf große Schiffe umgeladen. Sie kamen mit kleinen Schiffen von Bingen. Nur sie konnten das „Binger Loch" passieren, eine Stelle, die durch ein Felsenriff verengt und deren Durchfahrt sehr gefährlich war. Es war viel Geschick und Glück der Schiffer nötig, um Menschen und Güter heil durch den bedrohlichen Engpass zu bringen. Am Rheinufer wurde der Wein auch auf seine Qualität kontrolliert, ehe er als „Bacharacher Wein" seine Reise nach Köln antrat.

Im Laufe der Jahrhunderte musste Bacharach viele Kriege und Besatzungen überstehen. Insgesamt acht Mal wechselten die Besatzer, die den kleinen Ort ausplünderten und ausraubten, bis vor dreihundert Jahren die Franzosen drei Türme der Stadtmauer und die Burg Stahleck und andere Burgen am Rhein sprengten. Zu dieser Zeit versandete zudem der Hafen. Nun fiel Bacharach in einen langen Dornröschenschlaf, aus dem es erst wieder aufwachte, als die Romantiker den kleinen Ort entdeckten.

Bacharach am Rhein.

Als das Schiff angelegt hatte, wanderten Vater Rhein, Mercur, Teufel, Heinzel und Emma durch das mittlere Stadttor in das Städtchen.

„Bacharach – das klingt nach dem römischen Weingott Bacchus. *Bacchi ara* – Altar des Bacchus. So könnte man den Namen erklären", stellte Mercur fest.

„Nein!", widersprach ihm Vater Rhein entschieden. „Der Name Bacharach stammt von den Kelten!"

Sie gingen durch das Markttor durch die Marktstraße geradewegs auf die Peterskirche mit dem hohen Turm zu. Sie wurde schon um 1100 begonnen, aber den Turm erhielt sie erst über dreihundertfünfzig Jahre später. Das Innere birgt eine Anzahl Grabdenkmäler von mittelalterlichen Ritter- und Adelsfamilien.

Der „Alte Posthof" in Bacharach.

„Der Bau sieht schön aus, er gefällt mir. Weiß und roter Sandstein. So passt die Kirche gut zu den anderen Häusern in der Oberstraße", bemerkte Emma.

Dann gingen sie zum Alten Posthof. In der Postkutschenzeit wurden nicht nur Briefe und Waren transportiert, sondern auch Personen. Deshalb wurde bei der Poststation auch ein Gasthof mit einer Brauerei eingerichtet, in dem die Reisenden übernachten und essen und trinken konnten. Auch die Kutschpferde wurden hier in Ställen untergestellt. Vor zweihundert Jahren kamen am Tag alle zwei Stunden die Postkutschen. In der Nacht kam ein Postreiter, der Briefe und kleine Pakete beförderte. Der Posthof hatte schon hohen Besuch: der Kaiser von Österreich, der Zar von Russland und die preußischen Prinzen. Die Geschichte des Alten Posthofs reicht bis in das Mittelalter zurück. Da war er der Pfarrhof der St. Peterskirche und Sitz von mehr als fünfundzwanzig Geistlichen. Zum Pfarrhof gehörte auch die Klemenskapelle.

„Jetzt müssen wir zu den Resten der gotischen Wernerkapelle. Die muss man gesehen haben, wenn man in Bacharach war", sagte Vater Rhein.

Die Wernerkapelle in Bacharach.

Da begann der Teufel ein Tänzchen, spuckte und trampelte mit seinem Pferdefuß auf das Kopfsteinpflaster und schrie empört: „Hast du noch immer nicht begriffen, dass ich in keine Kirche und in keine Kapelle gehe. Du alter Zottelbart! Wie oft soll ich das noch sagen!"

Alle waren fürchterlich erschrocken. Aber der Teufel war schon in Richtung Mainzer Straße und Bahnhof davongehumpelt, denn bei dem Getrampel hatte er sich den Pferdefuß umgeknickt.

„Das sieht gespenstisch hier aus. Warum ist die Wernerkapelle eine Ruine?", fragte Emma, als sie nach hundert Stufen an der Kapelle waren.

„Sie wurde zerstört, als die Franzosen die Burg Stahleck in die Luft sprengten. Die dicken Steinbrocken, die dabei herunterstürzten, zerschlugen das Dach und das Gewölbe der Kapelle. Später hat man aus Angst vor Einsturz noch einige Teile abgetragen. Seit 1787 sieht die Wernerkapelle aus wie heute."

Der Pfälzische Erbfolgekrieg 1688–1697

Nach dem Tode des Kurfürsten Karl II. entstand der Krieg um Teile der Pfalz. Der französische König Ludwig XIV. erhob Erbansprüche für seine Schwägerin, Herzogin Elisabeth Charlotte von Orléans, die die Schwester von Karl II. war. So kam es zum Krieg zwischen Frankreich und dem Heiligen Römischen Reich. Frankreich hatte das Ziel, sein Gebiet bis an die Rheingrenze zu vergrößern. Liselotte von der Pfalz, wie Elisabeth Charlotte in ihrer pfälzischen Heimat genannt wurde, hat schwer darunter gelitten, dass in ihrem Namen die Pfalz verwüstet und geplündert wurde. Das war sicherlich einer der Gründe, warum sie so viele Briefe, auf Deutsch und auf Französisch, geschrieben hat. Man schätzt, es waren 60 000.

„Die Bauweise erinnert mich an den Kölner Dom. Die hohen Fenster mit dem Maßwerk aus Stein und die Wasserspeier sind Zeichen für den gotischen Baustil", sagte Emma.

„Wie schlau du bist", witzelte der Heinzel. Aber Emma fand das gar nicht lustig.

„Wer war eigentlich dieser Werner, nachdem die Kapelle benannt worden ist?", fragte dann der Heinzel und Vater Rhein erzählte die Wernerlegende:

Die Wernerlegende

Der junge Werner war vierzehn Jahre alt, als er um Ostern 1287 in Oberwesel grausam ermordet wurde. Seine Leiche warfen die Mörder achtlos in den Rhein. Sie trieb aber nicht rheinabwärts, sondern gegen die Strömung nach Bacharach. Die Leiche strahlte Licht und wunderbare Veilchendüfte aus, als man sie am Ufer fand. Man begrub sie auf dem Felsabsatz, auf dem später die Wernerkapelle errichtet wurde, und bald geschahen die ersten Wunder. Man flüsterte sich zu, dass die Juden Werner umgebracht hätten und bald kam es zu schweren Ausschreitungen gegen die Juden im Mittelrheintal. An Werners Grab sollen neunzig Wunder an Kranken und Gebrechlichen geschehen sein und so wurde Werner sehr beliebt und Hunderttausende pilgerten zu seinem Grab. Nun sollte Werner heilig gesprochen werden und der Papst prüfte die Wunder, die Werner angeblich gewirkt hatte. Viele Zeugen, es waren zweihundertelf, schworen darauf. Als man seinen Sarg öffnete, war sein Gesicht von goldenem Haar umrahmt und ruhte auf einem Seidenkissen, das mit Veilchen übersät war. Obschon dies eigentlich ein weiteres Zeichen war, ist Werner bis heute nicht heilig gesprochen worden. Die Kapelle ist seither ein Mahnmal für Toleranz und Völkerverständigung.

Bacharach mit der Ruine der Wernerkapelle vor etwa 200 Jahren.

Burg Stahleck – eine unter vielen

Nun stiegen sie zur Burg Stahleck hoch. Oben angekommen empörte sich der Heinzel.

„Vater Rhein", sagte er streng, „ich glaube, du erzählst uns Quatsch. Du hast eben gesagt, dass die Franzosen die Burg Stahleck gesprengt haben. Wenn das stimmt, müsste hier jetzt eine Burgruine stehen. Ich sehe aber eine prächtige Burganlage. Erklär' mir das bitte mal."

Vater Rhein machte große Augen und strich sich durch den Bart. „Die Burg hat man wieder aufgebaut. 1909 kamen die Reste in den Besitz des Rheinischen Vereins für Denkmalpflege und Landschaftsschutz und der Verein hat über den alten Grundmauern die Burg wieder aufgebaut. Später stellte man auch den Bergfried wieder her."

Plötzlich kam eine Horde Kinder auf den Burghof gerannt. Sie hätten Vater Rhein beinahe umgestoßen.

„Was ist denn hier los? Was machen die vielen Kinder hier?", fragte Mercur erstaunt.

„Jugendherberge Burg Stahleck, Jugendgästehaus Bacharach/Rhein", sagte Emma und zeigte auf das Schild.

„Boh, das ist schön hier. Hier möchte ich mal schlafen. Oben auf dem Felsen, in einer echten Burg. Von hier oben kann ich super in das Rheintal gucken und den Verkehr auf dem Fluss beobachten. Ein toller Platz ist das. Nachts erscheinen bestimmt Gespenster oder Geister. Dann wird es schön gruselig", freute sich der Heinzel.

Burg Stahleck ist eine der schönsten Jugendherbergen Deutschlands.

„In Bacharach gibt es dreizehn gruselige Stationen, zum Beispiel der Alte Posthof oder der Liebesturm, ein alter Stadtturm mitten im Wald. In diesem Versteck haben sich in dunklen Nächten der junge Prinz Albert von der Burg Stahleck und Mathilde, eine Winzertochter, getroffen. Aber ihre Liebe hatte keine Zukunft. Als Soldaten sie aufstöberten, sprangen die beiden von den Zinnen des Turms in den Tod, tief in das Tal hinab", erzählte Vater Rhein.

„Spuken die beiden jetzt hier im Wald herum?", fragte der Heinzel mitfühlend.

„Weiß ich nicht. Ich war nachts noch nie im Wald von Burg Stahleck", antwortete ihm Vater Rhein.

Im Burghof von Stahleck.

Während Mercur und Vater Rhein die schöne Aussicht vom Burghof auf den Rhein genossen, gingen Emma und der Heinzel durch die offene Türe der Jugendherberge und guckten sich neugierig um. Eine freundliche Mitarbeiterin gab ihnen Auskunft über alles, was sie wissen wollten. Von hier aus konnte man also auch bequem über die Rheinhöhen zur Burgruine Fürstenberg, zur Heimburg, Burg Sooneck, Burg Reichenstein und Schloss Rheinstein wandern. Das wollte sie den anderen vorschlagen. Eine Wanderung von Burg zu Burg. Aber der Heinzel glaubte nicht daran, dass die anderen mitmachten.

Blick vom Burghof auf den Rhein.

Burg Stahleck

In schriftlichen Urkunden wurde Burg Stahleck zum ersten Mal 1135 genannt, obwohl sie schon früher bestanden haben muss. Kaiser Friedrich I. Barbarossa übertrug die Burg 1190 seinem Bruder Konrad. Später fiel sie an Ludwig von Bayern. Auf Burg Stahleck residierten im Laufe der Jahrhunderte die edelsten Geschlechter. Auf der Burg ging es prächtig zu. Hier waren Kaiser und höchste Würdenträger des Reiches zu Gast und es fanden Fürstenversammlungen statt. Dann war die herrliche Zeit auf der mächtigen Burg vorüber. Im Pfälzischen Krieg zwischen Frankreich und dem Heiligen Römischen Reich bestimmte 1686 der französische Heerführer, Burg Stahleck niederzubrennen. In unterirdischen Kellergewölben der Burg lagerten riesige Pulvervorräte für den Kriegsfall. Als die feindlichen Soldaten sie entdeckten, streuten sie das explosive Pulver überall aus und zündeten es an. Das Donnern war im ganzen Rheintal zu hören und bald wurde auch das gewaltige Feuer sichtbar. Die Fels- und Steinbrocken schleuderten mit Wucht auf die Stadt Bacharach und zerstörten Häuser und die Wernerkapelle. Nun war das Schicksal der Burg besiegelt. Mauern, Giebel und Decken stürzten ein. Von der Burg blieben nur Schutt und schwarzes Gemäuer, das bald von Pflanzen überwuchert wurde. 1829 kaufte Prinz Friedrich Wilhelm, der spätere König Friedrich Wilhelm IV., die Ruine für seine Frau Elisabeth. Er wollte die Burg ihrer Vorfahren wieder aufbauen, doch dazu kam es nicht. Später kaufte der Rheinische Verein für Denkmalpflege und Landschaftsschutz die Ruine und baute die Burg auf den alten Grundmauern wieder auf.

Die Heimburg

Im Ort Niederheimbach sieht man auf einem Bergvorsprung die Heimburg. Im Jahr 1294 kaufte der Mainzer Erzbischof Gerhard von Eppstein einen Weinberg. Auf dem Berg lagen noch die Trümmer eines römischen Kastells an d Römerstraße längs des Rheins. Die Heim burg sollte Schutz gegen das angrenzend Gebiet bieten. Auch die Ritter von Heimburg erhoben am Rhein Wasser- und Weg zoll und suchten noch zusätzliche Einnahmen. Sie plünderten die Wagen der Kaufleute aus und beraubten die Schiffe. Aber sie trieben es zu weit mit ihrem lust gen Raubritter-Dasein, kamen vor das Stra gericht des Königs und wurden mit ihren Gesellen an Bäumen aufgeknüpft. Die Heimburg wurde im Mittelalter wenig zerstört. Erst die Franzosen legten sie im Pfälzischen Krieg in Schutt und Asche. Unkraut und Dornen überwucherten sie und erst 100 Jahre spä ter bekam sie wieder einen Besitzer. Heute ist die Heimburg Privatbesitz und nicht zu besichtigen.

Ruine Fürstenberg

Die Ruine Fürstenberg liegt auf einem steilen Bergkegel. Zu ihren Füßen liegt der Ort Rheindiebach. In früheren Zeiten war sie eine der mächtigsten Burgen am Rhein. Burg Fürstenberg schützte das reiche Weinland vor den Mainzern. Im Jahr 1220 soll der Erzbischof von Köln Engelbert I., Fürstenberg erbaut haben. Die Mauern der Burg waren hoch und fest gefügt. Die Steinkugeln, die aus Bombarden geschleudert wurden, gelangten nicht über die Zinnen ins Innere der Burg und ein tief in den Fels gehauener Graben schützte die Burg zusätzlich. De gewaltige Bergfried schüchterte jeden Feind ein. Wie alle anderen Burgen verlor auch Burg Fürstenberg im Laufe der Zeit an Bedeutung und wurde 1689 im Pfälzischen Krieg zerstört. Nur der gewaltige Turm hielt der Zerstörungswut der Franzosen stand. Später kaufte ein Weinhändler die Ruine und lagerte im kühlen Gemäuer des Turms seinen Wein. Er kaufte auch das Land ringsum und legte di Weinberge an.

Die Geschichte der Burg Reichenstein steht auf S. 137f.

Burg Sooneck

Burg Sooneck liegt auf einem Felsenvorsprung, der steil zum Rhein abfällt. Wann Burg Sooneck genau erbaut wurde, ist nicht mehr herauszufinden. Auf der Burg hausten Raubritter, die Reisende ausplünderten und unverschämten Zoll auf dem Rhein erhoben. Durch einen Vertrag wollte man dem ein Ende setzen, doch die Nachfahren scherten sich nicht um den Vertrag zur Wahrung des Landfriedens und setzten ihr Raubrittertum fort. 1282 belagerte König Rudolf I. die Burg, zerstörte sie und sprach das Verbot aus, sie wieder aufzubauen. Später hob ein König das Bauverbot auf. Im Pfälzischen Krieg wurde sie von den Franzosen zerstört und blieb eine Ruine, bis der preußische König Friedrich Wilhelm IV. und seine Brüder Carl und Albrecht die Burg kauften. Sie ließen sie als königliches Jagdschloss in neugotischem Stil wieder aufbauen.

Burg Rheinstein

Die erste Burg unterhalb von Bingen ist Burg Rheinstein. Den Namen hat diese Burg erst vor etwa 100 Jahren bekommen. In der Zeit davor hat sie achtmal ihren Namen gewechselt. Sie hieß Vogtsberg, Vautsberg, Fautz, Fautsberg, Faitsberg, Fodesberg und Foitsberg. Ihr Ursprung reicht, wie bei anderen Burgen auch, ins frühe Mittelalter zurück. Diese Zeit war nicht nur die Zeit der edlen Ritter, sondern auch die Zeit, in der Willkür, Habsucht und das Recht des Stärkeren galten. Die Burg hatte, wie andere Burgen auch, eine eigene Zollstelle am Rheinufer. Je aufwändiger die Herren auf der Burg lebten, desto höher stiegen die Zollgebühren. Aber die Herren dieser Burg waren keine Raubritter wie ihre Kollegen auf den anderen Burgen in der Nachbarschaft. Als Kuno von Falkenstein die Burg zum Lehen erhielt und sich dafür zu ritterlichem Kriegsdienst und Treue verpflichtete, erhielt die Burg eine wohnliche Ausstattung. Nachdem Kuno 1388 gestorben war, fiel die Burg an die Kurfürsten von Mainz zurück. Zum Schluss erhielt die Familie von Wieburg das Lehen. Aber sie konnte den langsamen Verfall der Burg nicht aufhalten. Schon 1632 war sie eine Ruine. Doch die Burg erwachte wieder aus ihrem Dornröschenschlaf, als Friedrich Ludwig, Prinz von Preußen, sie 1823 kaufte und wieder aufbaute. Heute ist sie in Privatbesitz.

Der Heinzel hatte Recht. Vater Rhein wollte nicht wandern und Mercur auch nicht. Den Teufel konnten sie nicht fragen, aber er würde bestimmt nicht mitmachen, weil er doch rubbeldiekatz überall hinkommt.

„Schade", sagte Emma. „Man könnte so schön hier am Rhein entlang wandern. Na ja, vielleicht finde ich mal echte Wanderfreunde, die ein anderes Mal mit mir gehen."

Nun stiegen sie wieder hinab nach Bacharach. Aber sie blieben oft stehen, weil der Blick auf den Rhein so schön war.

Als sie wieder bei den Schiffsanlegebrücken waren, suchten sie den Teufel. Aber sie fanden ihn nicht. Plötzlich hörten sie quietschende Autoreifen und lautes Hupen. Es kam von der Bundesstraße 9. Dann sahen sie ihn. Er torkelte zwischen den Autos hindurch auf das Rheinufer zu und versuchte das Lied „Warum ist es am Rhein so schön" zu singen. Die Autofahrer schrien dem Teufel Wörter zu, die man gar nicht aussprechen darf. Emma rannte auf den Teufel zu und packte ihn am Arm. Dann gab sie Handzeichen, damit die Autofahrer stehen blieben. Als sie endlich auf der anderen Seite waren, hickste der Teufel unentwegt und brachte kein vernünftiges Wort mehr heraus.

„Lass ihn in Ruhe. Der hat zu viel Bacharacher Wein getrunken. Ich kenne das", sagte Vater Rhein.

Das Rheintal bei Bingen, das sogenannte Binger Loch.

Mit dem Schiff nach Bingen und Rüdesheim

Romantisches Wahrzeichen: der Binger Mäuseturm

„Schiff oder Zug?", fragte Emma.

„Zug", sagte der Heinzel.

„Weder Schiff noch Zug", sagte Mercur. „Ich bewege mich durch die Luft."

„Fahrt mit dem Schiff und nehmt den Teufel mit. In seinem Zustand kann der nicht rubbeldiekatz irgendwo sein. Und wenn er sich übergeben muss, kann er sich über die Reling hängen. Ich bevorzuge ohnehin den Weg unter Wasser", empfahl sich Vater Rhein.

Also warteten die drei auf das nächste Schiff nach Bingen. Als das Schiff kam, hakten Emma und der Heinzel den Teufel unter, schleiften ihn an Deck und setzten ihn auf eine Bank. Er sah aus wie eine Leiche – gelbgrünlich. Das Schiff näherte sich dem Mäuseturm, der auf einem Felsenriff mitten im Rhein stand, und nahm dann Kurs auf Bingen. Von Zeit zu Zeit stürzte der Teufel an die Reling und beugte sich darüber.

Die Sage vom Binger Mäuseturm

In Mainz herrschte der Erzbischof Hatto. Damit er in Luxus leben konnte, erhob er hohe Steuern und Abgaben. Seinen Untertanen blieb nur wenig zum Leben, aber sie ertrugen ihr Leid ohne zu klagen. Eines Tages ließ er auf der kleinen Insel im Rhein zwischen Bingen und Rüdesheim sogar einen Zollturm errichten. Jetzt mussten alle Rheinschiffer dem unersättlichen Hatto Zoll bezahlen, wenn sie vorbeifahren wollten.

Im darauf folgenden Jahr richteten Hagel im Frühjahr und Dürre im Sommer großen Schaden an. Die Ernte wurde vernichtet und das Brot wurde knapper und knapper bis es zu einer Hungersnot kam. Erzbischof Hatto betraf das nicht, denn er hatte seine Vorratslager voll Getreide. Aber er hielt sie verschlossen und gab niemandem etwas ab. Die Leute bettelten um ein bisschen Brot, damit sie nicht verhungerten. Aber Hatto ließ sich nicht erweichen. Sein Herz war hart wie Stein. Als die zerlumpten, hungernden Gestalten und die dürren Kinder vor ihm auf die Knie fielen und bettelten, ersann er einen Plan. „Geht zur Scheune vor der Stadt. Dort soll jeder Korn bekommen", sagte er. Doch in

Wirklichkeit gab er seinen Dienern Anweisung, die Scheune zu verschließen und anzuzünden, wenn alle drinnen waren. Als die Scheune lichterloh brannte, schrien die Leute so laut, dass Hatto es in seinem Palast in Mainz hörte. „Hört, wie die Kornmäuse pfeifen", sagte er. „Bald hat das Betteln ein Ende. Mich sollen die Mäuslein beißen, wenn es nicht wahr ist."

Nun huschten Tausende von pfeifenden Mäuschen auf den Palast des Erzbischofs zu und krochen durch alle Ritzen und Türspalten in die Gemächer, in Vorratskammern und Küchen. In seiner Panik floh Hatto auf die Rheininsel in seinen Turm, weil er dachte, dass die Mäuse nicht zur Insel schwimmen können. Doch er irrte sich und die Mäuse verfolgten ihn auch bis in den Turm. Sie zernagten alles. Schließlich begannen sie auch, an Erzbischof Hatto zu nagen. In seiner Verzweiflung rief er den Teufel an, der ihm Hilfe anbot. Dafür musste er ihm jedoch seine Seele versprechen. Der Teufel vertrieb die Mäuse mit Schwefelgestank und Hatto war befreit. Aber er war so krank und schwach geworden, dass er kurz darauf starb. Nun holte sich der Teufel Hattos Seele. Seit dieser Zeit nennt man den Zollturm im Rhein den Binger Mäuseturm.

Der Binger Mäuseturm

Der Mäuseturm ist seit der Zeit der Rheinromantik zu einem Wahrzeichen von Bingen geworden. Ursprünglich war er jedoch ein Wachturm, der zur gegenüberliegenden Burg Ehrenfels gehörte. Hier wurde der Rheinzoll kassiert, den die Erzbischöfe von Mainz erhoben.

Der Name „Mäuseturm" kann daher auch vom mittelalterlichen Wort *mûsen* stammen, was Ausschau halten oder spähen bedeutet, oder aber von „Maut", einem anderen Wort für Zoll. Der Turm ist älter als 500 Jahre und war schon zur Ruine geworden, bevor man ihn als Signalturm für die Schifffahrt 1856 wieder aufbaute.

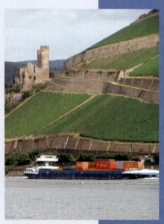

Burg Ehrenfels.

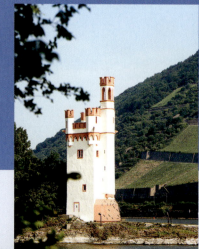

Als sie in Bingen anlandeten, standen schon Vater Rhein und Mercur an der Anlegestelle. Mercur lag dem Vater Rhein in den Ohren und redete auf ihn ein:

„Bingium, Bingium! Ja, ich sehe ein, dass vor den Römern die Kelten hier am Zusammenfluss von Nahe und Rhein angesiedelt waren. Ja, ich gebe zu, dass die Kelten hier schon eine Siedlung gegründet hatten. Ja, ich gebe zu, dass *Bingium* vielleicht das keltische Wort für ‚Loch im Fels' war, weil hinter dem Mäuseturm diese Untiefen im Wasser sind, das Binger Loch. Aber fest steht auch, dass Bingen der Ausgangspunkt einer römischen Militärstraße nach Trier war. Deshalb waren hier auch römische Truppen stationiert. Sie haben eine Brücke aus Holz über die Nahe gebaut und ein Kastell errichtet. Die römische Vergangenheit von Bingen ist nicht zu übersehen."

Das Museum am Strom – Hildegard von Bingen

Mercur hatte mittlerweile einen hochroten Kopf. Während er auf Vater Rhein einredete, hatte er nicht bemerkt, dass sich Emma, Heinzel und der Teufel eingefunden hatten, und sprach ununterbrochen weiter:

„Ich will dir mal was sagen, mein lieber Vater Rhein. Bei Bauarbeiten an der Burg Klopp, oberhalb von Bingen, ist man auf hundertzwanzig römische Gräber gestoßen! Hundertzwanzig römische Gräber, stell dir das vor! Und am 6. Juni 1925 hat man ein Grabhäuschen aus Ziegelplatten entdeckt. Es enthielt eine Urne mit der Asche eines Arztes und Grabbeigaben. Es waren siebenundsechzig Einzelteile, mit denen der römische Arzt Operationen durchgeführt hatte. Mit diesem Operationsbesteck hat er sogar Operationen am Kopf durchgeführt – und das im 2. Jahrhundert nach Christus. Damit konnte er Schädel öffnen. Es war ein Meißel dabei, mit dem er Fisteln und Geschwüre abschaben konnte, und ein Knochenheber und Pinzetten. Der Mann war Chirurg. So viele chirurgische Instrumente auf einmal hat man auf der

Museum am Strom – Hildegard von Bingen. Hinter dem alten Gemäuer ist von den Römern bis in die heutige Zeit viel zu sehen.

Pinzetten, scharfe Löffel, Meißel, Glüheisen, Schröpfköpfe, Skalpelle und noch mehr Instrumente wurden im Grab eines römischen Chirurgen gefunden.

ganzen Welt noch nicht gefunden. Man kann sie besichtigen: im Historischen Museum am Strom – Hildegard von Bingen. Sie sind alle ausgestellt."

Erst jetzt hatte Mercur bemerkt, dass Emma und der Heinzel gekommen waren, und auch der Teufel, der immer noch grün-grau und elend aussah.

„Weißt du was über Higa?", fragte Emma Vater Rhein.

„Higa? Die kennt doch jeder! Higa von Bingen. Unsere Hildegard hat doch auch eine neue unbekannte Sprache erfunden und sie ‚Lingua ignotae' genannt. Sie hat völlig neue Wörter erfunden. Zum Beispiel ‚düvelitz'. Wisst ihr, was damit gemeint ist?"

„Hört sich nach Teufel an", bemerkte Emma.

„Das ist auch einfach. Aber was ist mit ‚beniszia' gemeint?"

Niemand antwortete dem Vater Rhein.

„Damit ist die rechte Hand gemeint. Es ist vom lateinischen *benedicere* abgeleitet und das heißt segnen. Gesegnet wird immer mit der rechten Hand. Aber die anderen achthundertachtundneunzig Wörter ihrer Sprache kann man kaum deuten oder übersetzen."

„Können wir jetzt nicht was anderes machen? Mich interessiert diese Higa mit ihrer komischen Sprache nicht. Ich weiß noch nicht mal, wann die gelebt hat", quengelte der Heinzel.

„Aber unsere Higa ist doch so berühmt. Zu ihrer Zeit, im frühen Mittelalter, war es außergewöhnlich, dass eine Frau lesen und schreiben konnte und sich Gedanken über Gott und die Welt machte", empörte sich Vater Rhein. „Sie hat Klöster gegründet. Sie hat sich mit Musik, Medizin und mit Biologie beschäftigt und mit der Religion und ganz viel mit dem Essen. Sie war davon überzeugt, dass die richtige Zusammensetzung der Nahrung wichtig für das Wohlergehen ist. Sie wurde für viele Menschen zu einer Wegweiserin und zu einer Heiligen. Sie wurde 1098 als zehntes Kind eines Grafen geboren und als sie acht Jahre alt war, kam sie zu ihrer Tante Jutta ins Kloster. Sie war ein zartes und kränkelndes Mädchen", redete Vater Rhein weiter, aber der Heinzel wollte nichts mehr von Higa hören. Der Teufel hatte sich sowieso schon hingesetzt und seinen Kopf in

Geheimschrift der Hildegard von Bingen, um 1180/90.

die Hände gestützt. Emma interessierte sich auch nicht besonders für Higa. Sie konnte nicht verstehen, dass man mit acht Jahren ins Kloster ging. Aber das Mittelalter war eben auch eine ganz andere Zeit, in der kaum jemand lesen und schreiben konnte und die Religion und die Kirche so wichtig waren.

„Ich erzähle euch nichts mehr von Hildegard und von Bingen!", sagte Vater Rhein beleidigt. „Wir warten auf die Fähre und fahren rüber nach Rüdesheim."

Ausflug zum Niederwalddenkmal

„Rüdesheim ist eine Touristenattraktion. Das liegt am Rüdesheimer Wein. Er soll zu den besten Deutschlands gehören", sagte Vater Rhein, als sie am anderen Ufer waren.

„Erzähl mir nichts von Wein. Ich verbiete dir das. Ich will nichts mehr davon hören. Mein Kopf brummt immer noch und schlecht ist es mir auch noch", unterbrach der Teufel den Vater Rhein.

„Du musst ja nicht zuhören. Halt dir doch die Ohren zu", sagte Vater Rhein und fuhr ungerührt fort: „In der weltberühmten Drosselgasse

Mit der Fähre von Bingen nach Rüdesheim.

In der Drosselgasse von Rüdesheim.

Schmuck über einer Türe in der Drosselgasse.

ist ein Weinlokal neben dem anderen. Jedes Jahr im Sommer feiern die Rüdesheimer das Weinfest. Der Höhepunkt ist die Krönung der Weinkönigin mit ihren Prinzessinnen. Und jetzt gehen wir durch die Drosselgasse zur Seilbahn und fahren hinauf zum Niederwald und gucken uns das Niederwalddenkmal an und genießen die schöne Aussicht."

„Ich will jetzt auch hier weg. Die Güterzüge machen so viel Krach. Das ist mir viel zu laut. Und die vielen Autos, schrecklich", sagte Emma. Fast niemand verstand sie, weil gerade mal wieder ein ellenlanger Güterzug durch Rüdesheim donnerte.

Rüdesheim und die Eisenbahn

90 Personenzüge und bis zu 200 Güterzüge fahren jeden Tag durch Rüdesheim. Die Bahnlinie verläuft direkt am Rheinufer und schneidet die Stadt vom Fluss ab. Zwischen den Hotels und den Bahngleisen führt die Bundesstraße 42 vorbei, bis sie die Schienen am westlichen Ortsende kreuzt. Der Bahnübergang wird im Sieben-Minuten-Takt geschlossen. Neben dem Krach der Züge müssen die Rüdesheimer und die Hotelgäste nun auch noch die Abgase der Autos ertragen, die im Stau stehen. Schon seit fast 100 Jahren hat man den Rüdesheimern einen Bahntunnel versprochen. Aber bis heute ist nichts geschehen und die 90 Personenzüge und die 200 Güterzüge donnern weiter durch den Ort. Zukünftig sollen es sogar noch mehr werden.

Obwohl es dem Teufel so schlecht ging, entdeckte er das Schild zuerst: „Mittelalterliches Foltermuseum – Rüdesheim/Rhein" stand darauf. Und weiter: „120 Folterwerkzeuge sowie eine umfangreiche Bildergalerie. Werkzeuge der Exekution, der öffentlichen Demütigung und der Folter sind hautnah zu erleben", und dann wurden die Folterinstrumente von A bis Z aufgezählt.

„Da will ich hin", schrie der Teufel sofort. „Das muss ich sehen. Ich komme später zum Denkmal", rief er noch und war in Richtung Grabenstraße 13 verschwunden.

Mercur hatte sich in die Luft erhoben und schwebte auf das Denkmal am Niederwald zu. Vater Rhein und der Heinzel saßen bald nebeneinander im Sessel der Seilbahn und schwebten ziemlich dicht über den steilen Weinbergen immer höher und höher zum Niederwald. Beide sagten nichts, denn sie hatten ein flaues Gefühl im Bauch. Emma saß im Sessel hinter ihnen. Neben ihr hatte ein lustiger Japaner Platz genommen. Er machte unentwegt Fotos: von den Weinhängen, vom Rheintal und von Emma. Sie war froh, als sie endlich oben angekommen waren und sie den Japaner los war. Aber als sie nach einem kleinen Fußmarsch am Niederwalddenkmal waren, stand der Japaner auch schon da und fotografierte das Denkmal von allen Seiten. Plötzlich zeigte er mit dem Finger nach oben und rief etwas auf Japanisch, das niemand verstand. Aber alle blickten nach oben. Für Sekunden sahen sie eine menschliche Gestalt auf dem Lorbeerkranz der Germania. Aber nur Vater Rhein, der Heinzel und Emma wussten, dass es Mercur war.

Mit der Seilbahn zum Niederwalddenkmal.

„Unglaublich!", sagte Mercur, als er auf dem Boden gelandet war. „Gigantisch! Aber auch maßlos. Ein Denkmal für Angeber, würde ich sagen. Völlig übertrieben. Wir Römer waren wirklich verrückt nach Denkmälern. Aber so ein klotziges und grobes Denkmal mit dem Riesenweib Germania hätten wir nie errichtet."

„Na ja", begann Vater Rhein verlegen und strich sich durch den langen Bart. „Ganz unrecht hast du nicht. Aber es waren eben auch andere Zeiten. Man war so stolz darauf, dass Deutschland 1870 den Krieg gegen Frankreich gewonnen hatte. Und endlich, endlich gab es 1871 wieder ein Deutsches Reich mit einem Kaiser an der Spitze. Da waren eben bestimmte Leute besoffen vor Stolz und Vaterlandsliebe und wollten ein nationales Denkmal der Zusammengehörigkeit. Germania sollte für die ganze Nation stehen. Und nun steht sie da oben, blickt nach Südwesten und verkündet den Sieg über Frankreich und die Gründung des Reiches."

„Gibt es eine Geschichte zum Denkmal?", fragte der Heinzel.

„Nein, eine Geschichte nicht. Aber ich kann von der Einweihungsfeier 1883 erzählen", antwortete Vater Rhein.

Das Niederwalddenkmal mit der siegreichen Germania auf dem Sockel steht für die Erneuerung des Kaisertums im Jahr 1871.

Die Einweihung des Niederwalddenkmals

Kaiser Wilhelm I. war mit seinem Hofstaat zur Feier gekommen. Man hatte ein Kaiserzelt aufgestellt, das oben eine Krone trug. Es war mit Wimpeln, Fahnen, Eichenlaub und Lorbeer geschmückt und ein roter Teppich war ausgerollt worden. Auch alle Fürsten des Reiches waren da, weiß gekleidete Ehrenjungfrauen und jede Menge hoher Würdenträger, Gesangvereine und so weiter, und so weiter. Viele trugen Uniformen mit Schärpen und blitzblanken Orden. Es traten Chöre auf, die deutsche Lieder sangen. Und alle schmetterten mit. Es regnete kräftig, aber ab und an fiel auch ein Sonnenstrahl auf das Gesicht des Kaisers. Der Regen war das Glück des Kaisers und der Großen des Reiches, denn Attentäter hatten eine Bombe versteckt. Sie wollten alles in die Luft jagen. Aber es kam nicht zur Explosion, weil die Zündschnur nass geworden war. Alle blieben unversehrt, auch Germania. Die Täter wurden gefasst und zum Tode verurteilt. Zwei Verschwörer wurden enthauptet und ein dritter zu lebenslänglich Zuchthaus begnadigt. Die Feier wurde fortgesetzt. Ein Redner nannte das Denkmal „den Altar der gemeinsame Vaterlandsliebe".

Germania – eine Frau steht für Deutschland

Germania ist eine Fantasiegestalt, die für die ganze deutsche Nation steht. Der Eichenkranz auf ihrem Haupt ist das Zeichen für Heldentum, das Schwert in ihrer linken Hand für Kampfbereitschaft und die Krone in der rechten Hand für die Erneuerung des Kaisertums im Jahr 1871.

Germania ist zwölf Meter hoch und hat ein Gewicht von etwa 500 Zentnern. Sie ist aus Bronze gegossen, für die man alte preußische Kanonen eingeschmolzen hat. Allein das Gesicht der Germania ist ein Meter lang und der Taillenumfang sieben Meter. Auch das Schwert ist sieben Meter lang.

Der Unterbau des Denkmals ist 25 Meter hoch. Am Sockel ist der Vater Rhein mit dem Füllhorn dargestellt. Er steht für Heldenkraft und Mannestreue und verkörpert die große Geschichte des Deutschen Volkes. Ihm gegenüber sitzt seine Tochter, die Mosel (siehe S. 196).

„Was sollen eigentlich diese Geflügel rechts und links an den Ecken bedeuten?", fragte Emma nachdenklich.

„Die Figuren stehen für Krieg und Frieden."

„Hmm", grummelte Emma, „so ein Denkmal würde man heute nicht mehr aufstellen. Wie die Zeiten sich ändern!"

Dann bemerkte sie den Teufel, der rubbeldiekatz neben ihr aufgetaucht war.

„Du hast was verpasst", sagte sie zu ihm.

„Ihr auch", antwortete er. „Prima Foltermuseum in Rüdesheim! Schöne Sammlung von Folterwerkzeugen! Die könnten wir alle in der Hölle gebrauchen."

Vater Rhein stand abseits und machte mal wieder einen traurigen Eindruck.

„Was ist los?", fragte Emma.

„Jedes Jahr kommen etwa zwei Millionen Besucher zum Denkmal und gucken von hier oben auf den Rhein. Sie wissen gar nicht, dass ich mal Deutschlands Grenze zu Frankreich war und als Deutschlands Strom verehrt wurde. Sie wissen nur, dass ich schon in römischer Zeit eine wichtige Verkehrsverbindung war und heute eine internationale Schifffahrtsstraße bin", sagte Vater Rhein weinerlich.

Die Schifffahrt auf dem Rhein

Schon die Römer treidelten: Schiffe an der langen Leine

„Zu meiner Zeit war bestimmt so viel Verkehr auf dem Rhein wie heute. Vom Einbaum bis zum großen Kriegsschiff befuhr alles den Rhein", begann Mercur. Er wurde aber sofort vom Teufel unterbrochen.

„Blödsinn! Zu allen Zeiten war viel Verkehr auf dem Rhein. Nur anders. Mit anderen Schiffen, meine ich. Was glaubst du, was im Mittelalter auf dem Fluss los war."

Das Neumagener Weinschiff ist das Grabmal eines römischen Weinhändlers aus der Zeit um 220 n. Chr. Es ist im Rheinischen Landesmuseum Trier ausgestellt.

„Kannst du mal bitte deinen Mund halten, wenn ich von der Schifffahrt der Römer berichten will", erwiderte Mercur ziemlich ungehalten und blickte auf den Teufel herab. „Wir Römer mussten die germanischen Grenzgebiete vom Fluss aus überwachen, deshalb brauchten wir eine Flotte. Die Flotte verfügte über Kriegsschiffe. Das waren besonders schnelle Boote. Eine Flotte brauchte natürlich einen funktionierenden Flusshafen mit Werften zum Bau der Schiffe und Schiffshäuser, in denen die Schiffe überwintern konnten. Neben den Militär- und Polizeiaufgaben übernahm die Flotte auch Transporte, zum Beispiel für Steine, um Stadtmauern, Tempel und Häuser zu bauen, und Holz für Dachstühle und Schiffe. Die Seefahrt war gefährlich und die Fahrt auf dem Fluss auch. Deshalb suchten Kaufleute und Schiffseigner Schutz und Hilfe bei den Göttern. Sie versprachen den Göttern ihren Dank, wenn ihr Schiff mit allen Waren heil am Zielhafen ankommt. Aus Dankbarkeit stellten sie dann einen Weihestein auf."

„In meinem Flussbett, unten im Kies, sind tipptopp erhaltene römische Amphoren gefunden worden. Manche waren sogar noch verschlossen, als man sie nach mehr als tausendfünfhundert Jahren fand", ergänzte Vater Rhein.

Die Treidelschifffahrt

In römischer Zeit zogen Sklaven die Schiffe rheinaufwärts gegen die Strömung. Im Mittelalter übernahmen Pferde diese mühselige Arbeit. Ein Pferd brachte etwa die Kraft von acht Menschen auf. Je nach Größe des Schiffes und Gewicht der Fracht zogen bis zu 20 Pferde das Schiff an der Treidelleine vom Ufer aus vorwärts. Damit der Zug zum Ufer nicht zu stark wurde, mussten die Pferde vom Wasser abgewandt, also schräg zum Ufer laufen. Deshalb bekamen sie über das linke Auge eine Klappe, die sogenannte Scheuklappe. Das Treideln dauerte seine Zeit. Für die ungefähr 45 Kilometer lange Strecke von Köln nach Königswinter benötigte man einen ganzen Tag.

Ein Schiff, das vor Düsseldorf getreidelt wird, hat Johann Heinrich Weiermann um 1820 gemalt.

Detail von einem römischen Grabstein: Deutlich ist das Boot mit den Ruderern und dem Steuermann zu erkennen.

„Und was war in den Amphoren drin?", wollte der Heinzel wissen.

„Wir Römer haben in den Amphoren vorwiegend Olivenöl, Oliven, Fischsoße, Wein, Mandeln, Datteln und was es sonst noch in den Ländern rund um das Mittelmeer gab, verpackt", erklärte Mercur.

„Und warum liegen die unten im Kiesbett des Rheins?", bohrte der Heinzel weiter.

„Vielleicht hat jemand beim Entladen nicht aufgepasst und die Amphoren sind ins Wasser gefallen, oder das Schiff ist gekentert. In meinem Flussbett sind auch noch andere Schätze verborgen. Von kleinen Münzen bis zu großen schweren Grab- oder Weihesteinen liegt alles Mögliche da unten. Sogar Wracks von Transport- und Kriegsschiffen der Römer. Deshalb weiß man heute, wie die Schiffe ausgesehen haben. Und natürlich von Darstellungen auf Grabsteinen, Mosaiken und Wandmalereien", erklärte Vater Rhein.

„Aber nicht nur aus der römischen Zeit liegen Sachen da unten. Meint ihr vielleicht, im Mittelalter und in der Zeit danach hätte es keine Schiffsunglücke, ja sogar Schiffskatastrophen auf dem Rhein gegeben? Beim Binger Loch und der Loreley sind doch dauernd Schiffe gekentert und untergegangen", mischte sich der Teufel ein.

„Also! Schon in römischer Zeit war es bis zu sechzigmal billiger und viel unkomplizierter, die Waren mit dem Schiff zu transportieren als mit Ochsenkarren über das Land. Auf ein Schiff konnten auch mehr Waren geladen werden als auf einen Ochsenkarren. Und flussabwärts ging es auch viel schneller."

„Und flussaufwärts?", fragte Emma Mercur.

„Flussaufwärts mussten etwa vierzig bis siebzig Männer die Schiffe treideln. Eh, ich meine, sie mussten das Schiff an einer langen Leine ziehen und ..."

„Du kannst ruhig sagen, dass die Schiffe von Sklaven gezogen wurden", unterbrach ihn der Teufel. „Aber im Mittelalter gab es keine Sklaverei mehr, deshalb wurden die Schiffe von Pferden gezogen. Die Treidelei war trotzdem eine schwere Arbeit für die Treidelknechte, und für die Tiere natürlich auch."

Rheinschiffe im Mittelalter

Der Rheinkahn

Ein einfacher Rheinkahn, der Lasten transportieren konnte, war etwa sechzehn Meter lang und hatte eine Breite von etwa 3,50 Metern. Er war sehr flach und meist aus Eichenholz gebaut. Er lag mit seinem Heck tief im Wasser, weil die Last im hinteren Teil gestapelt war. So konnte der Kahn zum Be- und Entladen auf flache Uferhänge auflaufen.

Der Oberländer

Zwischen Köln und Mainz verkehrte das Oberländer Schiff. Das Frachtschiff hatte einen trapezförmigen Grundriss. Der Boden war flach und das Deck fiel zum Vorschiff stark ab. Auf der Höhe des Achterschiffs stand die dreieckige Wohnhütte des Schiffers. Das gesamte Innere war Laderaum. Am Mast war die Treidelleine befestigt. Der Oberländer wurde in verschiedenen Größen gebaut. Die größten waren 15 Meter lang, am Heck 4,50 Meter breit und am Bug 3,50 Meter. Stromabwärts fuhr der Oberländer mit der Strömung und wurde zusätzlich gerudert, stromaufwärts getreidelt. Später benutzte man auch Segel.

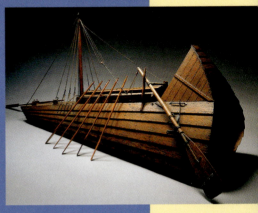

Die Lauertanne

Die Lauertanne war ein einfacher Frachtkahn aus Tannenholz zum Transport von Holz und Wein. Sie wurde nur zur Talfahrt eingesetzt. Wenn sie vom Oberrhein am Ziel angekommen war, wurde sie zerlegt und das Holz verkauft. Es lohnte sich nicht, den kleinen Frachtkahn mühsam flussaufwärts zu treideln.

Das Niederländer Schiff

Auf dem Niederrhein konnten größere und breitere Schiffe fahren, die sogar tauglich für die Fahrt ins offene Meer waren. Die niederländischen Frachtschiffe, die ab Köln den Rhein befuhren, waren die Aaken, auch Kölner Aaken genannt. Sie waren mit Segel und einem festen Heckruder ausgestattet. Die Kölner Aaken waren 20 bis 25 Meter lang und etwa vier Meter breit. Der Schiffskörper war gewölbt, trug rundgedeckte Luken, ein Schifferhaus und einen Segelmast. Die Aak wurde mit einem Heckruder gesteuert.

Holländerflöße – schwimmende Inseln im Rhein

Modell eines Holländerfloßes aus dem Siebengebirgsmuseum in Königswinter.

„Also, zu meiner Zeit fuhren auf dem Rhein Kähne, Lauertannen, Oberländer Schiffe, Niederländer Schiffe und Flöße. Die Fahrt auf den großen Flößen, die bis nach Holland fuhren, war am gefährlichsten. Davon kann ich euch Geschichten erzählen", schwärmte der Teufel. „Ich bin nämlich auf einem Holländerfloß mitgefahren. Ein Floß war wie eine schwimmende Insel. Riesenfahrzeuge waren das, über dreihundert Meter lang und bis zu sechzig Meter breit. Sie hatten mehr als zwei Meter Tiefgang. Für den Bau dieser Riesen wurde das Holz der kleineren Flöße vom Oberrhein und den Nebenflüssen gesammelt. In Namedy, in der Nähe von Andernach oder in Koblenz wurden sie dann zu einem großen Floß zusammengebaut, das bis nach Dordrecht bei Rotterdam in Holland fuhr. Hier wurde das Holz verkauft. Für die Arbeit auf dem Floß waren vierhundert bis fünfhundert Männer nötig. Bevor die Fahrt losging, mussten ungeheure Mengen an Proviant besorgt werden. Sogar lebendige Tiere, Ochsen, Ziegen und Hühner, wurden an Bord gebracht. Alles andere war gepökelt oder getrocknet, damit es nicht verdarb.

Bevor die gefährliche Fahrt losging, bestieg der Steuermann seinen Stuhl und es wurde ganz still. Die Männer nahmen ihre Hüte ab und falteten die Hände. Nun beteten sie zum Himmel für eine glückliche Fahrt. Nach dem Gebet gab der Steuermann mit seinem Hut das Signal.

Einkaufszettel für die Fahrt mit dem Holländerfloß:

40 000 Pfund Brot,
12 000 bis 20 000 Pfund Fleisch,
800 bis 1 000 Pfund gesalzenes Fleisch,
6 000 bis 8 000 Pfund trockenes Gemüse,
10 000 bis 15 000 Pfund Käse,
1 000 bis 1500 Pfund Butter.
Dazu noch Zucker, Tee, Wein, Öl, Essig, Schinken und vieles mehr. Und etwa 80 000 bis 96 000 Liter Bier.

Floß im Gewittersturm bei der Loreley. Durch den Sturm ist das Floß auseinandergebrochen. Einzelne Teile und Stämme treiben in den Fluten umher. Holzschnitt von F. Lindner um 1885.

Auf dem Floß standen Hütten für die Männer. Dazu zwei Küchengebäude, ein Vorrats- und Schlachthaus und der Viehstall für die Tiere. An beiden Enden des Floßes mussten bis zu zweiundzwanzig Ruder bedient werden. An einem Ruder, die etwa fünfzehn Meter lang waren, standen jeweils sieben Männer. Weil die Entfernungen auf dem Floß groß waren, saßen die Steuermänner auf hohen Steuerstühlen.

Von dort gaben sie die Kommandos durch Zurufen oder Zeichen. Wenn er zum Beispiel ‚Frankreich' schrie, mussten alle links rudern. Wenn er ‚Hessenland' schrie, mussten alle rechts rudern. Wenn er ‚Pakholz überall' schrie, war das Essen fertig. Der ausgestreckte linke Arm bedeutete links rudern, der ausgestreckte rechte Arm bedeutete rechts rudern. Hing ein Korb an einer Stange, hieß das, Essen ist fertig. Mit den Rudern allein war aber ein solcher Riese nicht zu steuern. So mussten zum Beispiel in Flussbiegungen zahlreiche Anker geworfen werden, mit deren Hilfe sich das Floß um die Kurve ziehen konnte. Das Floß wurde auch von Ankernachen begleitet, in denen zusätzliche Anker transportiert wurden, die auf Kommando von der Besatzung geworfen werden mussten. Jeden Abend vor Sonnenuntergang landete das Floß an, weil es viel zu gefährlich war, bei Dunkelheit zu fahren. Dazu setzten die Knechte eine große Anzahl Anker in den Fluss. Dadurch wurde die Fahrt langsamer. Dann fuhren die Männer mit den Nachen ans Ufer, gruben Anker in das Erdreich ein oder befestigten sie an starken Bäumen. Nun wurde das Floß von den Seilen gehalten, die an den Ankern befestigt waren. Ich kann euch sagen, da waren solche Kräfte am Werk, die Reibung war so stark, dass die Seile um den Mast ständig ge-

kühlt werden mussten, damit sie nicht durchbrannten. Floßfahrten waren trotz aller Vorsicht sehr gefährlich, vor allem auf dem Mittelrhein. Beim Binger Loch waren es nicht nur die Untiefen und Riffe, sondern auch der ‚Wisperwind', der aus einem Seitental wehte, der dem Floß zu schaffen machte. Auf der Strecke rheinabwärts zur Mosel lauerten weitere Gefahren: Felsen, Klippenbänke, Untiefen mit seitlichen Strömungen und enge Fahrrinnen. So kam es zu Zusammenstößen und Unfällen, bei denen alles Volk aus der Umgebung mithelfen musste. Ich hab selbst erlebt, wie ein Floß mehrere Oberländer Schiffe zerschmettert hat und Männer, Frauen und Kinder mit zugrunde gingen."

„Hast du das wirklich erlebt?", fragte Emma den Teufel ungläubig.

„Bei meiner Teufelsehre. Ich sage die Wahrheit."

Achtung! – Gefahren des Rheins

Auf dem Rhein lauerten für Anwohner, Schiffsleute und Reisende viele Gefahren. Weil der Rhein früher noch keine feste Fahrrinne hatte, änderte sich oft sein Verlauf. Man war nie sicher, ob sich nicht neue Sandbänke und Untiefen gebildet hatten. Die Ufer waren noch unbefestigt und veränderten sich ständig. Nach Hochwassern und Eisgang suchte der Rhein sich oft ein neues Bett mit Windungen und Schleifen. Schon seit dem Mittelalter bemühte man sich darum, dass er in seinem Bett blieb. Man baute Schutzdeiche gegen Hochwasser, Kribben und Buhnen, die die Fahrrinne für die Schiffe festigen und dem Rhein eine vorgegebene Strömungsrichtung geben sollten. Die Ufer wurden durch Schutzbauten aus Holz, Flechtwerk und Stein befestigt, damit die Strömung nicht Teile herausreißen konnte. Vor etwa 200 Jahren ging man daran, den Rhein auszubauen. Er bekam ein festes Bett und wurde so ausgebaggert, dass eine Mindesttiefe für die Schiffe garantiert war. Das hat dazu geführt, dass der Rhein nun schneller fließt.

„Ja, so war das", sprang Vater Rhein dem Teufel bei. „Aber ab Koblenz bis Köln war die Flößerei fast harmlos. Nur die Biegung bei Unkel war gefährlich. Hier konnten die Flöße an den Unkelsteinen auf dem Flussgrund anstoßen. Manchmal brach dann das ganze Floß auseinander. Dann wirbelten Tausende von schweren Eichenstämmen im Wasser umher. Was glaubt ihr, wie viele Wasserleichen ich schon gesehen habe. Erschlagene Flößer, ertrunkene Schiffer, Reisende und Treidelknechte."

„Wo ist eigentlich der Heinzel?", fragte Emma und guckte sich um. Aber niemand hatte ihn gesehen. „Der kann sich doch nicht einfach so verdrücken. Der muss doch was sagen, wenn er weggeht."

„Der liegt in meinem Schoß und schläft", sagte Vater Rhein.

„Äh? Ich sehe niemanden in deinem Schoß. Willst du mich auf den Arm nehmen?"

„Nein, will ich nicht! Guck doch mal zum Niederwalddenkmal hoch. Da liegt er doch und schnarcht. Lass ihn doch noch ein bisschen schlafen."

Hochwasser und Hochwasserschutz

Bei starken Regenfällen oder wenn im Frühjahr das Eis in den Bergen schmilzt, kann es zu Hochwasser kommen, bei denen die Menschen am Rhein großen Gefahren ausgesetzt sind. Die schlimmste Hochwasserkatastrophe ereignete sich im Jahr 1784, als bei 13,55 Meter Wasserstand in Köln und Mülheim 63 Menschen starben. Eisschollen, die sich hoch auftürmten, hatten damals zusätzlich schwere Verwüstungen angerichtet. Auch in jüngster Zeit stieg der Rhein oft bedrohlich an, zum Beispiel 1993 zur Weihnachtszeit mit 10,63 Metern oder 1995 mit 10,69 Metern. Auch 2003 erreichte der Rhein die Marke von 9,71 Metern.

Bei einem Pegelstand von 6,20 Metern dürfen die Schiffe zwar noch fahren, aber nur langsam. Ab einem Pegelstand von 8,30 Metern wird die Schifffahrt eingestellt, denn die Wellen, die von den Schiffen erzeugt werden, würden weiteres Land unter Wasser setzen. Außerdem kann kein Schiff bei solch einem hohen Wasserstand unter einer Brücke durchfahren. Deiche und Hochwasserwände sollen vom Hochwasser bedrohte Gebiete schützen. Doch der Hochwasserschutz ist teuer und kompliziert. Unbebaute Flächen, die überschwemmen können, damit sich das Hochwasser verteilt, gibt es am Rhein viel zu wenig.

Die Höhe des Wassers wird heute ständig gemessen. Am Rheinufer stehen zum Beispiel in Düsseldorf, Köln und Bonn Pegeltürme mit der Pegeluhr, die den Wasserstand anzeigt. Der normale Pegelstand liegt bei 3,48 Metern. So wie es Hochwasser gibt, gibt es auch Niedrigwasser. Den niedrigsten Wasserstand, der je gemessen wurde, gab es am 29. September 2003 um 8 Uhr. Die Pegeluhr in Köln zeigte 80 Zentimeter an.

Hochwasser am 31. Dezember 1925 in Neuwied

Eine neue Erfindung: das Dampfschiff

„Ich erinnere mich noch genau, als der erste Dampfer 1816 in Köln gesichtet wurde. Es war die ‚Defiance', ein englisches Dampfschiff. Es war gegen Mittag, als das große Schiff ohne Mast, Segel und Ruder ungeheuer schnell den Rhein herauffuhr. An den Ufern standen die Neugierigen und guckten und staunten mit offenem Mund über die Gewalt der Dämpfe, mit denen das Schiff gegen die Strömung fuhr und die die Kraft der Ruder ersetzten. Das Dampfschiff hatte für die Strecke von Rotterdam nach Köln nur viereinhalb Tage benötigt! Unglaublich! Bisher hatte ein Schiff bei günstigen Bedingungen und mit zwanzig bis dreißig Treidelpferden mindestens vierzehn Tage gebraucht. Bis zu sechs Wochen waren manche Schiffe auf dieser Strecke unterwegs. Das Dampfschiff war eine Revolution! Das war Fortschritt, nun begann eine neue Zeit. Bald folgte das nächste Dampfschiff, die ‚Caledonia'. Am 11. November 1817 gegen fünf Uhr nachmittags wurde sie in Königswinter gesichtet. Viele riefen ‚Hurra, Hurra!', als sie das Schiff kommen sahen. Andere wurden nachdenklich. Es waren die Schiffer. Sie merkten, dass eine neue Zeit angebrochen war, in der sie nicht mehr gebraucht wurden. Die Dampfschifffahrt entwickelte sich schnell. Auch König Fried-

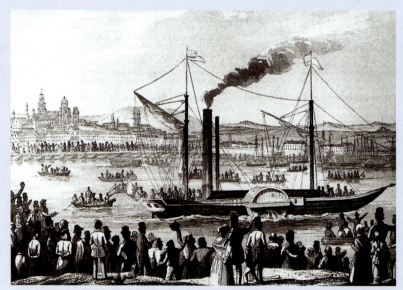

Das Dampfboot Concordia fuhr regelmäßig zwischen Köln und Mainz.

rich Wilhelm III. war begeistert und machte 1825 eine Fahrt auf dem Dampfschiff ‚De Rijn'. Kurz danach wurde die Preußisch-Rheinische Dampfschifffahrtsgesellschaft gegründet. Ein Jahr später benutzten schon fast zwanzigtausend Fahrgäste für die Fahrt von Köln nach Mainz das Dampfschiff und immer mehr Fahrgäste machten eine Vergnügungsreise. Von hundertzwanzigtausend Reisenden waren die Hälfte Engländer. Und es wurden immer mehr. Die Reise auf dem romantischen Rhein wurde immer beliebter und der Komfort auf den Schiffen immer größer. Inzwischen hatten sich auch andere Gesellschaften gegründet, die regelmäßig zwischen Köln und Mainz verkehrten.

Ja, ja. Es war wirklich eine neue Zeit angebrochen. Und die vielen Schiffer, die Treidelknechte und Treidelpferde brauchte man nicht mehr. Einige konnten es nicht glauben und wollten sich rächen. Sie verschanzten sich hinter einem Wall mit Schießscharten und stellten eine kleine Kanone auf, mit der sie Kugeln auf die vorüberfahrenden Dampfschiffe abfeuerten. Aber auch mit Kanonen war der Fortschritt nicht mehr aufzuhalten. Später wurde auch der Rheinzoll abgeschafft. Die Schiffergilden lösten sich auf und auch das Stapelrecht wurde aufgehoben. Der Rhein wurde zur internationalen Wasserstraße ohne Zölle, Gebühren und Abgaben.

Plakat der Köln-Düsseldorfer Dampfschiffahrts-Gesellschaft.

Das Kölner Stapelrecht von 1259

Köln liegt nahe an der Grenze vom Niederrhein zum Mittelrhein. Der Niederrhein war tief und breit. Er konnte von tiefgehenden Seeschiffen befahren werden. Der Mittelrhein war enger und hatte gefährliche Untiefen. Deshalb konnte er von Seeschiffen nicht befahren werden und die Waren der Seeschiffe mussten für den Weitertransport auf dem Mittelrhein in hochliegende Flussschiffe umgeladen werden. Daraus entwickelte sich das Stapelrecht. Die Waren mussten ausgeladen, versteuert und drei Tage in Köln zum Verkauf „gestapelt" werden. In dieser Zeit wurden sie auf Qualität geprüft und durften nur von Kölner Händlern gekauft werden. Vor allem für verderbliche Waren wie Milchprodukte, Fleischwaren, Fisch sowie für den Fernhandel erschwerte das Stapelrecht den Warenverkehr.

Auch Städte wie Mainz, Frankfurt am Main und einige der Hansestädte hatten ein Stapelrecht. 1831 wurde der Stapel aufgehoben, denn die Schifffahrt auf dem Rhein sollte von nun an für alle Rheinanliegerstaaten frei sein.

Überall am Rhein, wie hier in Oberwesel, trennt der Verkehr auf Straße und Schiene den Ort vom Fluss.

Durch die Erfindung des Dampfschiffs wurde der Rhein zum Paradies für die Touristen. Jeder wollte nun eine Rheinreise machen. Dann folgte die Eisenbahn. Durch das kurvenreiche, enge Flusstal wurden auf der linken und dann auf der rechten Seite die Eisenbahnlinien gebaut. Sie führten dicht an den Ufern entlang und durch schöne alte Ortschaften. Die Leute waren verrückt nach der Eisenbahn. Sie wollten nicht nur damit fahren, sondern auch sehen, wie sie fuhr. Ein Hotelbesitzer hat an die höchsten Stellen in Berlin geschrieben, damit die Eisenbahn ganz dicht an seinem Hotel vorbeifährt. Die Gäste sollten mehrmals am Tag das Schauspiel der vorbeirollenden Züge durch die Fenster sehen können."

Vater Rhein hatte sich richtig in Rage geredet. Doch nun begann er wieder zu jammern. „Ach, ach, ach, wenn man nur Hellseher gewesen wäre und in die Zukunft hätte blicken können! Heute fahren in meiner schmalen Fahrrinne mehr oder weniger als zweihundert Schiffe täglich. Auf den Gleisen an den Ufern poltern Tag und Nacht an die dreihundert bis dreihundertfünfzig Güter- und Personenzüge vorbei. Und dann führt auch noch die Bundesstraße 9 auf der linken Seite und die B 42 auf der rechten Seite durch das enge Tal. Jeden Tag fahren hier zwischen acht- und fünfzehntausend Autos entlang. Und das Rheintal mit den Felswänden wirft den Schall zurück und verstärkt ihn. Das linke Ufer bekommt den Lärm vom rechten Ufer ab und das rechte Ufer den Lärm vom linken. Könnt ihr euch den Krach vorstellen?"

Vater Rhein war völlig erschöpft, nachdem er so viel erzählt hatte. Benommen und traurig lehnte er an der Brüstung und schaute auf den Rhein hinunter.

Dampfschiff vor der Loreley.

„Da, da unten könnt ihr alles sehen: Schifffahrt, Eisenbahn und die Autos auf den Straßen."

„Ich will das überhaupt nicht sehen", meldete sich der Teufel. Er hatte völlig zusammengesunken dagesessen. Nur ab und an hatte er gespuckt, in den Zähnen gepult und in seiner Schwanzquaste gepiddelt. „Aber ich liebe den Krach, den Lärm, das Hupen und Tuten, das Kreischen und Poltern, das Donnern und Krachen, das Quietschen und Rumpeln. Das ist Musik in meinen Ohren, das ist wie ein wunderbares Höllenkonzert."

„Ich verstehe das alles nicht mehr. Zu meiner Zeit war alles anders", meldete sich Mercur, der mit überkreuzten Beinen und aufgestütztem Arm dastand. „Ich glaube, ich bin zu alt dafür. Aber trotzdem beschütze ich die Reisenden auf den Schiffen und in den Zügen und auch in den Autos. Ich bin schließlich Mercur, der Gott der Reisenden und der Götterbote."

Emma war ganz still geworden. Was sollte sie auch sagen? Der Heinzel schlief immer noch und schnarchte im Schoß von Vater Rhein auf dem Niederwalddenkmal.

„Ich verschwinde jetzt. Unsere Reise ist hier zu Ende. In Bingen ist Schluss mit dem Weltkulturerbe Oberes Mittelrheintal. Schluss mit dem Rheinischen Schiefergebirge, durch das sich der Rhein während der letzten achthunderttausend Jahre seine Wasserrinne gesucht hat. Das Niederwalddenkmal ist der Schlusspunkt für dieses schönste Tal der Welt. Genau wie das Deutsche Eck in Koblenz der Anfang ist – oder umgekehrt", sagte Vater Rhein müde. Dann guckte er zum Teufel, der sich mühsam hochrappelte.

„Ich verschwinde auch. Auf mich wartet noch eine Menge Arbeit. Teufel haben immer zu tun. Mal mehr, mal weniger", sagte er und war rubbeldiekatz verschwunden.

Jetzt nahm auch Mercur Haltung an, stellte sich in Positur, hob ab und verflüchtigte sich in den Lüften, ohne noch ein einziges Wort zum Abschied zu sagen. Bald sah Emma nur noch seinen Fuß mit dem geflügelten Schuh.

Auch Vater Rhein verschwand durch die Weinberge. Er stapfte hinunter zum Rheinufer und hielt seinen Dreizack wie einen Wanderstab in der Hand. Bald war er nur noch ab und an zwischen dem Weinlaub zu sehen und dann war er verschwunden.

Emma war verwirrt. Nun war sie alleine. Sie guckte zum Denkmal und lief dann die Stufen hoch. Als sie am Fuß angelangt war, rief sie laut: „Heinzel! Heinzel! Aufwachen! Komm runter!"

Sie wartete eine Weile und dann tauchte der Heinzelhut auf und der Heinzel beugte sich nach unten.

„Hallo Emma!", rief er von oben und winkte. Als das die anderen Besucher des Niederwalddenkmals sahen, guckten alle auf den Heinzel und dann auf Emma, die am liebsten vor Scham im Boden versunken wäre.

„Komm runter! Du weißt doch, dass man nicht auf Denkmälern herumklettern darf", rief sie nochmals, aber der Heinzel machte keine Anstalten, ihrem Befehl zu folgen. Im Gegenteil. Er stand nun in Siegerpose zwischen Mosel und Vater Rhein. Er winkte den Besuchern zu und freute sich über die Aufmerksamkeit.

Vater Rhein am Niederwalddenkmal. Neben ihm sitzt seine Tochter, die Mosel.

Blick vom Niederwalddenkmal über die Weinberge auf Rüdesheim und den Rhein.

Emma drehte sich um und stieg die vielen Stufen wieder hinunter. Sie ärgerte sich darüber, dass der Heinzel sich da oben wie ein Star auf einer Bühne benahm. Als sie wieder unten am Geländer stand, warf sie ein Geldstück in das Fernrohr und blickte auf die Weinfelder, Rüdesheim und den Rhein mit der kleinen Insel, der Rüdesheimer Aue.

„Lass mich auch mal gucken", hörte sie den Heinzel plötzlich neben sich. Emma war erleichtert.

„Wo sind die anderen?", fragte er.

„Weg. Die sind weg, als du geschlafen hast. Das Mittelrheintal ist zu Ende und die Reise ist zu Ende, hat Vater Rhein gesagt."

„Schade!", murmelte der Heinzel traurig.

„Fährst du mit nach Mainz?"

„Öh!? Wir zwei alleine? Und wo gehen wir hin und wer soll uns was über Mainz erzählen?"

„Wir könnten doch selbst was rausfinden", schlug Emma vor.

„Aber dann sehen wir das Wichtigste vielleicht gar nicht."

„Na und? Dann sehen wir eben das, was für uns wichtig ist."

„Aber wenn Mercur noch da wäre, könnte er uns was über das römische Mainz erzählen. Und der Teufel und Vater Rhein …"

„Aber die sind nicht mehr da", unterbrach Emma ihn. „Wir müssen jetzt alles selbst rausfinden. Also, kommst du mit?"

Der Heinzel jammerte noch ein bisschen, aber dann war er bereit und sie machten sich auf den Weg.

Endstation Mainz
Der Dom St. Martin

Am Hauptbahnhof in Mainz stiegen sie aus dem Zug.

„Und jetzt? Wohin sollen wir gehen?", fragte der Heinzel und sah Emma an.

„Wir fragen, wo das Zentrum von Mainz ist, und dann gehen wir dahin", antwortete ihm Emma.

Bald wussten sie, wo es langging. Sie liefen die Bahnhofstraße bis zum Münsterplatz entlang und kamen zur Schillerstraße. Dann gingen sie weiter zum Schillerplatz und an der Ecke Ludwigstraße stießen sie auf den Fastnachtsbrunnen. Der Heinzel wollte unbedingt stehen bleiben und sich den Brunnen genau ansehen. Er war ziemlich hoch und bestand fast nur aus Figuren. Sie entdeckten nicht nur Narren mit der Narrenkappe auf dem Kopf, sondern auch Till Eulenspiegel, einen Mönch, einen Mann mit einem Brett vor dem Kopf, eine Katze und viele andere Figuren. Plötzlich schrie der Heinzel: „Guck mal, Emma! Da ist auch der Vater Rhein." Tatsächlich hatte der Heinzel ihn unter dem Gewimmel der zweihundert Figuren am Brunnen entdeckt.

„Das ist ein schöner Brunnen", sagte Emma. „Da hat man viel zu gucken und weiß dann, was alles zu Mainz gehört."

Dann gingen sie weiter die Ludwigstraße entlang bis zum Gutenbergplatz. Sie mussten nur noch die Schöfferstraße überqueren, dann standen sie am Markt, zu Füßen des Mainzer Doms. Er erschien ihnen wie ein riesiges rotes Gebirge, wie ein gewaltiges Monstrum aus rotem Stein.

Der Fastnachtsbrunnen in Mainz mit etwa 200 Figuren zur Mainzer Geschichte.

„Dieser Dom ist mir viel zu groß", sagte der Heinzel.
„Quatsch", erwiderte Emma, „der Kölner Dom ist viel größer und die Türme sind viel höher. Komm, wir gehen jetzt da rein."

Sie nahm den Heinzel bei der Hand und zog ihn zum Eingang am Markt.

Der Mainzer Dom ist dem hl. Martin geweiht.

Beide waren überwältigt, als sie in dem großen Kirchenraum standen. Emma kannte nur den Kölner Dom und das Bonner Münster. Der Mainzer Dom war anders. Sie blickte nach Osten und sah den Chor. Dann blickte sie nach Westen und sah wieder einen Chor. Das verwirrte sie. Dieser Dom hatte an jedem Ende einen Chor mit einem Altar. Dann lauschte sie und hörte einem Domführer zu. „Der Erbauer des Domes im romanischen Baustil war Erzbischof Willigis. Er ließ den Chor nicht nach Osten bauen, wie es sonst üblich war, sondern nach Westen. Das Vorbild für den Mainzer Dom war die Kirche Alt St. Peter in Rom. Willigis war Rom und dem Papst besonders verbunden, weil er der Vertreter des Papstes im Deutschen Reich war. Vermutlich hat er aber auch schon einen Chor nach Westen geplant. Aber bis man darüber endgültig Klarheit hat, muss noch viel geforscht werden."

„Aha", sagte der Heinzel. „Interessant. Hab ich noch nicht gewusst."

Seit 1840 verband die „Taunusbahn" Frankfurt am Main mit Mainz. Sie fuhr am rechten Rheinufer entlang, sodass man einen schönen Blick auf die Stadt hatte.

Auf der schweren Grabplatte ist der Erzbischof Peter von Aspelt mit den drei Königen, die er gekrönt hat, dargestellt.

Dann gingen sie im Dom umher und ihnen fielen die vielen Denkmäler auf. Vor einer großen schweren Grabplatte an einem Pfeiler blieben sie stehen.

„Guck mal", sagte Emma zum Heinzel und zeigte unten auf die Grabplatte, „hier stehen vier Paar Füße mit spitzen Schuhen auf drei Löwen."

„Der in der Mitte ist viel größer als die anderen", stellte der Heinzel fest.

„Der hat einen Bischofsstab in der Hand und eine Bischofsmütze auf dem Kopf. Die anderen drei haben Kronen auf dem Kopf und ein Zepter und einen Reichsapfel in der Hand", sagte Emma.

„Nein, einer hat nur ein Zepter und keinen Reichsapfel", widersprach der Heinzel. „Guck mal, der Bischof hat ein Kissen hinterm Kopf. Komisch! Und wie der den einen König runterdrückt!"

Dann rückte der Domführer mit seiner Gruppe an und die beiden fühlten sich von den Erwachsenen umzingelt.

„Das ist die Grabplatte des Erzbischofs Peter von Aspelt, der 1320 gestorben ist. Er ist in der Mitte als größte Figur

Dom in Flammen – ein wenig Baugeschichte

Als Willigis Erzbischof von Mainz war, baute er einen neuen Dom. Er sollte aber nicht nur ein Gotteshaus für die Gläubigen werden, sondern ein Dom für Festlichkeiten. Hier wollte der Erzbischof hohe Geistliche, Fürsten und Könige empfangen und auch Könige krönen. Willigis wollte mit dem Bauwerk seine Bedeutung und seine Macht zeigen. Er war nämlich nicht nur Erzbischof, sondern auch der erste Vertreter des Papstes in deutschen Landen und der wichtigste Fürst und Politiker des Reiches. Als der neue Dom fertig war, wollte man ihn am 29. August 1009 dem heiligen Martin weihen. Aber dazu kam es nicht, denn er brannte ab. Schuld daran waren vielleicht die vielen brennenden Fackeln, die den Dom festlich erleuchtet hatten.

Lange Zeit lag der Dom in Schutt und Asche. Erst der dritte Nachfolger von Willigis, Erzbischof Bardo, baute den Dom wieder auf. Und so konnte er am 10. November 1036 eingeweiht werden. Kaiser Konrad II. mit Kaiserin Gisela, König Heinrich III. mit seiner Gemahlin und 17 Bischöfe waren dabei. Aber nicht lange Zeit danach, 1081, brannte es schon wieder im Dom. Nun setzte sich Kaiser Heinrich IV. dafür ein, dass der Dom wieder aufgebaut wurde. Das war um das Jahr 1100. Aber es dauerte nicht lange, bis es erneut brannte. Nun begann Erzbischof Konrad I., den Dom wieder herzustellen. Darüber gingen viele Jahre ins Land und erst 1239 konnte er unter dem Erzbischof Siegfried III. eingeweiht werden. Nachdem der Dom schon vier Mal gebrannt hatte und wieder aufgebaut worden war, wurde an den Kapellen und am Turm gebaut. Als der Dom etwa 300 Jahre vollendet war, schlug der Blitz ein und er stand abermals in Flammen. 1793 wurde die Stadt beschossen und der Dom brannte zum sechsten Mal. Nun war er wieder eine Ruine und sollte abgebrochen werden. Aber man entschied sich anders. Zwischen 1803 und 1804 wurde er wieder errichtet. Im Zweiten Weltkrieg, vor mehr als 60 Jahren, brannte der Dom zum siebten Mal. Von 1955 bis zum Jahr 1960 wurde der Dom innen und außen wieder hergestellt und bekam neue Dächer. Bis 1975 wurden alle Schäden beseitigt – denn in jenem Jahr feierte man „1000 Jahre Mainzer Dom". Weil mit Heinrich IV. ein Kaiser am Dombau mitgewirkt hatte, gehört der Mainzer Dom zusammen mit den Domen in Worms und Speyer zu den drei rheinischen Kaiserdomen. Der Mainzer Dom ist noch im alten romanischen Baustil errichtet. Als er 1239 geweiht wurde, überlegte man in Köln schon, einen Dom im neuen gotischen Baustil zu errichten. Neun Jahre später wurde der Grundstein zu diesem gotischen Dom gelegt.

dargestellt. Er krönte die drei Könige Johann von Böhmen, Heinrich VII. von Luxemburg und Ludwig der Bayer, die rechts und links neben ihm dargestellt sind. Nur die beiden deutschen Könige, Heinrich und Ludwig, tragen den Reichsapfel. Peter von Aspelt ist sehr groß dargestellt, weil er ein besonders wichtiger Kirchenfürst war. Die Löwen unter den Füßen sollen bedeuten, dass das Böse überwunden ist. Das Kissen hinter dem Haupt des Erzbischofs zeigt uns, dass es sich um eine Grabplatte handelt. Zuerst lag die Grabplatte auf einem geschmückten Unterbau in der Allerheiligenkapelle ..."

„Aha", sagte der Heinzel, „jetzt weiß ich Bescheid. Komm wir gehen weiter."

Sie gingen beim Westchor umher und sahen auf der anderen Seite eine ähnliche Grabplatte. Aber darauf waren nur zwei Könige dargestellt und der Erzbischof stand auf einem Löwen und einem Drachen.

„Ist doch klar", sagte Emma, „der hat nur zwei Könige gekrönt und der Drache steht bestimmt auch für das Böse, das jetzt überwunden ist."

Sie wanderten durch das Mittelschiff zum Ostchor. Und schon wieder kam ihnen der Domführer mit seiner Gruppe in die Quere, als sie vor einem Denkmal stehen blieben.

Grabplatte des Erzbischof Siegfried III. von Eppstein, der 1249 gestorben ist. Er hat zwei Könige gekrönt.

„Der hat kein Kissen unter dem Kopf. Das war keine Grabplatte. Das ist ein richtiges Denkmal. Der steht auch nicht auf einem Löwen oder Drachen. Das ist bestimmt viel später gemacht worden", stellte Emma sofort fest. Aber dann redete auch schon der Domführer wieder.

„Sie sehen das Denkmal des Kardinals Albrecht von Brandenburg. Er war Erzbischof von Mainz und von Magdeburg. Er war außerdem Erzkanzler des Reiches und Kurfürst von Halberstadt, Markgraf von Brandenburg und Herzog von Stettin und Pommern, der Kassuben und Slaven. Er war Burggraf zu Nürnberg und Fürst von Rügen. Er regierte einunddreißig Jahre, sechs Monate und acht Tage und starb 1545 mit fünfundfünfzig Jahren."

„Boh! Der war schon mit vierundzwanzig Jahren Erzbischof!", flüsterte der Heinzel. „Du,

der ist mir unheimlich. Wie kann man so viele Ämter haben, Fürst und Herzog und Burggraf und Erzbischof. Der konnte ja überall bestimmen."

„Deshalb sind auch zwölf Wappenschilder an seinem Denkmal. Eins ist bestimmt das Wappen seiner eigenen Familie", flüsterte Emma dem Heinzel zu.

„Wenn sie gleich den Dom verlassen, sehen sie auf dem Marktplatz den Marktbrunnen. Der ist ein Geschenk dieses Kurfürsten Albrecht von Brandenburg an die Mainzer. Sie sehen dort auch die Inschrift ‚Dem Sieger zum Gedenken, den Besiegten zur ewigen Mahnung.' Die Mainzer hatten nämlich rebelliert und um soziale Gerechtigkeit und Freiheit gekämpft. Sie wollten, dass die Bevorzugung von Männern der Kirche und der Adeligen abgeschafft wird. Aber Albrecht hat den Aufstand niedergeschlagen. Mit der Inschrift des Brunnens zeigte Albrecht den Mainzern, wer herrscht und wer mächtig ist und wer beherrscht wird und ohnmächtig ist. Jeden Tag wurde den Mainzern das vor Augen geführt, denn am Brunnen holten sie ihr Wasser."

„Komm, lass uns gehen", flüsterte Emma dem Heinzel zu.

Als sie draußen waren, sahen sie sich den Brunnen genauer an und entdeckten auch die Inschrift.

Mitten auf dem Marktplatz entdeckten sie die Heunensäule. Sie betrachteten ausgiebig die vielen Details, mit denen die Geschichte von Mainz dargestellt wurde. So erinnerte der Helm eines römischen Legionärs und eine römische Münze an die Stadtgründung im Jahr 13 vor Christus. Die Bischofsmitra ist das Zeichen für die lange Geschichte der Kirche in Mainz und die Narrenkappe steht für die Fasnacht. Sie sahen die Reichskrone, weil Könige und Kaiser in Mainz zu Besuch waren oder sogar hier gekrönt wurden, und das erste Stadtsiegel. Sie fanden auch den heiligen Martin, dem der Mainzer Dom geweiht ist, ebenso den Erzbischof Willigis, der Erbauer des Mainzer Domes. Und auch das Mainzer Stadtwappen mit den zwei Rädern fehlte nicht.

Der Marktbrunnen mit der Inschrift: Dem Sieger zum Gedenken, den Besiegten zur ewigen Mahnung.

Die Heunensäule

Wie ein Obelisk der Ägypter oder Römer ragt die 16 Tonnen schwere und über sechs Meter hohe Säule aus Sandstein empor. Sie ist über 1000 Jahre alt. Aber sie kam erst 1975 zur Tausendjahrfeier des Domes als Geschenk der Stadt Miltenberg auf den Mainzer Marktplatz. Am Fuß ist sie mit einem Mantel aus Bronze umgeben, auf dem Erinnerungen und Ereignisse der Stadtgeschichte dargestellt sind.

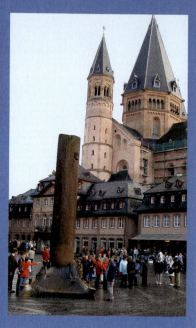

Wie das Mainzer Stadtwappen entstanden ist

Willigis war der Sohn eines Handwerkers. Der Vater baute Wagenräder, er war ein Wagner. Als Willigis größer wurde, bemerkten die Eltern, dass er sehr begabt war. Sie sorgten nun dafür, dass Willigis eine gute Ausbildung bekam. Weil er nicht nur hoch begabt war, sondern auch gelehrsam und ehrgeizig, wurde sogar der Kaiser auf ihn aufmerksam und machte ihn zum Vorsteher seiner Reichskanzlei. Aber Willigis hatte nicht nur Förderer, sondern auch Neider. Als Willigis von Kaiser Otto II. zum Erzbischof von Mainz und zum Reichskanzler ernannt wurde, platzten seine Neider vor Wut und dachten sich eine Schandtat aus, um ihn zu demütigen. Sie malten auf Türen und an die Wände Wagenräder und schrieben neben jedes Rad, das sie malten: Willigis, Willigis, denk', woher du gekommen bist. Doch Willigis ließ sich nicht demütigen – im Gegenteil. Er war froh, dass er daran erinnert wurde, aus welcher Familie er stammte. Deshalb ordnete er an, die Wagenräder auf den Türen und Wänden zu belassen und die Räder in Stein zu meißeln und sie vor seiner Residenz aufzustellen. Um den Erzbischof zu ehren, übernahm man die Wagenräder in das Wappen der Stadt Mainz.

Der Mann des Jahrtausends: Johannes Gutenberg

„Ei gugg emol, was der do für en Kabb uffhat!", sagte eine Mainzerin zu ihrer Freundin und zeigte auf den Heinzel.

„Stei mer doch de Buckel ruff", antwortete der Heinzel, streckte seine Zunge raus und zog Emma an der Hand weiter.

„Was haben die gesagt? Ich hab gar nichts verstanden", fragte Emma.

„Die haben gesagt: ‚Guck mal, was der da für einen Hut aufhat.' Und ich habe gesagt: ‚Lass mich doch in Ruhe.' Das ist Meenzer Gebabbel", antwortete der Heinzel.

„Und wer ist das da?" Emma zeigte auf einen Kopf aus Bronze, der auf einer Säule stand.

„Weiß ich nicht. Kenne ich nicht. Nie gesehen. Keine Ahnung", sagte der Heinzel und zog die Schultern hoch.

„Ah! Ich weiß es jetzt", sagte Emma und schlug sich mit der Hand vor die Stirn. „Das ist der berühmteste Mainzer. Er hat eine Erfindung gemacht. Die bedeutendste Erfindung des zweiten Jahrtausends. Dieser Mann gehört zu Mainz wie Mozart zu Salzburg."

„Sag schon, wer es ist."

„Ich sage nur G-U-T", spannte Emma den Heinzel auf die Folter.

„Ahhh! Gutenberg, Johannes Gutenberg. Der Erfinder des Buchdrucks mit beweglichen Druckbuchstaben, die man Lettern nennt."

„Guck mal, da drüben ist das Gutenberg-Museum. Das Weltmuseum der Druckkunst. Ei, isch geh mer des jetzt emol genau ogugge, weil isch glaab, dass es do viel Indressantes zu sehe gibt", sagte der Heinzel zu Emma und ging schnurstracks auf das Museum zu.

„Kannste nicht normal sprechen? Ich verstehe kein Meenzer Gebabbel. Das habe ich dir doch schon gesagt. Kann ich mitgehen?"

Die beiden verschwanden für lange Zeit im Gutenberg-Museum und bewunderten vor allem die „Gutenberg-Bibel", aber auch die anderen Druckerzeugnisse und die Druckmaschinen und Geräte, die mit der „Schwarzen Kunst" zu tun hatten. Dann gingen sie noch in den

Vor dem Gutenberg-Museum steht zu Ehren von Johannes Gutenberg der große Bronzekopf.

Aus dem Leben eines genialen Erfinders

Johannes Gutenberg wurde in Mainz geboren. Sein genaues Geburtsjahr ist nicht bekannt, aber man vermutet, dass es um das Jahr 1400 war. Sein Vater war Kaufmann und zählte zu den Patriziern, den angesehenen und reichen Bürgern der Stadt. Die Mainzer Patrizier wurden nach dem Namen ihrer Häuser benannt. Wenn man mehrere besaß, konnte man auch verschiedene Namen tragen. So trug Johannes Gutenberg auch den Namen Gensfleisch oder zur Laden.
Über seine Kindheit, den Schulbesuch und die weitere Ausbildung ist nichts bekannt. Als er schon über 30 Jahre alt war, verließ er Mainz und hielt sich in Straßburg auf. Dort hat er vielleicht schon das Drucken mit beweglichen Druckbuchstaben (Lettern) erfunden. Im Jahr 1448 war er wieder in Mainz und richtete bald eine Werkstatt ein, in der er Drucksachen herstellte, die große Nachfrage fanden und sich rasch verbreiteten. Aber Johannes Gutenberg hatte noch andere Pläne. Er wollte das „Buch der Bücher", die Bibel drucken. Dafür brauchte er viel Geld, das er sich leihen musste. Er fand einen Geldgeber und druckte etwa 200 „Gutenberg-Bibeln". Er hatte gehofft, reich zu werden. Doch es kam zu Auseinandersetzungen mit seinem Geldgeber. Johannes Gutenberg wurde angeklagt und verurteilt. Sein Gegner kassierte die Druckwerkstatt und die halb fertigen Bibeln. Nun musste er wieder von vorne beginnen und eine neue Druckerwerkstatt gründen.

Im Laufe seines Lebens hat Johannes Gutenberg viel einstecken müssen. Er lebte in einem Jahrhundert, in dem sich die Welt veränderte. Das Mittelalter war zu Ende. Eine neue Zeit hatte begonnen. Es wurden Erfindungen gemacht und bei gefahrvollen langen Reisen neue Welten entdeckt. Die Kirche erneuerte sich. Die Künstler fanden zu neuen Ideen und die Menschen glaubten nicht mehr alles, was ihnen erzählt wurde. Vielleicht führten diese Gegensätze auch zu den vielen Kriegen, die in Europa geführt wurden.
Johannes Gutenberg starb am 3. Februar 1468. Seine Erfindung, der Buchdruck mit beweglichen Lettern, verbreitete sich bald in alle Welt.

Druckladen direkt neben dem Museum. Hier konnten sie alles ausprobieren und drucken wie zur Zeit von Johannes Gutenberg. Sie verließen stolz den Druckladen, denn sie hatten jeder ein schönes Lesezeichen mit ihren Anfangsbuchstaben.

Sie gingen wieder am Bronzekopf von Johannes Gutenberg vorbei. „He, Johannes", sprach Emma ihn an. „Hast du gewusst, dass du die Erfindung des Jahrtausends gemacht hast?" Aber der Kopf antwortete natürlich nicht.

links: Im Druckladen neben dem Gutenberg-Museum kann man drucken wie zu Gutenbergs Zeiten.
rechts: In der Werkstatt kann jeder zum Setzer und Drucker werden.

Das römische Mainz

Mainz, das römische *Mogontiacum*, war ein Militärlager. Mit der Erklärung zur Hauptstadt der neuen Provinz *Germania superior* wurde es zum Zentrum der Verwaltung. Die römischen Funde vom 1. bis zum 4. Jahrhundert werden im Landesmuseum Mainz und im Römisch-Germanischen Zentralmuseum im Kurfürstlichen Schloss gezeigt. Im Museum für Antike Schifffahrt werden fünf originale Wracks römischer Schiffe ausgestellt. An Wochentagen können Besucher in der Werkstatt des Museums zusehen, wie verschiedene Schiffsmodelle originalgetreu nachgebaut werden.

Schiffsbau in römischer Zeit. Darstellung an den Wänden im Museum für Antike Schifffahrt in Mainz.

„Die haben viele Denkmäler hier", sagte der Heinzel. „Sieh mal hier, das Buch und das Schiff aus Stein."

„Ja, ich denk-mal!", antwortete Emma. „Das Buch bedeutet bestimmt ‚denk-mal an Johannes Gutenberg'. Und das Schiff? ‚Denk-mal an die Römer in Mainz, an den römischen Hafen hier?'"

„Kann schon sein", sagte der Heinzel lustlos. „Ich will jetzt zurück nach Köln."

Emma sah ein Faltblatt auf dem Denkmal liegen. Als sie es in die Hand nahm, stellte sie fest, dass es ein Prospekt der Stadt Mainz war.

„Hör mal zu, was hier steht: Wie sah Mainz vor über zweitausend Jahren aus, als es noch *Mogontiacum* hieß und römischer Militärstandort war? Hier befanden sich Thermen, Aquädukte, Heiligtümer, ein Bühnentheater, Handwerksbetriebe, Grabbauten und ganze Wohnsiedlungen ... Die römischen Funde werden im Landesmuseum Mainz gezeigt und im Römisch-Germanischen Zentralmuseum im Kurfürstlichen Schloss gibt es noch viel mehr aus der Vor- und Frühgeschichte der Stadt zu sehen."

„Hör auf. Ich höre dir nicht mehr zu. Das ist mir zu viel. Ich weiß, dass die Römer Mainz gegründet haben und das reicht mir."

Im Museum für Antike Schifffahrt sind original römische Schiffwracks und nachgebaute römische Schiffe zu sehen.

„Aber hör doch mal! Im Museum für Antike Schifffahrt werden fünf originale Wracks römischer Schiffe ausgestellt. Sie wurden unter der Straße, in über sieben Meter Tiefe gefunden. Es waren Militärschiffe, die als Patrouillenboote dienten, aber auch als schnelle Mannschaftstransporter. Hier steht, dass auch originalgetreue Nachbauten ausgestellt sind. Und in der Werkstatt des Museums werden vor den Augen der Besucher verschiedene Schiffsmodelle gebaut."

„Ich hab' genug gesehen. Ich will jetzt nicht mehr. Die Schiffe gucke ich mir beim nächsten Besuch in Mainz an. Ich will jetzt zurück. Ich will zurück nach Hause, nach Köln", sagte der Heinzel.

Mit dem Zug auf Heimreise

Das Ende der Rheinreise

Emma versuchte noch, den Heinzel zu überreden, aber es war zwecklos. Er blieb stur und so gingen sie zum Bahnhof und nahmen den nächsten Zug nach Köln. Beide erwischten einen Fensterplatz. Der Heinzel hatte aber keinen Blick mehr für die schöne Rheinlandschaft und schlief sofort ein. Emma Elf sah zum Fenster hinaus und freute sich, alles noch einmal wiederzusehen.

„Weißt du was", sagte der Heinzel plötzlich, als sie schon über eine Stunde gefahren waren, „die Rheinreise war schön. Diese Reise würde ich noch mal machen. Und dann schaue ich mir alles das an, was ich diesmal nicht gesehen habe."

„Guck mal, da setzt 'ne Fähre über. Die ist voller Autos", sagte Emma. „Und das Containerschiff mit den vielen bunten Containern. Das sind bestimmt an die fünfzig Stück."

„Je mehr ein Schiff geladen hat, desto billiger wird der Transport. Der nächste große Hafen ist in Köln, in Köln-Niehl. Vielleicht werden sie da mit dem großen Kran abgeladen", sagte der Heinzel.

„Oder sie fahren bis Neuss, da ist auch ein Hafen. Oder bis nach Düsseldorf, oder nach Duisburg oder sogar bis nach Holland", sagte Emma.

„Da sind zwei Schubschiffe. Die schieben die voll beladenen Teile vor sich her. Ich glaube, da ist Kohle drin oder Erz", vermutete der Heinzel.

Containerschiff vor den Weinhängen bei Burg Ehrenfels.

Giftalarm auf dem Rhein

Im März 2007 kam es zu einem schweren Unglück auf dem Rhein nahe bei Köln. Das Frachtschiff „Exelsior" war mit etwa 50 Containern beladen und geriet ins Wanken, als es auf dem Fluss wenden wollte. Plötzlich rutschte ein Container ins Wasser und nach und nach purzelten weitere 30 Behälter wie Spielzeugklötzchen hinterher. Viele große, schwere Container versanken sofort im Wasser auf den Grund. Aber ein Teil trieb in hohem Tempo rheinabwärts in Richtung der Kölner Altstadt. Darunter waren auch zwei, die mit giftigen Chemikalien beladen waren. Jetzt wurde Alarm geschlagen und zwischen Zündorf und Deutz kreisten die Feuerwehrhubschrauber, um die Schiffer zu warnen. Dann sperrte die Wasserschutzpolizei den Rhein zwischen Sürth und Niehl für den Schiffsverkehr und 400 Schiffe lagen rund um Köln fest. Man stellte fest, dass 14 Container in der Fahrrinne des Rheins lagen, 17 trieben im Rhein umher oder waren schon am Ufer gestrandet. Nun begannen die Bergungsarbeiten. Mehr als 300 Helfer der Feuerwehr, 100 Havarie-Helfer, 90 Fahrzeuge und Hubschrauber, Schwimmkräne und ein Taucherglockenschiff waren im Einsatz. Zu dem Unglück war es gekommen, weil die Container überladen waren, das Schiff ein Leck im Rumpf hatte und ein starker Windstoß es beim Wendemanöver getroffen hatte.

Sie sahen noch viele Passagierschiffe, kleine Motorboote, ein Löschboot der Feuerwehr und sogar ein Baggerschiff, das Kies und Sand aus dem Wasser holte, damit der Rhein tief genug für die Schiffe bleibt. Auf dem Rhein war fast so viel Verkehr wie auf der Autobahn, stellte Emma fest. Aber das war natürlich etwas übertrieben. Bald waren sie in Bonn und dann in etwa zwanzig Minuten in Köln. Auf dem Bahnsteig in Köln

Die Domplatte in Köln.

war viel Gedrängel und der Heinzel musste seinen Hut festhalten, damit er ihm nicht vom Kopf fiel. Sie gingen durch das Bahnhofsgebäude zum Bahnhofsvorplatz. Dort stiegen sie die große Treppe zur Domplatte hoch. Plötzlich fegte ein Windstoß um den Dom, erfasste den roten Heinzelhut, wirbelte ihn in der Luft herum und wehte ihn über die Domplatte in Richtung Rhein. Emma war erschrocken. Denn mit dem Heinzelhut war auch der Heinzel plötzlich verschwunden. Sie hörte nur noch das Getrappel seiner Füße und ein leises Stimmchen: „Auf Wiedersehen Emma. Bis zum nächsten Mal." Dann erinnerte sie sich daran, was der Heinzel ihr in Köln von seinem Heinzelhut erzählt hatte.

Was du sonst noch wissen solltest – zum Nachschlagen

Mit der Maus zu den Nebenflüssen des Rheins sowie in den Westerwald und in den Rheingau

Gymnicher Ritt.

Vom Rhein an die Erft

Die Erft fließt links des Rheins. Sie ist 103 Kilometer lang und mündet bei Neuss-Grimlinghausen in den Rhein.

Im Gebiet um die Erft gibt es mehr als fünfzig Burgen und Schlösser. Eine besonders schöne und gut erhaltene Ritterburg ist die **Burg Satzvey,** eine alte Wasserburg, auf der großartige Ritterspiele und mittelalterliche Turniere, historische Märkte und andere Attraktionen stattfinden. In **Gymnich** findet jedes Jahr der **Gymnicher Ritt** statt, ein außergewöhnliches religiöses Fest, dessen Wurzeln im 13. Jahrhundert liegen. Was Ritter Arnold damals am Nil wollte, ist eine aufregende Geschichte.*
Einen Besuch lohnt auch **Schloss Augustusburg** bei Brühl, ein prächtiges Residenzschloss mit ausgedehnten Gartenanlagen, das 1725 vom Kölner Erzbischof im Rokoko-Stil erbaut wurde und Vorbild für andere Schlösser war. Auf einem schönen Spaziergang erreicht man von dort aus das **Jagdschloss Falkenlust. Schloss Paffendorf** in Bergheim liegt mitten im Braunkohlegebiet. Deshalb ist im Schloss ein Informationszentrum zur Geschichte der rheinischen Braunkohle eingerichtet. Im Rhein-Erft-Kreis gibt es noch etwa achtzig **Wind- und Wassermühlen.** Einige von ihnen kann man zum Beispiel am Pfingstmontag, am Deutschen Mühlentag oder am Tag des Denkmals besichtigen.

St. Apollinaris in Remagen.

Vom Rhein an die Ahr und in die Eifel

Die Ahr fließt links des Rheins. Sie ist 89 Kilometer lang und fließt bei Remagen-Kripp in den Rhein.

Der bekannte Dombaumeisters Ernst Friedrich Zwirner errichtete in Remagen die neugotische Kirche. Der dort verehrte heilige Apollinaris hatte als Schutzheiliger des Weins eine besondere Bedeutung für die Winzer des nahe gelegenen Ahrtals. Daher stifteten die Winzer einen Bildstock zu seinen Ehren am Fuße eines Weinberges zwischen **Heppingen** und **Bad Neuenahr**. Genau dort fand man 1852 eine mineralische Quelle mit wohlschmeckendem Wasser und nannte sie aus Dank Apollinaris-Quelle. Doch auch der Spätburgunder Wein von der Ahr wird in aller Welt geschätzt. Das Ahrtal eignet sich herrlich für Radtouren und Wanderungen, etwa zur **„Bunten Kuh"**, einer bizarren Felsformation mit eigener Geschichte.*

Vulkanisch geht es in der Eifel zu: Kohlensäurebläschen steigen im **Laacher See** an die Wasseroberfläche, an dessen Ufer die **Benediktinerabtei Maria Laach** mit ihrer bekannten romanischen Kirche, dem Klostershop und einem **Naturkundemuseum** steht. Durch das Brohltal fährt der **Vulkan-Express**, eine historische Schmalspurbahn, außerdem lädt der **Vulkanpark** mit dem Infozentrum Rauschermühle Plaidt/Saffig zu verschiedenen Aktivitäten ein. Die **Genovevaburg**, benannt nach

* Die Sagen und Geschichten der Orte rund um die Nebenflüsse des Rheins sind im Begleitbuch zum „Rheinischen Sagenweg" zu finden: K.-P. Hausberg, Rheinische Sagen & Geschichten, J.P. Bachem Verlag, Köln 2005.

Im Schieferbergwerk von Mayen.

* Die Sagen und Geschichten der Orte rund um die Nebenflüsse des Rheins sind im Begleitbuch zum „Rheinischen Sagenweg" zu finden: K.-P. Hausberg, Rheinische Sagen & Geschichten, J.P. Bachem Verlag, Köln 2005.

der heiligen Genofeva*, der Stadtpatronin von **Mayen,** beherbergt das Eifelmuseum und das Deutsche Schieferbergwerk. Im virtuellen „Schiefer-Express" geht es rasant in die Tiefe und „Müller's Jupp" erzählt seine Geschichte als Bergmann und die des Schieferbergbaus. Von der Burg aus lohnt sich ein Wanderausflug zum **Schloss Bürresheim** im Nettetal.

Vom Rhein in den Westerwald

Waldreichen Gebiete, grüne Täler, rauschende Flussläufe und herrliche Aussichtspunkte laden zum Wandern ein, und bei Nebel hat die raue Landschaft etwas Mystisches und Geheimnisvolles: Zahlreich sind daher die Sagen über Gespenster und Geister. Die Entstehung der **Abtei Marienstatt** verdankt sich – der Legende nach – der Gottesmutter Maria.* Aus „weißem Gold", besonders hochwertigem Ton, werden kostbare Keramikwaren hergestellt, die man auch im **Keramikmuseum** in Höhr-Grenzhausen besichtigen kann. Ein großer Spaß für die ganze Familie ist eine Fahrt mit der **Dampflokbahn** durch das **Daadetal.** Auf die Spuren des berühmten Sozialreformers Friedrich Wilhelm Raiffei-

Schloss Montabaur.

sen (1818–1888) kann man sich im **Raiffeisenmuseum** in seinem Geburtsort Hamm oder auf einer Fahrt entlang der **Raiffeisenstraße** begeben. Sie endet in **Neuwied,** wo ein Planetenlehrpfad und der Neuwieder Zoo mit der größten außerhalb Australiens lebenden Herde von Riesenkängurus zum Besuch einladen.

Vom Rhein an die Lahn

Die Lahn fließt rechts des Rheins. Sie ist 242 Kilometer lang und fließt bei Lahnstein in den Rhein.

Die Lahn ist ein Paradies für Wasserratten. Hier kann man Kanus, Elektro-, Tret- und Ruderboote, Kajaks und Kanadier mieten. Sehenswerte Orte, zu denen es viele spannende Sagen und Geschichten gibt, sind **Bad Ems, Nassau, Dietz und Limburg.*** In Bad Ems kann man das **Emser Bergbaumuseum** besuchen, im **Grafenschloss Dietz** in der Jugendherberge wohnen und auf der **Burg Laurenburg** das kleine **Militärmuseum** aufsuchen. Der **Limburger Dom** ist schon von weitem zu sehen und ein einmaliger Kunstschatz.

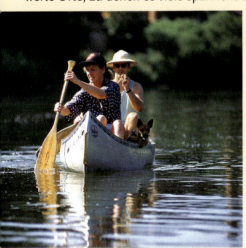

Auf der Lahn.

Die Ehrenburg an der Untermosel.

Vom Rhein an die Mosel

Die Mosel fließt links des Rheins. Sie ist 544 Kilometer lang und mündet in Koblenz am Deutschen Eck in den Rhein.

Von dort aus erreicht man mit einem Ausflugsschiff das einzige Apostelgrab nördlich der Alpen in **Kobern-Gondorf.** Seit 1230 werden die von einem Kreuzzug mitgebrachten Reliquien des Apostels Matthias in der Kapelle, die der Grabeskirche in Jerusalem nachempfunden ist, verehrt. Hinter den vielen kleinen Orten der **Untermosel** liegt in einem engen Seitental auf einem steilen Felskopf die **Burg Eltz,** die schon seit 850 Jahren im Besitz der Familie Eltz ist. Die Burg und auch die Schatzkammer im Kellergewölbe können mit einer Führung besichtigt werden. Die Burg Eltz ist sehr berühmt geworden, weil sie auf der 500 DM-Banknote abgebildet war. Im Ort **Münstermaifeld** kann man ein Erlebnisbad und ein Heimatmuseum, in dem beispielsweise ein Schulzimmer, ein Kolonialwaren- und einen Friseurladen sowie eine Bäckerei aus der Zeit um 1900 gezeigt werden, besuchen. In **Polch** ist eine der größten Backstuben der Welt zu besichtigen, in der die „Prinzenrolle" hergestellt wird. In **Treis-Karden** soll der heilige Kastor einige Schiffer gerettet haben, indem er einen Sturm auf der Mosel besänftigte.* Ein Wanderweg führt an seiner Höhle vorbei. In **Cochem** lockt die „märchenhafte" Reichsburg Cochem mit kindgerechten Veranstaltungen. Wie die Cochemer eine Fässerschlacht gewannen und einige Geschichte mehr erzählen die **„Cochemer Stückelchen".***

Vom Rhein an die Nahe
Die Nahe fließt links des Rheins. Sie ist 116 Kilometer lang und fließt bei Bingen in den Rhein.

Die Nahe durchfließt das Mittelgebirge **Hunsrück** mit seinen vielen Wäldern. Von hier stammt auch der **„Schinderhannes"***, ein Räuberhauptmann, der sich mit seiner Räuberbande im nahen **Soonwald** versteckte, bis er 1803 hingerichtet wurde. Der **„Deutsche Michel"**, ein Held des Dreißigjährigen Krieges mit richtigen Namen Hans Elias von Obentraut, ist in **Stromberg** auf der Stromburg aufgewachsen. Der zur Witzfigur der nach Reformen strebenden Dichtern und Denkern im Vorfeld der deutschen Revolution degradierte Ritter wurde zur Symbolfigur der Deutschen. Das Heimatmuseum zeigt in liebevoll eingerichteten Räumen Omas „Gute Alte Stube", eine Küche, ein Schulzimmer um 1900 und eine alte Uhrmacherwerkstatt und vieles mehr. Auf den Spuren des Magiers **Faust**, dessen Leben Dichter von Goethe bis

* Die Sagen und Geschichten der Orte rund um die Nebenflüsse des Rheins sind im Begleitbuch zum „Rheinischen Sagenweg" zu finden: K.-P. Hausberg, Rheinische Sagen & Geschichten, J.P. Bachem Verlag, Köln 2005.

Die Brückenhäuser von Bad Kreuznach.

* Die Sagen und Geschichten der Orte rund um die Nebenflüsse des Rheins sind im Begleitbuch zum „Rheinischen Sagenweg" zu finden: K.-P. Hausberg, Rheinische Sagen & Geschichten, J.P. Bachem Verlag, Köln 2005.

Thomas Mann inspirierte, wandelt man in **Bad Kreuznach.** Das Museum für PuppentheaterKultur bietet an jedem ersten Sonntag im Monat Puppentheateraufführungen und ein Festival im November. Natürlich muss der Teufel im Bunde sein, wenn eine Burg über Nacht erbaut wird.* So geschehen mit der Rheingrafenstein in **Bad Münster am Stein-Ebernburg.** Dort locken neben Deutschlands größtem Salinental ein Märchenhain, ein Puppentheater und das Quecksilberbergwerk „Schmittenstollen".

Der „Jäger aus Kurpfalz" aus einem Volkslied von 1763 war der Erbförster Friedrich Wilhelm Utsch (1732–1795), der im Hunsrück geboren wurde. Sein Forsthaus stand im Soonwald und begraben ist er in **Bad Sobernheim.** Auch Hildegard von Bingen lebte hier 40 Jahre im Kloster Disibodenberg (Klostermuseum). Reizvoll ist eine Draisinentour über eine 40 Kilometer lange, stillgelegte Bahnstrecke und das Freilichtmuseum. In **Kirn** beginnt die **Hunsrück Schiefer- und Burgenstraße,** an der alte Orte und Edelsteinschleifereien liegen. In Kirn finden beliebte Veranstaltungen statt, etwa der Krammarkt und der Handwerker- und Bauernmarkt. **Idar-Oberstein** ist berühmt für seine Edelstein- und Schmuckindustrie. Hier gibt es ein **Edelsteinmuseum** und eine eindrucksvolle **Edelstein-Erlebniswelt** mit kostbaren Edelsteinen, Kristallen und Mineralien in Höhlen und Grotten, plätschernde Quellen und feurig glühende Vulkane. Natürlich dreht sich auch bei vielen der Veranstaltungen alles um die Edelsteine. Die **Deutsche Edelsteinstraße** nimmt hier ihren Anfang.

Der Rheingau und Wiesbaden

Wie Perlen reihen sich die Orte des Rheingaus aneinander, der in Rüdesheim beginnt und bis nach Wiesbaden reicht. Die Orte sind vom Weinbau geprägt, was auch die bedeutenden deutschen Dichter zu schätzen wussten. Wolfgang von Goethe etwa weilte oft auf dem Familiensitz der Brentanos in **Oestrich-Winkel;** und Heinrich Heine hätte gerne Berge versetzt, nämlich den **Geisenheimer** Johannisberg, den berühmtesten Riesling-Weinberg, überall dorthin, wo er weilte. Wer mehr über die Geschichte der Sektherstellung aus diesen noch heute hier reifenden Trauben erfahren möchte, kann dies bei einer Führung durch die Henkell-Sektkellerei in Wiesbaden tun. Dem Wein verschrieben hatten sich auch die Benediktinermönche des **Klosters Eberbach,** wo die Innenaufnahmen zum bekannten Film „Im Namen der Rose" gedreht wurden. In den Gemäuern aus dem 16. Jahrhundert kann man mit der ganzen Familie übernachten. Unweit locken in der „Rosenstadt" **Eltville** die Kurfürstliche Burg und eine Gutenberg-Gedenkstätte.

Schon die Römer wussten die Thermen in **Wiesbaden** zu schätzen, das zu einer der beliebtesten Kurstädte wurde. Hotelpaläste, Villen und die **Russische Kirche** auf dem **Neroberg,** zu erreichen mit der Drahtseilbahn, erinnern noch an die glanzvollen Tage. Auch Wiesbadens schönstes Freibad mit beeindruckendem Blick auf die Stadt und den Taunus, das **Opelbad,** liegt auf dem Neroberg. Von dort lässt sich noch der Abdruck der Hand des Riesen Ekko erkennen, der hier vor langer Zeit gestürzt sein soll, als er seine Lanze in den Boden stieß. Das Wasser der Thermalquelle, die er zufällig „angebohrt" hatte, spritzte in sein Gesicht und verbrannte ihn fürchterlich.*

Kloster Eberbach.

Glossar – ein Mittel gegen unverständliche Begriffe

Manche Begriffe im Buch waren dir vielleicht nicht geläufig. Du kannst sie hier nachschlagen und dir erklären lassen.

Achterschiff Schiffsheck.

Amphore Großer bauchiger Krug mit engem Hals und zwei Henkeln aus gebranntem Ton, der in der Antike (zur Zeit der Griechen und Römer) zur Aufbewahrung von Wein und Öl diente.

Artillerie So wird eine Truppengattung des Heeres bezeichnet, die mit schweren Geschützen ausgestattet ist.

Barocker Baustil In der Zeit von 1600 bis 1750 baute man in Europa vor allem Kirchen und Schlösser im barocken Stil. Man erkennt ihn an den geschwungenen und ausladenden Formen, später auch an den Verschnörkelungen.

Basel Drittgrößte Stadt in der Schweiz, liegt an beiden Seiten des Rheins an der Grenze zu Deutschland.

Bergfried Hauptturm einer Burg.

Bombarde Steinschleudermaschine, wurde im 15. bis 17. Jahrhundert verwendet.

Bundespräsident Ist das deutsche Staatsoberhaupt.

Bundeskanzler In Deutschland der Leiter der Bundesregierung, der vom Bundestag auf Vorschlag gewählt wird.

Bundeskanzleramt Amtssitz des Bundeskanzlers.

Colonia Claudia Ara Agrippinensium Abgekürzt auch CCAA genannt, der römische Name für die Stadt Köln.

Castra Bonnensis In römischer Zeit der Name für die Stadt Bonn.

Erzbischof/Bischof Der Bischof ist der höchste Geistliche in einem kirchlichen Amtsbezirk, der Diözese oder Bistum genannt wird. Der Bischof wird vom Papst ernannt. Der Erzbischof steht einer Erzdiözese vor, die aus mehreren Diözesen gebildet wird. Im Mittelalter waren die Erzbischöfe oft auch Landesfürsten.

Exekution Vollstreckung eines Todesurteils.

Exerzieren Bei der militärischen Ausbildung werden bestimmte Tätigkeiten eingeübt, zum Beispiel Marschieren.

Fasnacht Karneval in Mainz und Umgebung.

Fontäne Aufsteigender Wasserstrahl zum Beispiel eines Springbrunnens.

Garnison Truppe an einem Standort.

Gentleman Ein Mann mit guten Manieren und Charakter. Das Wort kommt aus dem Englischen (Plural: Gentlemen) und bezeichnete ursprünglich einen „Edelmann".

Germania inferior Römische Bezeichnung für Niedergermanien, eine Provinz des römischen Weltreichs, die Teile der Niederlande, Deutschlands und ganz Belgien umfasste. Hauptstadt und Sitz des Statthalters war Köln.

Germania superior Römische Bezeichnung für Obergermanien, eine Provinz des römischen Weltreichs, die Teile der heutigen Schweiz, Frankreichs und Deutschlands umfasste. Hauptstadt und Sitz des Statthalters war *Mogontiacum*, das heutige Mainz.

Germanien Sammelname für Völker und Stämme in Nord- und Mitteleuropa, die untereinander eine verwandte Sprache sprechen. Die Römer übertrugen den Namen auf alle Völker, die auf der rechten Rheinseite lebten.

Glossen Sind Wörter, die man erklären muss. Ein Glossar ist eine Zusammenstellung dieser Wörter. Das Wort Glossen kommt aus dem Griechischen.

Gotischer Baustil Merkmale der Gotik sind spitze Bögen, große Glasfenster, ein hoher Kirchenraum und Verstrebungen aus Stein an den Außenseiten. In Deutschland ab 1230 bis ca. 1450.

Historismus Ein Stil, der sich an Baustilen aus der Vergangenheit ein Beispiel nimmt und sie nachahmt, zum Beispiel die Gotik oder Romanik. Dann spricht man von Neugotik oder Neuromanik. Vorherrschend im 19. Jahrhundert.

Kastell In römischer Zeit der Name für eine Festung.

Kelten Sammelname für Völkergruppen in Europa, die die gleiche Sprache sprechen. Im 5. Jahrhundert vor Christus breiteten die Kelten sich in Europa aus.

Kemenate Die Bezeichnung für kleinere, zum Teil beheizbare Wohnräume im Palas der Burg. Später wurde dieser Name auf die Frauengemächer der Burg übertragen.

Krypta Unterirdischer Kirchenraum oder Gruft.

Legion In römischer Zeit eine Einheit des Heeres.

Legionär Mitglied einer Legion, Bezeichnung für einen römischen Soldaten.

Legende Erzählt vom Leben und Sterben der Heiligen und ist mit Wundertaten und Abenteuern ausgeschmückt.

Lehen Das Lehen war ein geliehenes Gut, dessen Empfang zu ritterlichem Kriegsdienst und Treue verpflichtete.

Mitra Kopfbedeckung eines Bischofs.

Mogontiacum Römischer Name der Stadt Mainz.

Mythos Sind die Sagen und Dichtungen von Göttern, Helden und Geistern aus der Urzeit eines Volkes.

Nachen Boot oder Kahn.

Nationalhymne Lied oder Musikstück eines Staates, das zu besonderen Anlässen, beispielsweise bei Staatsempfängen, bei internationalen Sportereignissen oder bei besonderen staatlichen Ereignissen gespielt wird.

Neugotik Siehe Historismus.

Novaesium Römischer Name der Stadt Neuss.

Obelisk Ist eine frei stehende, rechteckige, spitz zulaufende Säule.

Palas War auf den mittelalterlichen Burgen das Herrenhaus, das Wohnhaus, das der Herrschaft vorbehalten blieb.

Passagier Schiffsreisender, Fahrgast, Fluggast.

Pökeln Verfahren um Lebensmittel (Fisch, Fleisch) haltbar zu machen, indem man sie in Salzlake einlegt oder mit Pökelsalz bestreut.

Postillon Postkutscher.

Pranger Schandpfahl, an dem Verbrecher zur Strafe öffentlich zur Schau gestellt wurden. „Anprangern" bedeutet demnach „öffentlich anklagen" und „bloßstellen".

Provinz Ist ein Landesteil eines größeren staatlichen oder kirchlichen Verwaltungsgebietes.

Renaissance Der Name bedeutet „Wiedergeburt" und bezeichnet die Erneuerung der Künste und die Rückbesinnung auf die römische Vergangenheit, in der der Mensch im Mittelpunkt stand. In Deutschland ab 1450 bis ca. 1600.

Rheingau Hügelland zwischen Wiesbaden und Rüdesheim, in dem Wein angebaut wird.

Rheinprovinz In preußischer Zeit eine Provinz, die die Regierungsbezirke Koblenz, Trier, Köln, Aachen und Düsseldorf umfasste.

Rokoko Ein Kunststil mit zierlichen, leichten und spielerischen Formen, der den Barock ablöste.

Romanik Als Romanik wird die Kunst um 1000 bis zum Beginn des 13. Jahrhunderts bezeichnet. Die Romanik ist zum Beispiel an den Rundbogen zu erkennen, die auch schon im römischen Baustil verwendet wurden.

Romantik Ein Zeitabschnitt in Europa, in dem Gefühle und Träume betont wurden und die Wirklichkeit verklärt und verschönert gesehen wurde (Ende des 18. Jahrhunderts bis erstes Drittel des 19. Jahrhunderts).

Sage Sammelbegriff für mündlich überlieferte Erzählungen, die zum Teil erfunden sind. Manche haben eine wahre Begebenheit als Hintergrund, sind aber so fantasievoll ausgeschmückt, dass man die wirklichen historischen Ereignisse kaum noch erkennt.

Schafott Eine erhöhte Stätte für Enthauptungen, zum Beispiel auf einem Holzgestell.

Schlepper Ein kleines Schiff mit einer kräftigen Maschine, das andere Wasserfahrzeuge ohne Eigenantrieb schleppt oder schiebt.

Standarte Fahne einer Truppe oder Flagge eines Staatsoberhauptes.

Trapez Viereck, das zwei Seiten mit gleichem Abstand hat, die aber ungleich lang sind.

Ubier Germanisches Volk, das auf der rechten Rheinseite wohnte und von den Römern auf der linken Rheinseite angesiedelt wurde. Ihr Hauptort nannte sich *Oppidum Ubiorum*, die spätere *Colonia Claudia Ara Agrippinensium* und die heutige Stadt Köln.

Urne Gefäß aus Ton oder Metall, in dem die Asche eines Verstorbenen aufbewahrt wird.

Zensur Überprüfung von Büchern oder Schriften und gegebenenfalls das Verbot durch Behörden oder die Kirche.

Zoll Eine Abgabe auf Waren, wenn eine Grenze überschritten wird.

Zwinger Der Gang zwischen innerer und äußerer Mauer einer Burg.

Wichtige Adressen – alle einen Besuch wert!

Burgen und Schlösser findest du unter:

Burg Eltz →Münstermaifeld
Burg Linz →Linz
Burg Maus →Niederzissen
Burg Reichenstein →Trechtinghausen
Burg Rheinfels →St. Goar
Burg Satzvey →Mechernich-Satzvey
Burg Sooneck →Niederheimbach
Ehrenburg →Brodenbach
Festung Ehrenbreitstein →Koblenz
Genovevaburg →Mayen
Grafenschloss Diez →Diez
Marksburg →Braubach
Pfalzgrafenstein →Kaub
Reichburg Cochem →Cochem
Schloss Augustusburg →Brühl
Schloss Bürresheim →Mayen
Schloss Drachenburg →Königswinter
Schloss Paffendorf →Bergheim
Schloss Stolzenfels →Koblenz

Andernach
Stadtmuseum Andernach
Hochstraße 99, 56626 Andernach
Tel. 02632/92 22 18, www.andernach.net
Di–Fr 10–12 und 14–17 Uhr, Sa/So 14–17 Uhr

Bad Breisig
Märchenwald Bad Breisig
Am Kesselberg, 53498 Bad Breisig
Tel. 02633/855 34,
www.maerchenwald-bad-breisig.de
Geöffnet eine Woche vor Ostern, spätestens am 1. Apr. bis einschl. 1. Nov. 10–18 Uhr

Bad Ems
Kur- und Stadtmuseum Bad Ems
Römerstraße 97, 56130 Bad Ems
Tel. 02603/35 72, www.bad-ems.de
Mo–Fr 8–12 Uhr, Do 14–18 Uhr, jeden ersten Sa im Monat 10–12 Uhr

Emser Bergbaumuseum
Arbeitsgemeinschaft Bahnen und Bergbau e.V.
Emser Hütte 13, 56130 Bad Ems
Tel. 0175/260 20 34,
www.emser-bergbaumuseum.de
März–Okt. So 14–16 Uhr oder nach Vereinbarung; Nov.–Feb. nur nach Vereinbarung

Bad Kreuznach
Museum für PuppentheaterKultur
Hüffelsheimer Straße 5, 55545 Bad Kreuznach
Tel. 0671/845 91 85,
www.stadt-bad-kreuznach.de
Jan. Di–So 10–16 Uhr, Febr. geschlossen,
März–Juni Di–So 10–17 Uhr,
Juli–Aug. Di–So 10–18 Uhr,
Sept.–Dez. Di–So 10–17 Uhr
Führungen für Kinder; Kindergeburtstage

Bad Neuenahr-Ahrweiler
Apollinaris-Brunnen
Landskronerstr. 175,
53474 Bad Neuenahr-Ahrweiler
Tel. 02641/820, www.apollinaris.de

Bergheim
Schloss Paffendorf – Straße der Energie
RWE Power AG, Informationszentrum
Burggasse, 40126 Bergheim
Tel. 02271/75 12 00 43, www.rwe.com
Ausstellungen: Sa, So, feiertags 10–17 Uhr,
Schlosspark: Apr.–Sept. tägl. 10–19 Uhr,
Okt.–März tägl. 10–17 Uhr

Bingen
Historisches Museum am Strom – Hildegard von Bingen
Museumsstraße 3, 55411 Bingen am Rhein
Tel. 06721/99 06-54, www.bingen.de
Di–So 10–17 Uhr
Es werden Kindergeburtstage ausgerichtet

Führungen für Kinder nach Vereinbarung
sowie an jedem 3. Sonntag im Monat,
Kindergeburtstage

Haus der Geschichte der Bundesrepublik Deutschland
Willy-Brandt-Allee 14, 53113 Bonn
Tel. 0228/91 65-0, www.hdg.de
Di–So 9–19 Uhr

Kunst- und Ausstellungshalle der Bundesrepublik Deutschland
(Bundeskunsthalle)
Friedrich-Ebert-Allee 4, 53113 Bonn
Tel. 0228/91 71-200, www.kah-bonn.de
Di–Mi 10–21 Uhr, Do–So, feiertags 10–19 Uhr
Audioführung für Kinder

Bonn
Beethoven-Haus
Bonngasse 20, 53111 Bonn
Tel. 0228/981 75 25,
www.Beethoven-Haus-Bonn.de
1. Apr.–31. Okt. Mo–Sa 10–18 Uhr, So und
feiertags 11–18 Uhr, 1. Nov.–31. März
Mo–Sa 10–17 Uhr, So, feiertags 11–17 Uhr

 Kunstmuseum Bonn
Friedrich-Ebert-Allee 2, 53113 Bonn
Tel. 0228/77 62 60 u. 77 62 11,
www.bonn.de/kunstmuseum
Di–So 11–18 Uhr, Mi 11–21 Uhr
Führungen für Kinder, Kindergeburtstag,
Kindermuseumskoffer, Malkurse für Kinder
ab 5 Jahren

Rheinisches Landesmuseum
Colmantstraße 14–18, 53115 Bonn
Tel. 0228/20 70-0, www.rlmb.lvr.de
Di, Do, Fr, Sa 10–18 Uhr, Mi 10–21 Uhr,
So 10–18 Uhr

 StadtMuseum Bonn
Franziskanerstraße 9, 53113 Bonn
Tel. 0228/77 20 94,
www.bonn.de/stadtmuseum
Do–Sa 13–18 Uhr, So 11.30–17 Uhr,
Mo 9.30–14 Uhr
Führungen und Workshops für Kinder;
Kindergeburtstage

 Zoologisches Forschungsmuseum Alexander Koenig
Museumsmeile Bonn
Adenauerallee 160, 53113 Bonn
Tel. 0228/91 22-211, www.zfmk.de
Di–So 10–18 Uhr, Mi bis 21 Uhr, montags nur an gesetzlichen Feiertagen
Museumspädagogische Programme für Kinder

Boppard
Museum in der Kurfürstlichen Burg
Burgstraße (an der Fähre), 56154 Boppard
Tel. 06742/103 69, www.boppard.de
Mai–Sept. Mo–Fr 9–18.30 Uhr, Sa 10–14 Uhr,
Okt.–Apr. Mo–Fr 9–17 Uhr

Braubach
Marksburg
56338 Braubach
Tel. 02627/206, www.marksburg.de
Apr.–Okt. tägl. 10–17 Uhr,
Nov.–März tägl. 11–16 Uhr

Brühl
Schloss Augustusburg und Schloss Falkenlust
Schlossstraße 6, 50321 Brühl
Tel. 02232/440 00, www.schlossbruehl.de
Di–Fr 9–12 und 13.30–16 Uhr, Sa, So, feiertags 10–17 Uhr

Brodenbach
Ehrenburg
56332 Brodenbach/Mosel
Tel. 02605/24 32 bzw. 30 77,
www.ehrenburg.de
Ostersonntag–1. Nov. Mi–Sa 10–16 Uhr,
So, feiertags 11–18 Uhr
Erlebnisprogramm für Kinder

Cochem
Reichsburg Cochem
Schlossstraße 36, 56812 Cochem
Tel. 02671/255, www.reichsburg-cochem.de
Mitte März–Nov. 9–17 Uhr
Führungen für Kinder

Diez
🚸 **Grafenschloss Diez**
Jugendherberge und Museum
Jugendgästehaus Diez
Schloßberg 8, 65582 Diez
Tel. 06432/24 81, www.jugendherberge.de
Ganzjährig geöffnet

Düsseldorf
SchifffahrtMuseum im Schlossturm
Burgplatz 30, 40213 Düsseldorf
Tel. 0211/899 41 95,
www.duesseldorf.de/stadtmuseum/
schifffahrtmuseum
Di–So 11–18 Uhr

Heinrich-Heine-Institut
Bilker Straße 12–14, 40213 Düsseldorf
Tel. 0211/899 29 02,
www.duesseldorf.de/heineinstitut
Di–Fr, So 11–17 Uhr, Sa 13–17 Uhr

Eltville
Kloster Eberbach
Rheingauer Straße 28, 65346 Eltville a. R.
Tel. 06123/909 80, www.klostereberbach.de
Apr.–Okt. tägl. 10–18 Uhr,
Nov.–März 11–17 Uhr

Hamm
Raiffeisenmuseum in Hamm
Raiffeisenstraße 10, 57577 Hamm
Tel. 02682/34 25, www.hamm-sieg.de
geöffnet nur nach Absprache: Tel. 02685/686
(Werner Schmidt)

Höhr-Grenzhausen
🚸 **Keramikmuseum Westerwald**
Lindenstraße 13, 56203 Höhr-Grenzhausen
Tel. 02624/94 60 10,
www.keramikmuseum.de
Di–So 10–17 Uhr, Mo nach Vereinbarung
Führungen für Kinder, Workshops und
Kindergeburtstage

Idar-Oberstein
🚸 **Deutsches Edelsteinmuseum**
Hauptstraße 118, 55743 Idar-Oberstein
Tel. 06781/90 09 80,
www.edelsteinmuseum.de
Mai–Okt. tägl. 9.30–17.30 Uhr, Nov.–Apr.
tägl. 10–17 Uhr, Nov.–Jan. Di–So 10–17 Uhr

🎫 **Edelstein Erlebniswelt**
Nahestraße 42, 55743 Idar-Oberstein
Tel. 06781/205-0,
www.edelstein-erlebniswelt.de
Mo–Fr 9–18 Uhr, Sa 10–18 Uhr, So, feiertags
geschlossen

Kaub
Pfalzgrafenstein
56349 Kaub
Tel. 0172/262 28 00, www.burgen-rlp.de
Jan., Febr., Nov. nur Sa, So 10–17 Uhr, März
Di–So 10–17 Uhr, Apr.– Okt. Di–So 10–18 Uhr

Koblenz
Mittelrhein-Museum Koblenz
Florinsmarkt 15–17, 56068 Koblenz
Tel. 0261/129 25 20,
www.mittelrhein-museum.de
Di–Sa 10.30–17 Uhr, So, feiertags 11–18 Uhr
Museumspädagogisches Angebot;
Kindergeburtstage

**Festung Ehrenbreitstein –
Landesmuseum Koblenz**
56077 Koblenz
Tel. 0261/66 75-40 00, www.burgen-rlp.de
Tel. (Museum) 0261/66 75-0
Festung ganzjährig geöffnet; Festungs-
führungen: Apr.–Okt. 10–17 Uhr;
Landesmuseum Koblenz: Mitte März bis
Mitte Nov. 9.30–17 Uhr
Führungen für Kinder ab 6 Jahren

Schloss Stolzenfels
56075 Koblenz
Tel. 0261/516 56, www.burgen-rlp.de
Apr.–Sept. 9–18 Uhr, Okt.–Nov., Jan.–März
9–17 Uhr, Dez. und 1. Werktag in der Woche
geschlossen

Köln
Deutsches Sport & Olympia-Museum
Im Zollhafen 1, 50678 Köln-Innenstadt
Tel. 0221/336 09-0,
www.sportmuseum-koeln.de
Di–Fr 10–18 Uhr, Sa, So, feiertags 11–19 Uhr
Führungen für Gruppen und Schulklassen,
Kindergeburtstage nach vorheriger Anmel-
dung beim Besucherdienst

 Farina-Haus
Geburtshaus des Eau-de-Cologne
Obenmarspforten 21, 50667 Köln
Tel. 0221/399 89 94, www.farinahaus.de

Kölner Dom
Domkloster 4, 50667 Köln
Tel. 0221/92 58 47-20, www.koelner-dom.de,
www.domforum.de
Tägl. 6–19.30 Uhr. Der Südturm kann von
9 bis 16 Uhr, im Sommer bis 18 Uhr bestiegen werden.
Kinderführungen über Domforum
(gegenüber vom Hauptportal des Domes)

🌟 Domschatzkammer
Domkloster 4, 50667 Köln
Tel. 0221/179 40-530, www.dombau-koeln.de
Tägl. 10–18 Uhr
Führungen Di 11 Uhr und Do 15 Uhr

🌟 Kölnisches Stadtmuseum
Zeughausstraße 1–3, 50667 Köln
Tel. 0221/221-223 98, www.museenkoeln.de
Mi–So 10–17 Uhr, Di 10–20 Uhr
Führungen für Kinder, Kindergeburtstage: über Museumsdienst, außerdem für Kinder kostenlose Audioführungen

🌟 Museum Ludwig
Bischofsgartenstraße 1, 50667 Köln-Altstadt
Tel. 0221/221-223 82, www.museenkoeln.de
Di–So 10–18 Uhr, 1. Fr im Monat 10–22 Uhr
Führungen für Kinder: über Museumsdienst

🌟 Römisch-Germanisches Museum
Roncalliplatz 4, 50667 Köln-Altstadt
Tel. 0221/221-244 38, www.museenkoeln.de
Di–So 10–17 Uhr
Führungen für Kinder, Kindergeburtstage: über Museumsdienst

Schokoladenmuseum
Rheinauhafen 1a, 50678 Köln-Innenstadt
Tel. 0221/93 18 88-0,
www.schokoladenmuseum.de

Di–Fr 10–18 Uhr, Sa, So, feiertags 11–19 Uhr
Führungen für Kinder: So 15 Uhr (max. 20 Pers.) oder nach Vereinbarung; Kindergeburtstage

Wallraf-Richartz-Museum/ Fondation Corboud
Martinstraße 39, 50667 Köln
Tel. 0221/ 221-211 19 u. 221-276 94,
www.museenkoeln.de
Di 10–20 Uhr, Mi–Fr 10–18 Uhr,
Sa, So 11–18 Uhr
Führungen für Kinder, Kindergeburtstage: über Museumsdienst

Führungen in den städtischen Kölner Museen ermöglicht:
Museumsdienst Köln
Richartzstraße 2–4, 50667 Köln
Tel. 0221/221-234 68 u. 221-241 98
www.museenkoeln.de/museumsdienst
Mo–Do 9–13 Uhr, Mo–Do 14–16 Uhr,
Fr 9–13 Uhr
Führungen für Kinder, Kindergeburtstage für alle städtischen Museen

Zoo Köln
Riehler Straße 173, 50735 Köln
Tel. 0221/77 85-0, www.zoo-koeln.de
Sommer: 9–18 Uhr, Winter: 9–17 Uhr
Geheimnisvolle Nachtexpedition (für Kinder ab 8 Jahre), Kindergeburtstage

Königswinter
⭐ Drachenfelsbahn
Bergbahnen im Siebengebirge AG
Drachenfelsstraße 53, 53639 Königswinter
Tel. 02223/92 09-0,
www.drachenfelsbahn-koenigswinter.de
Jan.–Feb., Nov. Mo–Fr 12–17 Uhr, Sa, So
11–18 Uhr, März 10–18 Uhr, Apr. 10–19 Uhr,
Mai–Sept. 9–19 Uhr, Okt. 10–18 Uhr

⭐ Schloss Drachenburg
Drachenfelstraße 118, 536349 Königswinter
Tel. 02223/901 97-0,
www.schloss-drachenburg.de
Apr.–Okt. Di–So, feiertags 11–18 Uhr

⭐ Siebengebirgsmuseum
Kellerstraße 16, 53639 Königswinter
Tel. 02223/37 03,
www.siebengebirgsmuseum.de
Di, Do, Fr, Sa 14–17 Uhr, Mi 14–19 Uhr,
So 11–17 Uhr, Nov.–März Mi 14–19 Uhr,
Sa, So 14–17 Uhr
Führungen für Kinder, Kindergeburtstage,
Schatzsuche, Museumsquiz

Sea Life
Rheinallee 8, 53639 Königswinter
Tel. 02223/29 72 97, www.sealifeeurope.com
Tägl. 10–18 Uhr (Kassenschluss 17 Uhr)
Vorträge für Kinder, „SEA LIFE-Diplom" für
Kinder

Limburg
Limburger Dom
Domführungen
Führungen Tel. 06431/92 99 83,
www.limburgerdom.de
Mo–Fr 11 und 15 Uhr, Sa 11 Uhr, So 11.45 Uhr

Linz
Burg Linz
Burgplatz 4, 53545 Linz am Rhein
Tel. 02644/70 21, www. burg-linz.de

Mainz
Mainzer Dom
Dominformation: Am Markt 8–10,
55116 Mainz
Tel. 06131/253-412, www.bistum-mainz.de,
www.mainzer-dom.de
Mai–Sept. Mo–Fr 9–18 Uhr, Sa 9–14 Uhr,
So 12.30–16 Uhr; Okt.–Apr. Mo–Fr 9–17 Uhr,
Sa 9–14 Uhr
Kinder- und Jugendführungen über Dom-
information und die Stabstelle Domführungen
(Gruppen), Tel. 06131/253-495

Dom- und Diözesanmuseum
Domstraße 3, 55116 Mainz
Tel. 06131/25 33 44,
www.dommuseum-mainz.de
Di–So 10–17 Uhr; Mo, kirchl. Feiertage
geschlossen

Römisch-Germanisches Zentralmuseum
Kurfürstliches Schloss
Ernst-Ludwig-Platz 2, 55116 Mainz
Tel. 06131/91 24-0, www.rgzm.de
Wissenschaftspädagogische Programme für
Schulklassen

JOHANNES GUTENBERG
KUPFERSTICH NACH THEVET, PARIS 1584
DAS ÄLTESTE BILDNIS GUTENBERGS

Museum für Antike Schifffahrt
Neutorstraße 2b, 55116 Mainz
Tel. 06131/28 66 30, www.rgzm.de
Di–So 10–18 Uhr

Maria Laach
Benediktinerabtei Maria Laach
56653 Maria Laach
Tel. 02652/59-0, www.maria-laach.de

Gutenberg-Museum
Liebfrauenplatz 5, 55116 Mainz
Tel. 06131/12 26-40/44,
www.gutenberg-museum.de
Di–Sa 9–17 Uhr, So 11–15 Uhr, Mo, feiertags
geschlossen
Gruppenführungen für Kinder und Jugend-
liche

Landesmuseum Mainz
Große Bleiche 49–51, 55116 Mainz
Tel. 06131/28 57-0,
www.landesmuseum-mainz.de
Di 10–20 Uhr, Mi–So 10–17 Uhr
Wöchentliche Kursangebote für Kinder

Mayen
Genovevaburg/Eifelmuseum
Genovevaburg, 56727 Mayen
Tel. 02651/49 85 08, www.mayenzeit.de
Kindergeburtstage und Führungen für Kinder

Deutsches Schieferbergwerk
Genovevaburg, 56727 Mayen
Tel. 02651/49 85 08,
www.deutsches-schieferbergwerk.de
Di–So, feiertags 10–17 Uhr
Kindergeburtstage und Führungen für Kinder

Schloss Bürresheim
56727 Mayen
Tel. 02651/764 40, www.burgen-rlp.de
Apr.–Sept. 9–18 Uhr, Okt.–Nov./Jan.–März
9–17 Uhr

Münstermaifeld
 Burg Eltz
Gräflich Eltz'sche Kastellanei Burg Eltz
56294 Münstermaifeld
Tel. 02672/95 05 00, www.burg-eltz.de
Apr.–Okt. 9.30–17.30 Uhr

Nassau/Lahn
Bootsvermietung Michael Hofmann
Kaltbachtal 2, 56377 Nassau/Lahn
Tel. 02604/94 20 83, www.kanucharter.de

Neuss
Clemens-Sels-Museum
Am Obertor, 41460 Neuss
Tel. 02131/90 41 41,
www.clemens-sels-museum.de
Di–Sa 11–17 Uhr, So, feiertags 11–18 Uhr
Kinderführungen

Niederheimbach
Burg Sooneck
55413 Niederheimbach
Tel. 06743/60 64, www.burgen-rlp.de
Apr.–Sept. 9–18 Uhr, Okt.–Nov./
Jan.–März 9–17 Uhr

Niederzissen
Vulkanpark Info-Zentrum
Kapellenstraße 12, 56651 Niederzissen
Tel. 02636/194 33, www.brohltal.de
Mai–Okt. Mo–Fr 8.30–17 Uhr, Sa, So 10–13
Uhr, Nov.–Apr. Mo–Do 9–15.30 Uhr,
Fr 9–13 Uhr

Oberwesel
Museum im Kulturhaus Oberwesel
Rathausstraße 23, 55430 Oberwesel
Tel. 06744/71 47 26,
www.kulturhaus-oberwesel.de
Apr.–Okt. Di–Fr 10–12 und 14–17 Uhr, Sa, So,
feiertags 14–17 Uhr, für Gruppen ist der
Museumsbesuch nach vorheriger Absprache
auch außerhalb dieser Zeiten möglich

Odernheim
**Klosterruine Disibodenberg/
Klostermuseum**
55571 Odernheim am Glan
Tel. 06755/969 91 88,
www.disibodenberg.de

Plaidt-Saffig/Eifel
⭐ **Vulkanpark Informationszentrum Rauschermühle**
Rauschermühle 6, 56637 Plaidt
Tel. 02632/98 75-0 und 0180/188 55 26, www.vulkanpark.com
Sommer: Di–Fr 9–17 Uhr, Sa, So, feiertags 11–18 Uhr; Winter: Di–So 11–16 Uhr

Satzvey
⭐ **Burg Satzvey – Festspielburg**
An der Burg 3, 53894 Mechernich-Satzvey
Tel. 02256/95 83-0, www.burgsatzvey.de, www.festspielburg.de

St. Goar
Burg Rheinfels
Schlossberg, 56329 St. Goar
Tel. 06741/77 53, www.burg-rheinfels.com, www.st-goar.de
März–Sept. 9–18 Uhr, Okt. 9–17 Uhr (letzter Einlass 1 Std. vor Schließung), Nov.–März nur an schnee- und eisfreien Sa, So 11–17 Uhr; Museum: 10–12.30 und 13–17 Uhr
Ritterspiele für Groß und Klein (mit Anmeldung), Führungen

St. Goarshausen
Loreley Besucherzentrum
Auf der Loreley, 56346 St. Goarshausen
Tel. 06771/59 90 93, www.besucherzentrum-loreley.de
März 10–17 Uhr, Apr.–Okt. 10–18 Uhr, Nov.–Feb. Sa, So 11–16 Uhr

Burg Maus – Adler- und Falkenhof
56346 St. Goarshausen-Wellmich
Tel. 06771/76 69, www.burg-maus.de
Apr.–Sept. Di–So ab 10 Uhr, Flugvorführungen 11 Uhr, 14.30 Uhr, Sa, So, feiertags auch 16.30 Uhr

Trechtingshausen
⭐ **Burg Reichenstein**
Kastellanei Burg Reichenstein, 55413 Trechtingshausen
Tel. 06721/61 17, www.burg-reichenstein.de
März–Okt. Di–So 10–18 Uhr
Führungen für Kinder, Kindergeburtstage

Wiesbaden
Führungen durch die Sektkellerei Henkell & Co
Biebricher Allee 142, 65187 Wiesbaden
Tel. 0611/63-209, www.henkell-trocken.de

Zons
Freilichtbühne der Stadt Zons
An der Südmauer der Befestigungsanlage
41541 Dormagen/Zons
Tel. 02133/463 14, www.zons.de,
www.freilichtbuehne-zons.de

Weitere hilfreiche Adressen für die Planung

NRW Tourismus e.V.
Worringer Str. 22, 50668 Köln
Tel. 0221/179 45-0, www.nrwtourismus.de

Rheinland-Pfalz Tourismus GmbH
Löhrstr. 103–105, 56068 Koblenz
Tel. 0261/915 20-0, www.rlp-info.de

Romantischer Rhein Tourismus GmbH
Bahnhofplatz 7, 56068 Koblenz
Tel. 0261/303 88-34,
www.romantischer-rhein.de

Sekretariat für das Welterbe in Rheinland-Pfalz
Mittlere Bleiche 61, 55116 Mainz
Tel. 06131/16-54 73,
www.welterbe-mittelrheintal.de
Auf dieser Internetseite gibt es einen extra für „Kids" gestalteten Bereich mit Informationen, Geschicklichkeitsspielen und Ausflugstipps.

Landesamt für Denkmalpflege Rheinland-Pfalz, Abteilung Burgen, Schlösser, Altertümer Rheinland-Pfalz (B.S.A.)
Festung Ehrenbreitstein, 56077 Koblenz
Tel. 0261/66 75-0, www.burgen-rlp.de

DJH Service GmbH
Bismarckstraße 8, 32756 Detmold
Tel. 05231/74 01-0, www.jugendherberge.de

Köln-Düsseldorfer Deutsche Rheinschifffahrt AG
Frankenwerft 35, 50667 Köln
Tel. 0221/20 88-318
www.k-d.com

Rheinischer Sagenweg /
The Legendary Rhine-Romantic Route
Projektbüro Rheinischer Sagenweg
J.P. Bachem Verlag GmbH
Ursulaplatz 1, 50668 Köln
Tel. 0221/16 19-330,
www.rheinischersagenweg.de
Auf dieser Internetseite sind alle Touristinformationen verlinkt.

Ortsregister – für Ausflüge unentbehrlich

Orte und Städte:

Aachen 36, 140
Andernach 13, **106-110**, 188
Bacharach 156, 162, 164, **165-168**, 171
Bad Breisig **104f.**
Bad Ems 215
Bad Godesberg (Bonn) 93
Bad Honnef 92
Bad Hönningen **104f.**
Bad Kreuznach 218
Bad Münster am Stein-Ebernburg 218
Bad Neuenahr 104, 213
Bad Sobernheim 218
Basel 18, 52, 96
Bergheim 212
Bingen 11, 13, 18, 101, 127, 146, 163, 173, 175, 177, 179, 195, 217
Bonn 18, 19, 49, 63, **64-74**, 79, 98, 100, 106, 191
  Bonner Münster **71-73**, 199
Boppard **140-142**, 143
Braubach 139
Brühl 65, 212
Cochem 216
Diez 219
Düsseldorf 13, 20, 30, **35-44**, 49, 185, 191
Eltville 218
Frankfurt 140, 193
Geisenheim 218
Gymnich 212

Hamm 214
Heppingen 213
Höhr-Grenzhausen 214
Idar-Oberstein 218
Kamp-Bornhofen 143
Kaub 127, 162-164
Kirn 218
Kobern-Gondorf 216
Koblenz 11, 49, 101, 103, 106, **110-121**, 122, 123, 127, 129, 146, 153, 163, 188, 190, 195, 216
Köln 13, 14, 30, 33, 35, **46-59**, 69, 79, 89, 103, 106, 107, 185, 187, 190, 191, 192, 193, 201, 210
  Kölner Dom **47**, 78, 79, 80, 90, 91, 160, **161**, 199
  Kölner Erzbischof 26, 36, 65, 90, 109, 139, 172
Königswinter 60, 75, 78, 81, 83, 102, 185
Lahnstein 131, 215
Leverkusen 49
Limburg 36, 215
  Limburger Dom 215
Linz 102, 103, 104, 108, 109
Mainz 11, 49, 52, 187, 193, 197, **198-208**
  Mainzer Dom **198-202**
  Mainzer Erzbischof 131, 139, 172, 173, 175, 176
Mayen 214
Miltenberg 205
Münstermaifeld 216

Nassau 215
Neuss 11, 20, **27-34**, 35, 212
Neuwied 49, 191, 214
Niederheimbach 172
Oberwesel 13, 162, **163**, 168, 194
Oestrich-Winkel 218
Plaidt/Saffig 213
Polch 216
Regensburg 105
Remagen 13, 49, **104**, 213
Rheinbrohl 104
Rheindiebach 172
Rheinfelden 18
Rhens 139f.
Rotterdam 18, 188, 192
Rüdesheim 18, 103, 179, **180**, 181, 183, 197, 218
Speyer 201
St. Goar 143, 144, 145, 146, 151
St. Goarshausen 127, 145, 152
Stein am Rhein 18
Straßburg 206
Stromberg 217
Trechtinghausen 136
Treis-Karden 216
Trier 106, 177, 184
  Erzbischof von Trier 129, 139, 145
Unkel 102, 190
Urmitz 49
Wesseling 61
Wiesbaden 98, 100, 219

Worms 41, 201
Zons 20, **22-27**

Burgen und Schlösser:

Alte Burg (Boppard) 140
Alte Burg (Koblenz) 118
Burg Braubach
  s. Marksburg
Burg Drachenfels **90**
Burg Ehrenfels 176, 209
Burg Eltz 216
Burg Katz 127, **145**
Burg Klopp 177, 178
Burg Lahneck **131**
Burg Laurenburg 215
Burg Liebenstein 145
Burg Maus **145**
Burg Reichenstein 136, **137, 138,** 170, 172
Burg Rheineck 106
Burg Rheinfels **144,** 145
Burg Rheinstein **173**
Burg Rolandseck 97, 98,
  s. Rolandsbogen
Burg Satzvey 212
Burg Sooneck 137, 170, **173**
Burg Stahleck 127, **164,** 165, **169-171**
Burg Sterrenberg 144
Die feindlichen Brüder 143-145
Festung Ehrenbreitstein 103, 113, 118, 119, 120, **121-125,** 153
Genovevaburg 213
Godesburg 91
Grafenschloss Diez 215
Heimburg 170, **172**
Jagdschloss Falkenlust 65, 212
Löwenburg 88
Marksburg 127, **132-135**
Pfalzgrafenstein 127, 162, **163**
Poppelsdorfer Schloss 66
Reichsburg Cochem 216
Rheingrafenstein (Bad Münster a. S.) 218
Ruine Fürstenberg 170, **172**
Schloss Augustusburg 65, 212
Schloss Burg (Wupper) 36
Schloss Bürresheim 214
Schloss Drachenburg 79, 84, **89,** 90, 97
Schloss Montabaur 215
Schloss Paffendorf 212
Schloss Rheinstein 170
Schloss Stolzenfels **128-131**
Stromburg 217

Sonstige Sehenswürdigkeiten:

Abtei Maria Laach 213
Abtei Marienstatt 214
Binger Mäuseturm **175-176**
Deutsches Eck 101, 103, 110, 111, **112,** 113, 120, 195, 216
Geysir (Namedy) **110**
Kloster Eberbach 218
Königsstuhl 139f.
Limes 104, **105**
Niederwalddenkmal 79, **180-183,** 191, 195
Rhein in Flammen **104**
Rolandsbogen 97, 98

Landschaftliche Besonderheiten:

Binger Loch 41, 174, 177, 186, 190
Drachenfels 60, 77, 80, 83, 84, 87, 88, 89, 90, 157
Ehrenbreitstein (Koblenz) 113
Falkenau (Insel) 162
Grafenwerth (Insel) 91, **92**
Laacher See 213
Loreley 139, **146-152,** 186, 189
Namedy (Insel) **110,** 145, 188
Nonnenwerth (Insel) 91, **92,** 97, 98
Rüdesheimer Aue 197
Vier-Seen-Blick 140

Regionen:

Bergisches Land 35
Eifel 63, 107, 213
Hunsrück 217
Mittelrhein 101, 146, 168, 189, 190, 193, 189
Niederrhein 11, 20, 35, 187, 193
Oberes Mittelrheintal 11, 99, 123, **126f.,** 143, 195, 197
Oberrhein 11, 187, 188
Rheingau 107, 218
Rheinisches Schiefergebirge 146, 195
Siebengebirge 13, 62, **77-91,** 98
Westerwald 214

Nebenflüsse des Rheins:

Ahr 40, 213
Erft 212
Lahn 13, 40, 131, 215
Main 41
Mosel 13, 40, 101, 110, 111, 118, 182, 216
Nahe 13, 217
Neckar 41
Ruhr 40

Bildnachweis Trotz intensiver Bemühungen war es uns nicht in allen Fällen möglich, die Rechteinhaber der Fotos ausfindig zu machen. Berechtigte Ansprüche werden selbstverständlich im Rahmen der üblichen Vereinbarungen abgegolten.

11 Willi Knopf, Dielheim; 12, 33, 57, 151 Archiv Bachem; 24, 26 u. Achim Bednorz; 25 Rhein-Kreis Neuss; 15, 16, 18, 26 o., 29, 31 o., 36, 39, 40, 41, 42, 43, 44 u. li., 48 o., 55, 61, 75, 81, 84 o., 87 u., 91, 93, 104 u., 106, 107 u., 108, 109, 124 u., 125, 133, 134 u., 135, 136, 142, 143 o., 148, 166, 169, 170, 178, 179, 180, 181, 182, 183, 196, 197, 200 u., 202, 204 o. re., 204 o. m., 205, 207, 208, 211, 228, 230, 233 Bernd Schaumann; 19, 63 u. Rheinisches Landesmuseum Bonn; 21, 52, 65, 152, 154, 156, 159, 160, 161, 168, 187 o., 189, 192, 193 Rheinisches Bildarchiv, Köln; 23, 26 m., 44 u. re., 84 u., 111, 112 o., 114 re., 124 o., 127 o., 130, 140 o., 176 li. Frank Geile; 28, 74 o. Dietrich Rothacher, Archaeoskop; 30 o. Clemens Sels Museum; 30 u. Neusser Tagungs- und Tourismus GmbH, Foto: Norbert Kohl-Kajahn; 31 o. Clemens Sels Museum, Foto: Bernd Schaumann; 31 u., 32 Helmut Wessels; 34 Stadtarchiv Neuss; 37, 150, 226 u. li Heinrich Heine Institut, Düsseldorf; 44 o. Wilfried Meyer, Düsseldorf; 44 u. beide mi. HansPeter Heinrichs; 46, 48 u. www.koelntourismus.de; 47 Annette Heusch-Altenstein; 49 Grafikantiquariat Boisserée, Köln; 50 o. Csaba Peter Rakoczy; 50 u., 53 o., 54, 59 Hans Georg Esch; 51 Johann Feller; 53 u. Stadt Köln, Foto: Günter Ventur; 58 www.koelner-bilder.de, Foto: Jan Weingarten; 62, 69 u., 224 o. Stadtarchiv und Stadthistorische Bibliothek Bonn; 63 o., de.wikipedia by Hans Weingartz/ lizenziert unter der Creative-Commons-Lizenz Namensnennung-Weitergabe unter gleichen Bedingungen 2.0 Deutschland; 68, 78, 95, 138 de.wikipedia/public domain; 89 de.wikipedia by Stephan Mense/ GNU Free Documentation License; 94 o. de.wikipedia by Pavel Kotrc/Creative-Commons-Lizenz 2.0 s. Bild 63 o.; 98 de.wikipedia by Thoma/ GNU Free Documentation License; 103 u., 110, 112 u., 114 li., 115, 132, 140 u. de.wikipedia by Holger Weinandt/GNU Free Documentation License ; 122, 123, de.wikipedia by Moguntiner/Creative-Commons-Lizenz 2.0 s. Bild 63 o.; 163, 164, 165, 172 u., 174 de.wikipedia by Peter Weller/Creative-Commons-Lizenz 2.0 s. Bild 63 o.; 171 de.wikipedia by Journey234/Creative-Commons-Lizenz 2.0 s. Bild 63 o.; 184 de.wikipedia by Stefan Kühn/Creative-Commons-Lizenz 2.0 s. Bild 63 o.; 64, 65 o., 67, 76 o., 225 li. Bundesstadt Bonn, Presseamt, Foto: M. Sondermann; 66, 69 o., 71, 73 o. Boris Loehrer; 73 u., 76 u. Andreas Kaul; 74 u., 224 u. re. Bundesstadt Bonn, Presseamt; 77, 87 o., 92, 100 Hans Peter Pracht; 82, 83, 188 Siebengebirgsmuseum Königswinter (Modellbau 188: Jakob Sieger); 86 www.siebengebirge.de; 90 akg.images; 94 u. Naturfotografie Niephagenkemper; 96 SEA LIFE Königswinter; 98 Romantische Rhein GmbH Koblenz; 99, 100 u., 101, 127 u., 141, 145, 146 Bilddatenbank Rheinland Pfalz; 102 Fritz Schnell; 103 o. Stadtentwicklungs- und Touristik Gesellschaft Linz, Creative Picture; 104 o. Burgen, Schlösser, Altertümer; 105 Tourist-Information Bad Hönningen; 107 o. Stadtmuseum Andernach; 116 u., 153 Mittelrhein Museum Koblenz; 116 o., 117, 129 Koblenz Touristik; 118 Stefan Kesselheim; 120 Burgen Rheinland Pfalz ; 131 Robert Mischke; 134 o. Deutsche Burgenvereinigung; 143, 191, 195 DCM-Verlag, Gruss vom Rhein, Der Rhein von Mainz bis Köln in alten Ansichtskarten; 144 Hans Otzen; 155 Stadtmuseum Bonn, Foto: Marion Mennicken; 157 Stadtmuseum Bonn, Foto: Wolfgang Morell; 158 Germanisches Nationalmuseum Nürnberg; 162, 173 Deutsches Weininstitut; 172 Rhein-Nahe-Touristik; 176 re. Tourist-Information Bingen am Rhein; 177, 224 li. Hist. Museum am Strom, Bingen; 185 Stadtmuseum Landeshauptstadt Düsseldorf; 186 Landesmuseum Mainz; 187 mi., 187 u. Stadtmuseum Landeshauptstadt Düsseldorf, Foto: P. Warrass; 194 Rhein in frühen Fotos, Rhein-Mosel-Verlag 1996, Foto: Arne Houben; 198, 199, 203 u., 204 o. mi., 204 u., 206 Stadt Mainz, Amt für Öffentlichkeitsarbeit; 200 o. Stadtarchiv Mainz / BPSP721B; 212, 232 u. Archiv Burg Satzvey; 213 Volker Thehos, KreARTive-Konzepte; 214, 230 u. re. Stadt Mayen, Foto: Idee-Media; 215 o. Ralf Dahlhoff; 215 u. Lahn-Taunus Tourismus; 216 Ehrenburg; 217 Bad Kreuznach Tourismus und Marketing GmbH, Foto: Jacoby & Partner; 219 Kloster Eberbach, Foto: Hermann Heibel; 223 Puppenmuseum Bad Kreuznach; 225 re. de.wikipedia by Sir Gawain / GNU Free Documentation License; 226 o. li. Schifffahrtsmuseum im Schlossturm; 226 u. re. Edelstein-Erlebniswelt Idar-Oberstein; 227 Rheinland-Pfalz Tourismus GmbH; 228 o. li. Kölnisches Stadtmuseum; 229 li. Tourismus Siebengebirge GmbH, Foto: viskom Design; 229 re. Jürgen Preiss; 230 li. Förderverein Gutenberg e. V.; 230 o. re. Museum für antike Schifffahrt, Foto: Bernd Schaumann; 231 li. Lahn Taunus Tourismus; 231 re., 232 o. Vulkanpark Informationszentrum Rauschermühle; 232 u. Archiv Burg Satzvey

Hast du Lust auf noch mehr Geschichte(n) vom Rhein?

Dann mach dich auf den Weg!

Der „Rheinische Sagenweg", die neue deutsche Ferienstraße, führt zu mehr als hundert Sehenswürdigkeiten zwischen Düsseldorf und Mainz, die Schauplätze der schönsten und bekanntesten Sagen und Geschichten sind. Und zu den wunderschönen Orten und atemberaubenden Landschaften, von denen sich schon die Rheinromantiker zu Beginn des 19. Jahrhunderts zu ihren Werken haben inspirieren lassen.

An 48 Städten und Orten (den so genannten Stationen) entlang des Rheins sowie seiner Nebenflüsse Mosel, Lahn und Nahe erzählen diese Sehenswürdigkeiten von romantischen und tragischen Sagen, wundersamen Legenden und historischen Ereignissen, die Teil der Geschichte und Kultur des Rheinlandes sind.

Der offizielle Reisebegleiter mit den bekanntesten und schönsten Sagen und Geschichten von Rhein, Mosel, Lahn und Nahe
416 Seiten, über 100 Sagen und Geschichten, 48 farbige Illustrationen von der Kölner Künstlerin Gerda Laufenberg, ergänzt durch touristische Informationen zu den 48 Stationen des „Rheinischen Sagenweg" (über 300 farbige Abbildungen)

Kartonierte Ausgabe
12,0 x 20,5 cm,
ISBN 978-3-7616-1869-1

Gebundene Ausgabe
12,5 x 21,5 cm,
ISBN 978-3-7616-1986-5

Erhältlich bei allen Touristinformationen und im Buchhandel.
Weitere Informationen zur Ferienstraße unter www.rheinischersagenweg.de

Zum Sammeln – wer schafft sie alle?

Mercur, Teufel, Heinzel Mann, Emma Elf und Vater Rhein haben auf ihrer Reise entlang des Rheins viele Museen und Burgen gesehen und auch besucht. Und sie wollen noch einmal wiederkommen und sich das genauer anschauen, was sie auf dieser Reise nicht geschafft haben. Habt ihr auch Lust bekommen, mehr über den Rhein, seine Landschaft, Geschichte und Kulturgüter zu erfahren? Dann macht euch auf den Weg!

Die auf den Seiten 223–233 mit einem Maus-Ticket besonders gekennzeichneten Museen, Burgen und Institutionen gewähren einem Kind in Begleitung eines vollzahlenden Erwachsenen einmalig freien Eintritt. Bitte an der Kasse abstempeln lassen.

Die auf den Seiten 223–233 mit einem Maus-Ticket besonders gekennzeichneten Museen, Burgen und Institutionen gewähren einem Kind in Begleitung eines vollzahlenden Erwachsenen einmalig freien Eintritt. Bitte an der Kasse abstempeln lassen.

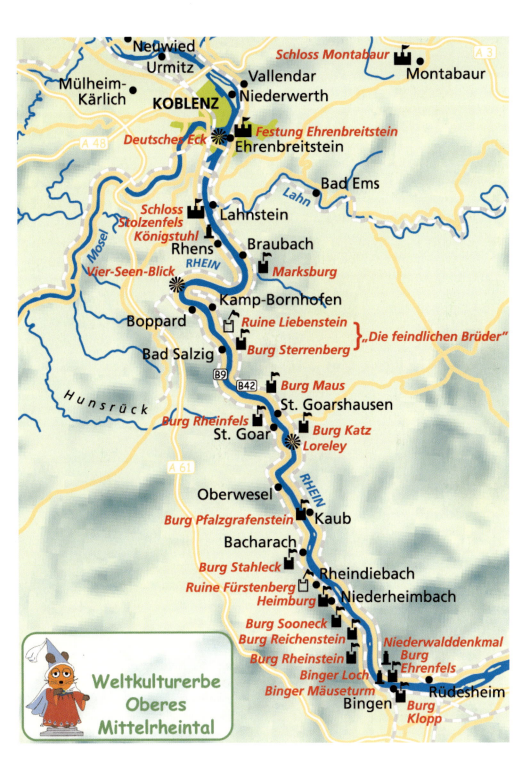

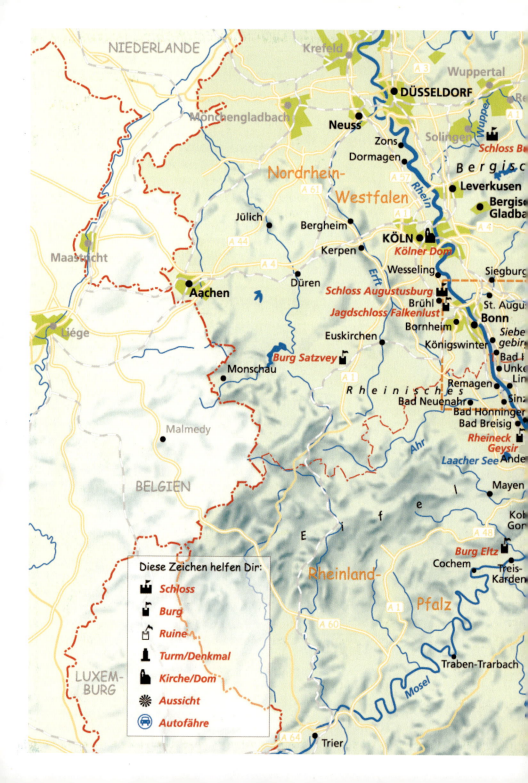